"十三五"职业教育保险系列规划教材

风险管理
理论与实务

王 君 主 编

李一鸣 马柯夫 王 蓓 蒋桂松 副主编

段 鹏 主 审

电子工业出版社

Publishing House of Electronics Industry

北京·BEIJING

图书在版编目（CIP）数据

风险管理理论与实务/王君主编. —北京：电子工业出版社，2019.8

ISBN 978-7-121-37036-6

Ⅰ. ①风… Ⅱ. ①王… Ⅲ. ①风险管理－研究 Ⅳ. ①F272.3

中国版本图书馆 CIP 数据核字（2019）第 138069 号

责任编辑：刘　殊

印　　刷：北京捷迅佳彩印刷有限公司

装　　订：北京捷迅佳彩印刷有限公司

出版发行：电子工业出版社

　　　　　北京市海淀区万寿路 173 信箱　邮编：100036

开　　本：787×1 092　1/16　印张：16.25　字数：390 千字

版　　次：2019 年 8 月第 1 版

印　　次：2024 年 6 月第 10 次印刷

定　　价：49.80 元

凡所购买电子工业出版社图书有缺损问题，请向购买书店调换。若书店售缺，请与本社发行部联系，联系及邮购电话：（010）88254888，88258888。

质量投诉请发邮件至 zlts@phei.com.cn，盗版侵权举报请发邮件至 dbqq@phei.com.cn。

本书咨询联系方式：（010）88254199，sjb@phei.com.cn。

前言

　　风险无所不在，风险事故造成的巨大损失不仅危害公民的生命财产安全，而且威胁着国家的安全，对风险进行科学管理已经成为社会各界的共识和普遍的需求。风险管理是风险管理单位通过风险识别、风险衡量、风险评价、风险管理方案决策和风险处理等一系列活动，以最低的管理成本获得最大安全保障的管理行为。

　　随着经济的发展、科技的进步和技术的创新，人类的活动范围不断扩大，风险管理在政治、经济和社会生活中发挥着越来越重要的作用。风险管理已经成为政府、企业、家庭和个人预防风险事故的发生，降低损失程度的有效管理方式。有效的风险管理不仅可以减少损失，使风险管理的成本得以降低，而且可以增加社会的经济效益，是风险管理单位优化配置资源的重要手段之一。

　　风险管理是研究风险发生规律和风险控制技术的新兴管理学科，是同数理统计、金融、保险、财务管理等学科密切相关的学科，风险管理理论体系及其应用也随着风险管理实践的深入而不断地发展变化。风险控制技术主要包括风险规避、风险自留、损失控制、非保险转移和保险等，掌握风险控制技术可以科学地处理风险，减少风险事故造成的损失。风险管理需要风险融资，风险融资会影响风险管理单位的经营和投资，进而影响风险管理资金的使用效率。但是，风险融资是风险管理中必不可少的资金支出，是风险管理单位必须支付的费用。

　　本书分为两篇：理论篇和实务篇，共 9 个项目。理论篇包括项目 1—5：初识风险与风险管理（王君编写）、风险识别（马柯夫、王君编写）、风险评估（王蓓编写）、风险管理措施（李一鸣编写）、风险管理决策（李一鸣编写）；实务篇包括项目 6—9：企业风险管理（王蓓编写）、个人和家庭风险管理（马柯夫、王君编写）、危机管理（王君编写）、金融风险管理（蒋桂松编写）。通过上述教学内容与项目安排，可以突出不同风险管理单位的风险情况和不同风险种类的特点，结合风险管理实务要求，进行更加有效的管理。

　　本书主要有三个特点：一是注重风险管理理论与实务的紧密结合，在完整、系统地阐述风险管理理论的基础上，简述风险管理操作方面的技术，注重将风险管理理论运用于具体风险管理操作的实践中；二是有机地将金融风险纳入风险管理理论系统和实务技能；三是采用具有一定社会影响力的、最新的案例辅以基础知识进行讲解，以激发读者共鸣，达到良好的学习效果。

目前，风险管理已经成为金融、保险、企业管理和公共管理等专业的一门重要课程。预防风险事故的发生，不仅需要掌握风险管理的理论，客观、准确地衡量和评价风险，而且需要做出恰当、适合的风险管理决策。本书适用于风险管理理论研究者，适用于金融、保险工作者，适用于政府、企业的管理者，也可以作为金融、保险、工商管理、公共管理等专业学生的学习用书。

本书编写组由保险职业学院"风险管理理论与实务"课程教学团队中拥有丰富教学经验的专家组成，本书由王君主编，段鹏审定。在编写过程中，李以旭、王君超等专业人士参与了资料收集和案例研讨的工作，许多保险行业专家也为本书的编写提供了大量的宝贵建议，书中还引用了许多同行与专家的相关论文与著作，在此向上述人士表示衷心感谢！

由于编者水平有限，书中难免存在一些疏漏和不妥之处，敬请各位同人和广大读者不吝赐教，以便再版时及时修订。

编　者

目录

第一篇

理论篇

项目1
初识风险与风险管理

教学目标

- 掌握风险的定义
- 掌握风险的构成要素
- 理解风险成本的概念
- 理解风险管理的含义及意义
- 掌握风险管理的产生与发展
- 按照不同分类依据对风险进行分类
- 熟悉风险管理的程序，并掌握风险管理各程序的要点

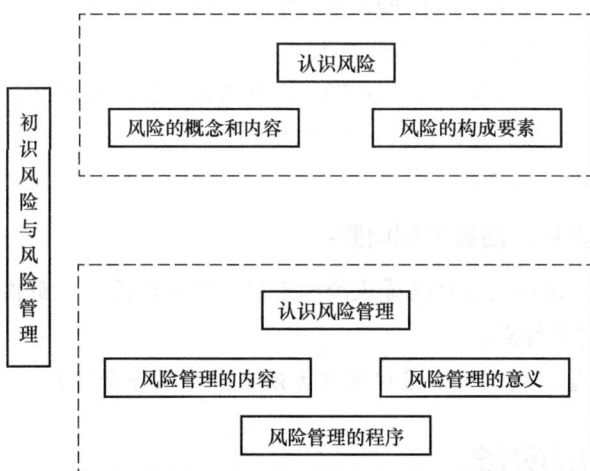

初识风险与风险管理

认识风险

风险的概念和内容　　风险的构成要素

认识风险管理

风险管理的内容　　风险管理的意义

风险管理的程序

案例导入

投资有风险，理财需谨慎

2018 年夏天，P2P 行业频繁的"爆雷"让投资者人心惶惶，也让我们真切地感受到了 P2P（互联网金融点对点借贷平台）行业存在巨大的不确定性。

P2P 行业盈泰系的"小宝金服"，在有担保公司的情况下，遭遇"爆雷"；端午期间，高返利平台"唐小僧"实际控制人失联，引发了上海 P2P 行业"倒闭潮"。随后，多家 P2P 平台连续停摆，P2P 行业的"爆雷潮"一发不可收拾。"五星财富""钱妈妈""小金袋""咸鱼理财""卓金金服"清盘并等待提供兑付方案；"金大圣"负责人疑似逃跑。仅在 6 月 19—26 日，全国共有 42 个 P2P 网贷平台出现问题。

许多资金雄厚的 P2P 产品也不能避免"爆雷"的命运。有国资背景的 P2P 网贷平台"金银猫"就因为 P2P 网贷行业生存环境恶化，投资者信心不足，资金流出剧增，部分借款人还款意愿丧失以及还款能力不足等多种因素，决定退出 P2P 网贷平台；7 月 18 日，曾获得"模范平台"称号的 P2P 网贷平台"聚财猫"发布逾期公告并承诺"不跑路，不失联"，但是在 7 月 25 日，其创始人薛亮被警方控制，"聚财猫"被立案侦查，"爆雷"成了铁板钉钉的事。

不仅如此，这个暑期，也成了 P2P 行业泡沫破裂的集中期。7 月 13 日，获得 4.09 亿元 B 轮融资的 P2P 网贷平台"投之家"宣布逾期，随后"爆雷"，没有任何防备，许多投资者就这样被"坑"了；7 月 15 日，"财网"创始人发布了逾期公告，这也是"爆雷"的前奏，但就在一周前，这家 P2P 平台刚刚获得了两家上市公司的战略投资；7 月 16 日，"永利宝"的老板失联，员工被遣散。

投资有风险，理财需谨慎。尤其在 P2P 行业泡沫破裂的集中期，作为投资者，从理财的角度来说，我们需要谨慎评估，尽量降低风险。

资料来源：今日头条，文章有删改。

仔细阅读上述案例，回答下列问题：

1. 请结合资料，谈一谈你对投资风险的看法，说一说投资中面临的风险有哪些表现形式，投资风险有哪些特点。

2. 面对投资风险，我们可以采用哪些方法来进行风险管理？

任务 1.1　认识风险

课堂讨论

"8·25"哈尔滨北龙温泉休闲酒店火灾事故

一、事故经过

2018 年 8 月 25 日凌晨，哈尔滨市松北区北龙温泉休闲酒店发生火灾。火灾系二楼厨房起火引发，初步确定过火面积约 400 平方米。

经过反复细致排查，北龙温泉休闲酒店 24 日晚入住 115 位客人。截至 26 日 14 时，在大型挖掘器械不能进入现场的情况下，抽干积水后，救援人员对 3 米多厚的坍塌部分进行全面彻底清理，最终又发现一名遇难者。

截至 2018 年 8 月 26 日 17 时 59 分，火灾已造成 20 人死亡，20 多名受伤人员被送往医院进行救治。

二、事故背景

事发酒店建于 2015 年 4 月 15 日，注册资本 3 000 万元，经营范围包括餐饮服务、旅馆经营、室内娱乐场所经营、会议服务、洗浴服务等。

多名曾入住该酒店的游客表示，楼道好似迷宫，并且堆积了木头、塑料管、胶垫等易燃物品。

据当地媒体 2017 年 8 月报道，北龙温泉景区接待大厅消火栓门被木质雕塑遮挡，门框上"安全出口"的指示灯不亮；更衣室内未设"安全出口"指示灯，也未看到灭火器；温泉区通往客房的两处台阶上贴有"安全出口"字样，但指向的大门被封住。

此外，从黑龙江省公安消防总队网站查询到，从 2017 年 12 月到 2018 年 4 月，当地对哈尔滨北龙温泉休闲酒店共进行了 6 次消防监督抽查。

结果显示，两个月内 4 次抽查结果均为不合格，时间分别为 2017 年 12 月 21 日、2018 年 1 月 10 日、2018 年 1 月 25 日、2018 年 2 月 23 日。

三、事故调查报告

2019 年 1 月 31 日，黑龙江省应急管理厅认定哈尔滨北龙温泉酒店"8·25"重大火灾事故是一起责任事故。

经过现场勘验等工作，认定起火原因是二期温泉区二层平台靠近西墙北侧顶棚悬挂的风机盘管机组电气线路短路，形成高温电弧，引燃周围塑料绿植装饰材料并蔓延成灾。

北龙温泉休闲酒店消防安全管理混乱，消防安全主体责任不落实。北龙温泉休闲酒店法律意识缺失、安全意识淡漠，自酒店开始建设直至投入使用，始终存在违法违规行为，最终导致事故发生。

资料来源：百度百科文章"8·25 哈尔滨酒店火灾事故"，文章有删改。

请仔细阅读资料，结合案例展开讨论，对相关风险进行分析，确定该风险的构成要素，指出该风险包括哪些特征，并思考除了此类风险还有哪些风险类型。

天有不测风云，人有旦夕祸福。风险是客观存在的，为了生存和发展，人类一直处于与各种不断演化的风险斗争的过程中。要实现有效的风险管理，我们必须先认识风险。

1.1.1　风险的概念和内容

在现实世界中，自然灾害和意外事故是客观存在的，但这些不幸事件何时发生、何地发生、有多大的可能性发生、造成何种程度的损失，都是无法预知的。因此，人们对自己是否会遭遇不幸，一旦遭遇将遭受多大损失，始终处于一种不确定的状态，这便构成了风险。

风险的基本含义就是损失的不确定性。在风险管理中，损失被定义为非计划的、非故意的、非预期的经济价值的减少。通常损失有直接损失和间接损失两种形态。

所谓不确定性，包含四个方面的含义：一是风险是否发生不确定，二是发生的时间不确定，三是发生的空间（在什么地点发生）不确定，四是发生的过程和结果（损失程度）不确定。

🖥 课堂讨论

风险的不同定义

学术界对风险的概念各持己见，并没有统一的定义，出于对风险的理解和认识程度不同，或对风险的研究的角度不同，不同的学者对风险概念有着不同的解释，但可以归纳为以下几种极具代表性的观点。

一、风险是事件未来产生结果的不确定性

A.H.Mowbray（1995）将风险定义为不确定性；C.A.Williams（1985）将风险定义为在特定的条件和某一特定的时期，未来结果的变动；March 和 Shapira 认为风险是事物可能结果的不确定性，可根据收益分布的方差测算；Brnmiley 认为风险是公司收入流的不确定性；Markowitz 和 Sharp 等将证券投资领域的风险定义为该证券资产的可能收益率的变动程度，并用收益率的方差来度量证券投资存在的风险，通过量化风险重新定位了投资者对风险的认识。

二、风险是损失发生的不确定性

J.S.Rosenb（1972）将风险定义为损失的不确定性；F.G.Crane（1984）将风险定义为未来损失的不确定性；Ruefli 等将风险定义为不利事件或不利事件集所发生的机会，并将这种观点分为主观学说和客观学说两类：主观学说认为不确定性是主观的，是个人对客观事物的主观评价，而不能用客观的尺度度量；客观学说则是以风险的客现存在为前提，以对风险事故的观察为依据，从数学和统计学角度加以定义，认为风险可以用客观的尺度来衡量。例如，佩费尔将风险定义为风险是可测度的客观概率的大小，F.H.Night 认为风险是可测定的不确定性。

三、风险是可能发生损失的损害程度的大小

段开龄认为，风险可以定义为预期损失的不利偏差，这里所指的不利是针对保险公司或被保险企业而言的。例如，若保险公司保险资金的实际收益率小于预期收益率，则此负偏差对保险公司而言即不利偏差，会导致累积不到足够的钱应对负债，这就是保险公司所面临的风险。Markowitz 排除可能收益率高于期望收益率的情况，提出了下方风险（Downsiderisk）的概念，即实际收益率低于期望收益率的风险，并用半方差（Semivariance）计量下方风险。

四、风险是损失的大小和发生的可能性

朱淑珍（2002）在总结不同学者对风险的描述的基础上，将风险定义为在一定时期内和一定条件下，因为不同结果发生的不确定性而导致行为主体遭受损失的程度以及这种损失发生可能性的大小不能确定，风险是一个二维概念，风险用损失发生的程度与损失发生的概率两个指标来衡量。王明涛（2003）把风险定义为在决策过程中，由于各种不确定因素的影响，决策方案在一定时间内出现不利结果的可能性以及可能损失的程度。它包括可能损失的概率、可能损失的程度以及损失的易变性三方面内容，其中可能损失的程度处于最关键的位置。

五、风险是风险的构成要素相互作用的结果

风险因素、风险事故和风险结果是风险的基本构成要素。风险因素是风险形成的内在因素、必要条件，是风险产生和存在的前提。风险事故是指外界环境变量发生不可预料的变动从而导致风险结果的发生，它是风险存在的充分条件，在整个风险中占据核心地位。风险事件是连接风险因素与风险结果的桥梁，是风险由可能性转化为现实性的媒介。根据风险的形成机理，叶青、易丹辉（2000）认为，风险的内涵在于它是在一定时间内，由风险因素、风险事故和风险结果递进联系而呈现的可能性。郭晓亭、蒲勇健（2002）等将风险定义为在一定时间内，以相应的风险因素为必要条件，以相应的风险事故为充分条件，有关行为主体承受相应的风险结果的可能性。

资料来源：百度百科，原文有删改。

阅读上述材料，谈一谈你对学术界各种风险定义的理解，对比一下各种定义的区别。

1.1.2 风险的构成要素

风险是由多种要素构成的，这些要素共同决定了风险的发生和发展。要真正理解风险的本质，必须弄清楚这些风险构成要素的概念及其相互关系。

1. 风险构成要素的概念

风险是由三个要素构成的：风险因素、风险事故和损失。

（1）**风险因素**。风险因素是指引发风险事故或增加风险事故发生的概率或扩大损失

幅度的原因和条件。它是风险事故发生的潜在原因。风险因素根据性质通常分为物质风险因素、道德风险因素和心理风险因素三种类型，如图 1-1 所示。

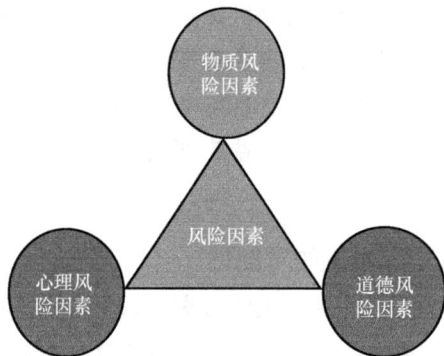

图 1-1 风险因素

1）物质风险因素。物质风险因素是有形的，并能直接影响事物的物理功能，又称物理风险因素，属于有形的因素。即某一标的物本身所具有的足以引起或增加损失机会和损失幅度的客观原因和条件。例如，洪水是企业仓库存货损失的物质风险因素，汽车的刹车系统失灵是车祸发生的物质风险因素，建筑物线路老化是引起建筑物火灾的物质风险因素等。

2）道德风险因素。道德风险因素是与人的品德修养有关的无形的风险因素，即由于个人不诚实、不正直或企图不轨导致风险事故发生，以致引起社会财富损毁或人身伤亡。如欺诈、纵火、故意制造事故骗赔、盗窃、抢劫、贪污等。

3）心理风险因素。心理风险因素是与人的心理状态有关的无形的风险因素。它是指由于人们主观上的疏忽或过失，以致增加风险事故发生的概率或增加损失程度的原因和条件。例如，由于投保人的疏忽，出门忘了锁门导致财物被盗；仓库值班人员未尽职守，导致偷窃事件发生；锅炉工忘记及时给锅炉加水，增加了发生爆炸的可能性。

道德风险因素与心理风险因素都与人密切相关。前者强调的是故意或恶意，后者则强调无意或疏忽，但在实际情况下往往不易区分。

以车祸为例，辨识造成车祸的风险因素，分为车的因素和人的因素。车的因素包括车龄太老、年久失修、零配件故障等；人的因素包括心理风险因素和道德风险因素。心理风险因素包括超速、超载、酒后驾车、驾车玩手机等，道德风险因素包括故意制造事故骗保、制造二次事故增加损失程度、为消灭罪证故意破坏车辆等。

（2）**风险事故**。风险事故是指引起损失的直接或外在的原因，风险之所以会导致损失，是因为风险事故的作用。也就是说，风险事故是损失的媒介，即风险只有通过风险事故的发生，才能导致损失。例如，刹车系统失灵酿成车祸而导致人员伤亡，其中，刹车系统失灵是风险因素，车祸是风险事故，人员伤亡是损失。如果仅仅是刹车系统失灵，尚未导致车祸，则不会导致人员伤亡。风险因素与风险事故有时很难区分，某一事件在一定条件下为风险因素，在另一条件下则为风险事故。风险因素和风险事故应以导致损失的效果来区分，导致损失的直接原因是风险事故，导致损失的间接原因则为风险因素。

（3）损失。在风险管理中，损失是指非故意的、非预期的和非计划的经济价值的减少。显然，风险管理中的损失包括两个条件：一是该事件的产生是非故意的、非预期的和非计划的；二是有经济价值的减少，即损失必须能以货币来衡量，二者缺一不可。例如，折旧、馈赠，虽有经济价值的减少，但不符合第一个条件，因此不是损失；又如，某人因病智力下降（此时不考虑因智力下降所带来的费用增加及收入减少），虽然符合第一个条件，但不符合第二个条件，也不能称智力下降为损失。显然，风险理论中的"损失"的范围比一般意义上的"损失"要小得多。

损失有两种形态：一是直接损失，是指由风险事故导致的财产本身损失和人身伤害，这些损失又称为实质损失，包括财产损失、收入损失、费用损失等；二是间接损失，包括商业信誉受到损害、企业形象受到破坏、业务关系受到影响、社会利益受到损害等损失，以及由直接损失导致的其他损失，包括额外费用损失、收入损失和责任损失。例如，某企业遭遇火灾，火灾造成的直接损失包括建筑物受损、机器受损、原材料及产品受损、人员伤亡；火灾发生后，企业无法正常生产，正常生产情况下所能赚取的利润就赚不到了，而假如企业不甘心停产，另租场地恢复生产，那么赚取不到的利润、新场地的租金、搬迁费用等都属于间接损失。

2．风险构成要素之间的关系

风险因素、风险事故和损失之间存在一定的因果关系，风险因素引起风险事故，风险事故导致损失，它们共同构成了风险存在与否的基本条件，如图 1-2 所示。

例如，一辆汽车由于刹车系统失灵，发生车祸，撞伤一个人，压坏一辆自行车。这里，刹车系统失灵是风险因素，车祸是风险事故，撞伤一个人和压坏一辆自行车则是损失。如果将风险因素存在的事物（载体，包括

图 1-2 风险构成要素之间的关系

有形的和无形的）视为一个单位，那么，此单位与风险事故及损失三者就构成了实务中的"损失暴露单位"。一幢房屋、一艘轮船、一批货物、一种法律责任，甚至某种价值损失，皆可视为一个损失暴露单位。值得注意的是，同一事件，如果在一定条件下是造成损失的直接原因，则它是风险事故，而在其他条件下，其若是造成损失的潜在间接原因，则它就是风险因素。例如，暴雨使得路面湿滑，导致车祸发生，造成人员伤亡，这时暴雨是风险因素，车祸是风险事故；但若暴雨直接淋湿货物，则暴雨是风险事故。

3．风险的特征

（1）**客观性**。俗话说："天有不测风云，人有旦夕福祸。"作为损失发生的不确定性，风险是不以人的意志为转移的，并超越了人们主观意识的客观存在，风险是无处不在的。

风险发生的范围、程度、频率、形式、时间、地点等都可能不同，但它总会以独特的方式表明自己的存在，是一种必然会出现的事件。风险的客观存在表明风险的发生是具有一定规律性的。人们通过长期的观察和分析，就有可能发现各种风险遵循的运动轨迹和运动规律。这种规律性为人类认识风险、评估风险、避免风险和管理风险提供了现实的可能性。

例如，台风、地震、水灾、车祸等损失风险都是客观存在的，不可能完全排除，但人们通过长期经验的积累和实践，对于这些风险发生的可能性及损失程度都有了规律性的认识，从而形成了一定的应对措施，能够尽量减少或者避免这些损失的产生。

（2）**不确定性**。由于人所处的环境不同和对客观事物认识存在局限性，人们在主观上对风险的认识与风险发生的实际情况之间必然存在差异，从而造成了风险的不确定性。这种不确定性主要表现在以下三个方面。

第一，时间上的不确定性。以疾病风险为例，每个人都面临着生病的风险，但是具体到某个人，由于家族遗传、生活环境、工作环境、生活习惯等不同，每个人面临的疾病风险也就不同，因而个人生病的时间是不可预知的。

第二，空间上的不确定性。以盗窃风险为例，就所有家庭来说，都可能面临被盗的危险，但是具体到某个家庭是否发生盗窃是不确定的；每栋建筑物都有火灾风险，但是因为各建筑物结构、消防设施、管理水平存在很大差异，具体哪栋建筑物会起火也是不确定的。

第三，损失程度的不确定性。任何事件造成损失的程度是不确定的。例如，人们都知道台风会造成人员伤亡和财产损失，但某一次台风造成的损失具体有多少是无法预知的。

（3）**发展性**。随着人类社会的发展和科学技术的进步，人们认识自然、改造自然、征服自然的能力不断增强，管理各种风险事故的能力也不断增强。对于某些风险，由于其存在和发生的规律已为人们部分或完全把握，所以人们预测风险的能力增强并能采取各种手段控制风险的影响，甚至消除风险的存在，从而减少或者消除了风险给人们带来的损失和忧虑。

与此同时，事物新旧交替，风险也随之新旧交替，科技发展使得新风险影响的范围更广、导致的损失更具损灭性和灾难性。例如，一个计算机病毒的传播有可能导致全球性的网络瘫痪，生化武器、核武器等大规模杀伤性武器的扩散会引起人类的生存危机等。由此可见，风险不是一成不变的，伴随着人类社会的发展和科技的进步，其破坏性较之以前更甚。因此，风险具有发展性。

（4）**双重性**。任何事物都有两面性，风险亦不例外，其双重性有以下两种解读。

第一种解读是指由风险所引发的结果可能是消极的也可能是积极的。风险结果的双重性使我们认识到，对待风险不应只是消极地看到其消极影响，包括财产损失、人员伤亡；还应将风险当作一种机会，通过风险事件的发生积累风险预防、风险处理的经验，通过风险管理降低未来风险发生的可能性；同时收益与风险成正比，即承担一定的风险，有可能带来相应的收益。比如一家企业进行技术创新，要投入很多资金，但不一定有收获，但是若企业故步自封，不进行技术创新，必然会被淘汰。

第二种解读是指风险的来源也有双重性，即引发风险的因素既有自然因素，也有人为因素，而且后者已经成为风险的根本性来源。这有两层含义：一是人类发明的技术、制度安排，以及做出的各种决定、采取的各种行动都可能带来风险，尽管其中大部分行动的目的是预防、降低甚至控制风险。二是人类的行为加重了自然界本身具有的风险：一方面表现为人类为了改善生产、生活的条件和环境，有可能破坏自然环境和违背自然规律，从而引发包括白色污染、温室效应、沙尘暴、赤潮、转基因食品等问题；另一方面是物品和人的流动造成了自然灾害的转移和扩散。典型的例子是一些动植物的跨国移动对接收国生物圈所造成的破坏；旅行者前往某些烈性传染病的疫区或流行区可能将黄热病和霍乱带回国，不仅影响自身健康，还会给家人及其他人带来威胁。

4. 风险的种类

不同的风险在性质、形态、成因及损失状况上表现出不同的特点，划分风险的类型，有助于更好地识别风险、度量风险和控制风险，以实现风险管理的目标。风险分类如表1-1 所示。

表 1-1 风险分类

分类依据	风险分类	风险解析	风险示例
风险性质	纯粹风险	只会造成损失而无获利可能的风险	火灾、爆炸、交通事故、洪水、地震、疾病、伤残、死亡等
	投机风险	极有可能造成损失，也有可能产生收益的风险	买卖股票等金融投资
风险产生的环境	静态风险	静态风险是指在社会、政治、经济环境正常的情况下，由自然力的不规则变动、人们的错误判断和错误行为导致的风险	地震、洪水、飓风等自然灾害，交通事故、火灾、工业伤害等意外事故
	动态风险	动态风险是指与社会变动有关的风险，主要是社会经济、政治以及技术、组织机构发生变动而产生的风险	通货膨胀、汇率风险、罢工、暴动、消费者偏好改变、国家政策变动等
风险影响的结果	基本风险	基本风险是指非个人行为引起的风险。它对整个团体乃至整个社会产生影响，而且是个人无法预防的风险	战争、罢工、地震、传染病等
	特定风险	特定风险是指由个人行为引起的风险。它只与特定的个人或部门相关，而不影响整个团体和社会	盗窃、火灾、爆炸、车祸等
风险损失的形式形态	财产风险	财产风险是指一切导致有形财产的损毁、灭失或贬值的风险，以及导致经济损失的风险。财产损失通常包括财产的直接损失和间接损失两个部分	厂房、机器设备、原材料、成品、家具等会遭受火灾、地震、爆炸等风险；船舶在航行中，可能遭受沉没、碰撞、搁浅等风险

续表

分类依据	风险分类	风险解析	风险示例
风险损失的形式形态	人身风险	人身风险是指导致人伤残、死亡、丧失劳动能力以及增加医疗费用支出的风险。人身风险所致的损失一般有两种：一是收入能力损失，二是额外费用损失	人因生、老、病、死等生理规律和自然、政治、军事、社会等原因，而早逝、伤残、工作能力丧失或老无所依等
	责任风险	责任风险是指由于个人或团体的疏忽或过失行为，造成他人财产损失或人身伤亡，依照法律、契约或道义应承担民事法律责任的风险	例如，由于产品设计或制造上的缺陷，导致消费者（或用户）财产损失或人身受到伤害，产品的设计者、制造者、销售者依法承担经济赔偿责任；合同一方违约使另一方遭受损失，违约一方依据合同条款要承担经济赔偿责任
	信用风险	信用风险是指在经济交往中，权利人与义务人之间，由于一方违约或违法致使对方遭受经济损失的风险	进出口贸易中，出口方（或进口方）会因进口方（或出口方）不履约而遭受经济损失
风险产生的原因	自然风险	由自然现象、物理现象和其他物质现象所形成的风险。在各类风险中，自然风险是保险人承保最多的风险。自然风险的成因不可控，但有一定的规律性和周期性，发生后的影响范围较广	地震、水灾、火灾、风灾、雹灾、冻灾、旱灾、虫灾以及各种瘟疫等
	社会风险	社会风险是指由于个人或团体的行为（包括过失行为、不当行为或故意行为）使社会生产及人们生活遭受损失的风险	盗窃、抢劫、玩忽职守及故意破坏等行为，将可能对他人财产造成损失或人身造成伤害等
	政治风险	政治风险（又称"国家风险"）是指在对外投资和贸易过程中，因政治原因或订约双方所不能控制的其他原因，使债权人可能遭受损失的风险	如因进口国发生战争、内乱而中止货物进口；因进口国实施进口或外汇管制，对输入货物加以限制或禁止输入；或本国变更外贸法令，使出口货物无法送达进口国，造成合同无法履行等
	经济风险	经济风险是指在生产和销售等经营活动中，由于受各种市场供求关系、经济贸易条件等因素变化的影响或经营者决策失误，对前景预期出现偏差等导致经营失败的风险	如企业生产规模的增减、价格的涨落和经营的盈亏等
	技术风险	技术风险是指随着科学技术的发展、生产方式的改变，而产生的威胁人们生产与生活的风险	如核辐射、空气污染和噪声等

任务 1.2　认识风险管理

风险是客观存在、不可避免的，因此，人们只能把风险降低到最低限度，而不可能将其完全消除。风险在一定的条件下表现出某些规律性。例如，经过数据积累和分析，我们可以得出不同年龄段人群患疾病的概率、遭遇自然灾害的概率等。只要经济单位能主动地认识风险，积极地管理风险，有效地控制风险，把风险降低到最低限度，就有可能保证生产和生活秩序的正常运行。

1.2.1 风险管理的内容

1. 风险管理的概念

风险管理是人类在不断追求安全与幸福的过程中，结合历史经验和近代科技成就而逐渐发展起来的一门新兴管理学科。由于风险存在的普遍性，风险管理的涵盖面极广，不同的学者从不同的角度提出了不同的定义。本书采用了目前我国理论界普遍接受，也比较全面的定义：风险管理是研究风险发生规律和风险控制技术的一门新兴管理学科，各经济单位通过风险识别、风险衡量、风险评价，优化组合各种风险管理技术，对风险实施有效的控制和妥善处理风险所致损失的后果，期望达到以最小的成本获得最大安全保障的目标。

关于风险管理的概念，有以下几点需要说明：①风险管理的主体是经济单位，它不仅可以是企业，也可以是个人、家庭、其他法人团体等经济组织；②风险是指经济单位的所有风险，并不专指纯粹风险；③风险管理的定义中包括了风险管理的对象、方法和程序等重要方面，它的一系列活动以选择最佳风险管理技术为中心；④风险管理的目标是以尽可能小的成本换取最大的安全保障和经济利益，即最大限度地保证经济单位人员、财产的安全和盈利能力；⑤风险管理的定义表明风险管理讲求经济效益，要以最低成本进行风险管理，以获取最佳效益；⑥保险只是风险管理的一种措施，绝不能把保险与风险管理画等号，风险管理还包括很多非保险措施，比如保持良好的生活习惯也是管理健康风险的一项控制型措施；⑦风险管理是人们的主动行为。

2. 风险成本及风险管理的成本

一般情况下风险成本分为三个方面：一是风险损失的实际成本，由风险造成的直接损失成本和间接损失成本共同构成。二是预防或控制风险损失的成本，为了控制风险损失，必须采取必要的措施，也就会产生相应的费用，包括资本支出和折旧费、安全人员费（含薪金、津贴、服装费用等）、训练计划费用、施救费和增加的机会成本。三是风险损失的无形成本，是指风险对社会经济福利、社会生产率、社会资源配置以及社会再生产等诸多方面的破坏性后果。

人们进行风险管理以达到损失最小化目的要耗费一定的资源（人力、物力、财力），其所耗费资源的货币表现即风险管理的成本。

延伸阅读

风险管理的起源与发展

自有人类起，就有风险，这必然催生了人类应对风险的事实。不论是主动的还是被动的，随着时间的推移，人类面临的风险在不断演化，人们的风险意识不断提高，应对风险的方法日益增多，风险管理的技术也越来越先进。到20世纪中叶，风险管理成了一门系统的管理科学。风险管理是社会生产力、科学技术水平发展到一定阶段的必然产物，纵观其起源与发展，可以将其分为以下几个阶段。

第一阶段：萌芽时期

人类从很早就有了风险管理意识。早在远古时期，人类面对自然灾害的肆虐和疾病的侵扰，却无法解释和控制这些现象，就认为这是神的意志，于是修建神坛，时常拜祭，祈求神灵的护佑。这些行为都渗透着最朴素的风险管理意识，即在灾难发生之前以及发生之时，试图通过一定的手段减少损失。与风险抗争的长期实践，使人们明白了"居安思危""防患于未然"的道理，制作各种工具来捕捉猎物，并对付毒蛇猛兽，这属于风险预防措施；他们将住处安排在山洞或者其他合适的位置，以避免被洪水淹没，此属于风险避免措施。特别是生产力有了一定发展之后，剩余产品出现了，增加粮食储备应付饥荒被当作政府和百姓处理重大自然灾害风险的新手段。

生产力继续发展，出现了互助共济、损失补偿等类似保险的行为。大约在公元前1700年，商代在长江上进行货物运输，人们为了避免货物在途中因意外事故遭受损失，采取了将货物分装在几艘船上的措施，这实际上是分摊风险的方法。

第二阶段：19世纪末20世纪初

随着工业革命的开展，企业风险管理的思想开始出现。1906年，担任美国US钢铁公司董事长的凯里从公司多次事故教训中提出了"安全第一"的思想，将公司原来的"质量第一，产量第二"的经营方针改成了"安全第一，质量第二，产量第三"。这一调整既保障了员工的安全又保证了产品的质量与产量。他的思想和实践获得了成功，也对美国实业界产生了深远的影响。1912年，芝加哥的"全美安全协会"制定了相关企业安全管理的法律草案。1917年，英国伦敦也成立了"英国安全第一协会"。1916年，被称为"现代经营管理之父"的法国管理学家亨利·法约尔（Henri Fayol）在其代表作《一般管理与工业管理》中指出，企业经营必须具备六种技能——技术技能、营业技能、财务技能、安全技能、会计技能、管理技能，其中，安全技能是基础，其率先把安全管理思想引入企业经营中，只是尚未形成完整的体系。

第一次世界大战期间及战后，德国出现了恶性通货膨胀，企业经营已成为企业能否生存的重要问题，以1915年莱特纳的《企业风险论》为标志，德国开始研究企业风险，在理论研究基础上结合实际问题，制定若干企业经营政策。例如，为了防止通货膨胀，大力提升技术水平，进而研究规避风险、价格政策、商品销售等与企业风险相关的问题。

美国则是在通货紧缩的社会状态下，从费用管理开始，提出将风险管理作为经营合理化的手段，即从如何控制保险费支出角度获得合理的经济补偿。

1920年，一些企业已经把保险部门单列出来，管理保险事宜，改变以往有财务代办企业风险管理，或者交由经纪人、代理人的做法。

1930年，美国管理协会（American Managment Association，AMA）发起的第一次关于保险问题的会议上，宾夕法尼亚大学的所罗门·许布纳博士指出，"防患于未然就是最大的保险"，同时表达了现代风险管理的一个重要思想。在美国管理协会大会上明确了风险管理的重大意义，并成立了保险部门作为该协会的独立机构。

风险管理的提出与当时的社会背景和企业的发展状况密不可分。

第一，巨额损失不断发生。随着工业化程度的提高和科学技术的突飞猛进，企业的积累和生产规模不断扩大，社会财富越来越集中，生产中任何疏忽大意都可能产生不可估量的经济损失。例如，英国的一家工厂，由于电焊工操作失误产生灰溅，引发火灾，直接经济损失达3 000多万英镑。在一些高精尖技术部门，一次风险事故所造成的损失更会达到惊人的程度。

第二，损害范围不断扩大。社会化生产程度的进一步提高，使企业之间的联系愈发紧密。另外，市场的不断扩大，一些企业的营销范围由地区扩展到全国，由国内扩展到国外，这使得风险事故虽在某一局部范围内发生，但其影响波及的范围无论是在空间上，还是在时间上都可能是很大的。例如，一个大型钢铁厂被毁损，可能波及千里外的矿石供应商和钢材使用商，导致成千上万人失业。又如20世纪30年代出现的世界性经济危机，使整个世界经济遭到了灾难性的破坏。另外，高科技的运用也给人类带来了前所未有的风险损害，如环境污染、臭氧层的破坏等，不仅给人类经济造成巨大损失，也极大地威胁人类的生存。

第三，社会福利意识逐渐增强。随着生产力的不断发展，人们在创造物质文明的同时，也要求提高社会福利水平，如社会救济、失业救济和养老保险、医疗保险等。然而，风险的存在会造成人们的忧虑与恐惧，从而降低人们对社会福利的满意程度。风险损害也会造成对生产的破坏和对人类生存的威胁，这两种情况都会造成社会福利水平下降。因此，为了提高经济福利水平，人们不得不采取种种措施，以降低或消除风险造成的损害。

第四，利润最大化冲动。一个企业是否能取得预期利润，是企业能否生存的根本标志。在商品经济条件下，企业经营的直接冲动在于获得最大利润。然而，只有高风险的行业才能获得高额利润，如新技术、新工艺、新材料的运用，新产品的开发和试制都可能产生巨额利润，也可能导致巨额损失。这就迫使人们采取各种可能的措施，尽量避免可能出现的不利结果。

第五，社会矛盾尖锐化。第二次世界大战以后，国际局势总体上进入和平发展时期，但同时局部战争连续不断，种族争端日趋激烈，劳资对立愈演愈烈，贫富差距不断加大，这些因素使得社会矛盾越来越尖锐。因此，由社会原因和政治原因导致的风险越来越多，损失也越来越大。

第三阶段：20 世纪初至 20 世纪 70 年代

这一阶段，"风险管理"一词出现且备受关注。在人们逐渐意识到风险管理的重要性的时候，美国发生了两件大事：第一件，1948 年，美国钢铁工人工会与厂方关于养老退休金和团体人身保险进行了谈判。由于厂方不接受工会提出的条件，导致钢铁工人罢工长达半年之久，对美国经济产生了极为严重的影响。第二件，1953 年 8 月 12 日，美国通用汽车公司自动变速装置厂发生了一场大火，直接经济损失达 300 万美元，而且这场大火使该公司汽车生产及其卫星厂的生产停止了数月，导致间接经济损失 1 亿多美元。

这两件事撼动了美国实业界以及学术界，成为推动企业风险管理的契机。一方面，民间研究机构和高等学府加强了对企业风险管理的学术研究；另一方面，各大中型企业纷纷设立风险管理部门，专门从事风险管理工作。于是，风险管理作为一门新兴管理科学逐渐形成了。

风险管理这个名词，最早出现在 1950 年加拉格尔的调查报告《费用控制的新时期——风险管理》中。20 世纪 50 年代以前，各经济单位一直把保险作为处理风险的唯一方法，并且仅凭直觉和经验来判断所面临的风险，即处理风险的方法是建立在对风险定性分析的基础上。概率论和数理统计的运用，使人们对风险的分析发生了质的飞跃，为完整的风险管理理论体系的建立做好了最后的准备工作。

到了 20 世纪 60 年代，很多学者开始系统研究风险管理。1963 年，美国出版的《保险手册》刊载了梅尔和赫奇斯"企业的风险管理"一文，1964 年威廉姆斯和汉斯出版了《风险管理与保险》一书，引起了欧美各国的普遍重视。概率论和数理统计的运用，使风险管理从经验走向科学，风险管理的研究逐步趋向系统化、专门化，风险管理终于成为管理科学中的一门独立学科。

第四阶段：20 世纪 70 年代至 20 世纪 90 年代

20 世纪 70 年代以后，出现了风险管理历史上一个革命性的转变，即风险管理从传统的以保险为核心的管理中脱离出来，现代全方位风险管理模式逐渐形成。

首先，1971 年，布雷顿森林体系崩溃，任何经济实体都面临着巨大的金融风险，这使企业认识到，风险管理不仅应针对危害性风险，也应包含金融风险，金融风险管理日益受到重视。虽然在初期这两类风险是由不同的部门分别管理的，但不久后，人们就发现，这两者不能自行其是。

其次，在这一阶段相继发生了一些大型科技灾难，对风险管理的思维造成了极大的影响。创立于 1980 年的风险分析学会（Society for Risk Analysis，SRA）与切尔诺贝利事故后浮现的安全文化观念使风险管理研究开始注重作业绩效与文化社会背景的影响。

第五阶段：20 世纪 90 年代至今

在这一阶段，金融风险管理迅速发展，这同时促使危害性风险管理和金融风险管理有了更深层次的整合。

20 世纪 90 年代以后，因使用金融衍生产品不当而引发的金融风暴开始增多，并且损失巨大，如巴林银行事件、日本大和银行事件以及美国橙县的财政危机。这促使人们对金融风险的认识更加深入。"风险价值"（VAR）的提出、"30 人小组（G-30）报告"的产生及全球风险专业协会（Global Association of Risk Professionals，GARP）的成立，都验证了这一点。

此外，以危害性风险管理为主的保险市场和以金融风险管理为主的资本市场之间的界线被打破，出现了一些新型风险管理工具，如财务再保险（Financial Reinsurance）和保险期货（Insurance Futures）等。虽然这些新型工具有的还不太成熟，但保险风险证券化已成为风险管理领域的一个重要发展趋势。理论上已证明，只有整合金融风险与危害性风险的风险管理，才是最适当的决策。

资料来源：李晓林. 风险管理[M]. 北京：中国财政经济出版社，2009.

1.2.2　风险管理的意义

风险管理的目的是以最小的成本获得最大的安全保障。事实上，有效的风险管理对于经济单位个体乃至整个社会都有十分重要的意义。本部分将从社会、企业、个人与家庭三个方面来说明。

1. 风险管理对社会的意义

风险管理对于企业、个人与家庭和其他任何经济单位，都具有减少损失、降低成本、提高经济效益的功效。因此，风险管理是通过合理地分配社会资源，使社会资源得到有效利用，使风险处理的社会成本下降，稳定社会经济，减少社会资金浪费，使全社会的经济效益增加。

2. 风险管理对企业的意义

（1）**风险管理有利于企业树立良好的社会形象。**有效的风险管理有助于创造一个安全稳定的生产经营环境，激发劳动者的积极性和创造性，为企业更好地履行社会责任创造条件，帮助企业树立良好的社会形象。同一行业的两家企业，生产规模相当，一家企业为机器、原材料、产成品购买了企业财产保险，一家企业没有购买保险，那么如果两家企业同时找银行申请抵押贷款，抵押物就是机器、原材料，银行会更愿意把钱借给有保险保障的企业。因为即使发生了火灾等意外造成抵押物损失，保险公司的赔款也能确保银行能把贷出去的钱收回来。

（2）**风险管理有利于维持企业生产经营的稳定。** 有效的风险管理，可使企业充分了解自己所面临的风险及其性质和严重程度，及时采取措施避免或减少风险损失，或者当风险损失发生时能够及时得到补偿，从而保证企业生存并迅速恢复正常的生产经营活动。

（3）**风险管理有利于提高企业的经济效益。** 一方面，通过风险管理，可以降低企业的费用，从而直接增加企业的经济效益；另一方面，有效的风险管理会使企业上下获得安全感，并增强扩展业务的信心，提高领导层做经营管理决策的正确率，降低企业现金流量的波动性。

3．风险管理对个人与家庭的意义

通过有效的风险管理，可以防范个人与家庭遭受风险事件带来的经济损失，使个人与家庭在意外事件之后能够继续保持原有的生活方式和生活水平。一个家庭能否有效地预防家庭成员的死亡或疾病、家庭财产的损坏或丧失、责任诉讼等风险，直接决定了此家庭的成员能否从焦虑中解脱出来。只有家庭成员所承担的精神上的压力减少了，身体上的风险有了足够的保障，他们才可以在工作及其他社会活动中更加投入，取得更好的成绩。

1.2.3 风险管理的程序

作为一种管理活动，风险管理是由系列行为构成的。图 1-3 展示了风险管理的程序：风险识别、风险衡量、风险处理、风险管理效果评价。

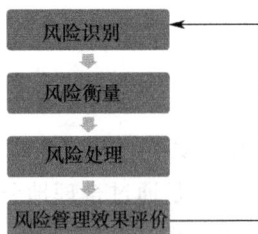

图 1-3 风险管理的程序

1．风险识别

风险识别是指对有关单位面临的以及潜在的风险加以判断、归类和对风险性质进行鉴定的过程。风险识别是风险管理的基础和起点，也是风险管理者所面临的最重要的，或许是最困难的一项工作。它的任务是辨明所分析的经济单位面临的风险有哪些，确定各种风险的性质，分析可能发生的损失及明确风险损失所影响的具体部门。风险识别的意义在于，只有准确地辨明所面临的各种风险，才能有切实地处理这些风险的机会，确保风险管理的职能得到正常的发挥，从而有效地对风险进行控制和处置。

2．风险衡量

风险衡量是指在风险识别的基础上，通过对所收集的大量详细损失资料加以分析，运用概率论和数理统计方法，估计和预测风险发生的概率和损失程度。风险衡量是以损失频率和损失程度为主要预测指标的。损失频率是指一定时期内损失可能发生的次数；损失程度是指每次损失可能的规模，即损失金额的大小。通过对损失频率和损失程度的测定，以确定风险的高低或者可能造成损失程度的大小。通过风险衡量，建立损失分布，预测损失概率和损失期望值，为风险管理者进行风险决策、选择最佳风险管理技术提供可靠的科学依据。

3．风险处理

风险处理是针对不同类型、不同规模、不同概率的风险，采取相应的对策、措施和方法，使风险对企业经营活动的影响降至最小。风险处理方法的选择是一种综合性的科学决策。在决策时，既要考虑实际的风险状况，又要考虑经济单位的资源配置状况，还要注意各种风险处理方法的可行性与效用。

一般来说，风险处理方法的选择不是一种风险只能选用一种措施，而是需要将几种措施合理组合起来加以运用，以成本最小、收益最大为风险管理措施选择的原则，风险管理技术组合的选择如表 1-2 所示。风险处理方法分为控制型、财务型、风险抑制型三大类，具体内容将在后续项目中详细讲述。

表 1-2 风险管理技术组合的选择

序 号	风险特征		风险管理技术建议
	损失概率	损失程度	
1	低	小	风险自留
2	高	小	风险自留、损失控制
3	低	大	风险转移
4	高	大	风险规避

4．风险管理效果评价

风险管理效果评价是指对前一阶段选定并执行的风险管理方法的适用性及其效益性进行分析、检查、修正和评估。同时，随着时间的推移，经济单位所面临的社会经济环境及自身的业务活动和条件都会发生变化，新的风险会产生，原有的风险会消失。因此，必须定期评价风险处理的效果，修正风险管理方案，努力达到最佳的风险管理效果。

同时，还要考虑风险管理效果与计划的风险管理目标是否一致，以及具体实施的可行性、可操作性和有效性。

在一定时期内，风险处理的方案是否为最优，其效果如何，需要采用科学的方法加以评价。常用的评价公式为：

效益比值 = 因采取该项风险处理方案而减少的风险损失/因采取该项风险处理方案支付的各种费用+机会成本

若效益比值小于 1，则该项风险处理方案不可取；若效益比值大于 1，则该项风险处理方案可取。

课堂实作

某造纸企业的厂房存在火灾隐患，厂房、机器等资产价值合计 50 万元，现在有两种风险管理方案：一是购买财产保险，保险金额 50 万元，保险费 1 000 元；二是购买消防器材，灭火器和 1.8 米双门消防柜，价格 1 000 元。若该厂房发生火灾，造成损失 10 万元，若采用方案一，可以全部得到保险公司赔偿，损失减少 10 万元；若采用方案二，损失可以部分减少，减少 6 万元。

那么，方案一的机会成本是 59 000（60 000−1 000）元；采取方案一的效益比值=100 000/（1 000+60 000−1 000）≈1.67

显然效益比值大于 1，所以对于该造纸企业而言，通过购买保险方式进行火灾风险管理会更好。

在诸多风险管理措施中，使效益比值达到最大的风险处理方案为最优方案。上例中的造纸企业还可以考虑其他风险管理措施，相互对比，选择效益比值最大的方案来实施。

风险管理过程的四个阶段是一个周而复始的过程。因此，我们也可称其为风险管理周期。

延伸阅读

2019 年埃航空难调查

中新网 3 月 19 日电　综合报道，埃塞俄比亚航空一架波音 737 MAX 8 客机于 3 月 10 日坠毁，机上 157 人全部遇难。随着调查推进，它与去年印度尼西亚狮航空难的相似之处正在一点点被揭开。外媒报道称，埃航客机失事 11 天前，波音公司和美国联邦航空局（FAA）就已接获报告，称客机软件存在安全问题。

法国民航安全调查分析局（BEA）3 月 16 日表示，已经成功提取了埃塞俄比亚失事客机驾驶舱语音记录器中的数据，交给了埃塞俄比亚方面的调查人员。

黑匣子：埃航坠毁客机数据与狮航"明显相似"

埃塞俄比亚运输部长莫格斯 17 日表示，已读取失事的埃航客机黑匣子数据，发现与去年 10 月印度尼西亚狮航同型号客机空难的黑匣子数据"明显相似"，这是调查人员进一步调查的方向，但她未透露详情，仅称将于 30 日内发表初步调查报告。

据报道，两架失事客机起飞后不久，均经历了不寻常的急速下降及爬升，空速仪也出现异常读数，两架客机均尝试折返，但最终坠毁。美国联邦航空局日前亦表示，卫星数据显示两架客机的飞行动向相似。据莫格斯称，埃航黑匣子状况良好，能读取几乎所有数据，而数据已由埃塞俄比亚和美国调查人员核实。

美国会消息人士表示，美国运输部和司法部已就 737 MAX 客机安全问题、认证问题展开调查。有消息称，调查将集中在与去年印度尼西亚狮航失事有关的飞机自动安全系统上。监管机构正试图评估联邦航空局是否在批准 737 MAX 防失速系统时，使用了适当的设计标准和工程分析。目前，全球已禁飞了波音 737 MAX 8 等机型。

据《华尔街日报》援引知情人士的消息称，华盛顿一个大陪审团（Grand Jury）已向参与开发 737 MAX 飞机的至少一个人发出传票，要求他提供文件，"包括通信、电子邮件和其他信息"。联邦航空局拒绝评论该调查，但该机构在一份声明中表示，"飞机认证程序十分完备，并且始终如一地产出安全的飞机设计。"

埃航客机失事 11 天前就已接获报告

据熟悉事件的工程人员透露，波音和美国联邦航空局在埃航空难发生前 11 天，已接获有关报告，但局方当时未就"机动特性增强系统"（MCAS）缺陷展开详细调查，亦未对软件进行标准认证。

美国会消息人士表示，美国运输部和司法部已就 737 MAX 客机安全问题、认证问题展开调查。航空业咨询公司 Teal Group 分析师阿布拉菲亚警告，事件不单损害美国联邦航空局及波音的公信力，更影响各国的相互航空认证机制。

美国联邦航空局在受访时指出，737 MAX 客机符合局方的标准认证程序，强调该程序一直行之有效。波音则发声明称，美国联邦航空局在认证程序上，已参考"机动特性增强系统"的结构及运作参数，并确认其合乎所有认证及法定要求。

波音行政总裁米伦伯格 17 日表示，公司已完成"机动特性增强系统"软件升级，并向机师提供最新指引，包括当系统从传感器读取到错误数据时的操作守则。据美国联邦航空局早前向美国国会提交的报告，波音让"机动特性增强系统"透过读取两个"攻角"传感器启动，并将该系统纳入机师培训手册。

美航空局和波音公司早就知悉客机存在缺陷

美国波音公司 737 MAX 8 客机在不到半年内发生两宗严重空难，安全问题受到质疑。《西雅图时报》此前报道，波音过去在对该系列客机进行安全分析，调查新加装的"机动特性增强系统"软件时，已发现该软件存在多项重大缺陷，但为追赶主要对手法国空客公司推出的新机款，急于完成认证，美国联邦航空局也没做好把关，草草通过审批。

据报道，美国联邦航空局由于预算削减，于 2009 年开始将部分认证工作交由飞机生产商或外部专家处理。就在过去几个月，国会进一步扩大了外包安排。1994—2001 年担任国家运输安全委员会主席的吉姆·霍尔说："这让我不禁想问该机构是否得到适当资质、人员配置是否合适以及是否有足够的独立监督的问题。"

彭博社报道称，早在 7 年前，美国联邦航空局员工就曾发出警告，波音公司对新飞机的安全认证有过大的自主权。交通部监察部门承认，他们没有采取足够行动"让波音公司承担责任"。据一位熟悉该项工作的人士透露，坠机事件中机型的飞行控制软件至少一部分是由一名或多名从事外包工作的波音员工认证的。

2015 年，由于 737 MAX 客机的研发进度较空客 A320neo 客机迟了 9 个月，面对压力，波音匆匆完成认证。外媒报道称，美国联邦航空局管理层亦出手帮忙，催促局方工程人员让波音自行对客机做安全评估，当时不少工程人员均认为"机动特性增强系统"属关键系统，下放程序并不恰当。

资料来源：https://news.163.com/19/0319/08/EAKAPCII0001875O.html，文章有删改。

仔细阅读上述案例并组织学生进行分组讨论，讨论完毕后要求每组派出一名代表对本组讨论结果进行评述，时间不超过 5 分钟，各组评述后由教师进行总结点评。

埃航空难反映出航空公司存在哪些风险？在处理风险时有没有采取必要的措施？如果措施不合理，请尝试为其选择风险管理措施。

📑 重要概念

1．风险的基本定义为损失的不确定性。

2．风险的构成要素：风险因素、风险事故和损失，三者之间存在一定的因果关系，风险因素引起风险事故，风险事故导致损失，它们共同构成了风险存在与否的基本条件。

3．风险具有客观性、不确定性、双重性和发展性的特征。而不同的风险在性质、形态、成因及损失状况上表现出不同的特点，运用不同的分类标准分类，可将风险分为不同的类别。

4．风险管理是研究风险发生规律和风险控制技术的一门新兴管理学科，各经济单位通过风险识别、风险衡量、风险评价，优化组合各种风险管理技术，对风险实施有效的控制和妥善处理风险所致损失的后果，期望达到以最少的成本获得最大安全保障的目标。有效的风险管理，对于经济单位个体乃至整个社会都有十分重要的意义。

5．作为一种管理活动，风险管理是由系列行为构成的。风险管理的程序包括风险识别、风险衡量、风险处理和风险管理效果评价。

能力拓展

常见风险分类

1．活动目标：通过该项目活动，要求学生掌握风险的不同分类方式，并能进行归类。
活动任务：请收集风险事件，并将所收集到的风险填入表 1-3 相应的栏目内。

表 1-3 风险种类

风险种类	风险案例
可保风险	
不可保风险	
自然风险	
社会风险	
政治风险	
财产风险	
人身风险	
责任风险	
信用风险	
纯粹风险	
投机风险	

2．请以风险事故——食物中毒为例，分析造成该事故的各种风险因素有哪些。

3．简介风险的构成要素，阐述它们之间的关系。

4．风险有哪些分类？

5．风险管理的程序是怎样的？

项目 2
风险识别

◎ **教学目标**

- 了解风险识别的含义
- 了解风险识别的原则
- 掌握各种风险识别方法的优缺点和操作流程

风险识别	认识风险识别

风险识别的概念和内容	风险识别的原则	风险源

风险识别的方法及其应用

风险清单分析法	现场调查	报表分析法
组织结构图分析法	流程图分析法	事故树分析法

风险指数分析法

案例导入

重庆公交客车坠江事件

2018 年 10 月 28 日 10 时 08 分，一辆公交客车与一辆小轿车在重庆万州区长江二桥相撞后，公交客车坠入江中。经初步事故现场调查，系公交客车在行驶中突然越过中心实线，撞击对向正常行驶的红色小轿车后冲上路沿，撞断护栏，坠入江中。

事后查明，因刘某错过下车站，要求驾驶员冉某停车未果，双方争执起来。"10 时 08 分 49 秒，当车行驶至万州长江二桥距南桥头 348 米处时，刘某右手持手机击向冉某头部右侧。10 时 08 分 50 秒，冉某右手放开方向盘还击，侧身挥拳击中刘某颈部。随后，刘某再次用手机击打冉某肩部，冉某用右手格挡并抓住刘某右上臂。10 时 08 分 51 秒，冉某收回右手并用右手往左侧急打方向（车辆时速为 51 千米/小时），导致车辆失控向左偏离，越过中心实线，与对向正常行驶的红色小轿车（车辆时速为 58 千米/小时）相撞后，冲上路沿，撞断护栏，坠入江中。"

资料来源：人民网—重庆频道"重庆万州公交坠江系公交越线后撞轿车，车载 10 多人"，原文有删改。

仔细阅读上述案例，回答下列问题：

1. 请对乘客和驾驶员的行为进行评价，你认为哪些行为导致了事故发生？
2. 请根据案例思考能避免事故发生的措施。
3. 请思考你的措施是否带来了新的风险。

任务 2.1　认识风险识别

2.1.1　风险识别的概念和内容

1. 风险识别的概念

在 ISO Guide 73:2009 中，风险评估（Risk Assessment）包括风险识别、风险分析、风险评价的全过程，其中，风险识别（Risk Identification）的定义是发现、确认和描述风险的过程。GB/T 24353—2009 也将风险评估分为风险识别、风险分析和风险评价三个步骤，其中的风险识别是通过识别风险源、影响范围、事件及其原因和潜在后果等，形成一个全面的风险列表。ISO 和 GB/T 两个风险管理标准定义的共同之处是"风险识别是有关风险源、事故及其原因和后果的认识过程"，也可以说，风险识别是识别风险三要素以及三要素关系的过程。风险识别是风险管理的开始，只有已经识别出来的风险才可能被管理，因而风险识别的方向和深度显著影响了风险管理的作用范围，进而影响风险管理措施的效果。风险识别在风险管理过程中至关重要，是全过程的关键所在。

2．风险识别的内容

（1）风险识别的步骤。风险识别包括感知风险和分析风险两个步骤。风险识别示例如图 2-1 所示。

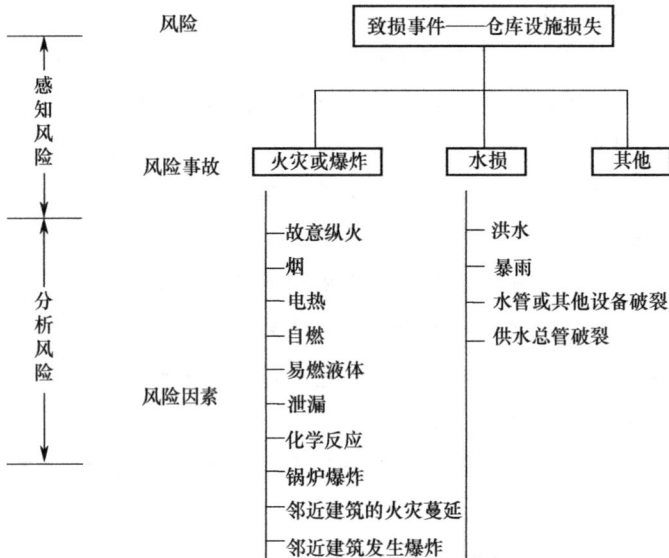

图 2-1　风险识别示例

第一，感知风险。感知风险是识别风险事故的存在形式。例如，行人在横穿马路时会左右张望，识别交通事故风险，也许正当行人认为人车碰撞的交通事故风险不存在时，就有一辆冲洗路面的洒水车驶来，行人又识别出新风险——洒水车有可能把水洒到行人身上。又如，我们想知道快递公司所面临的财产、人身、责任风险，通过调查得知其财产风险包括各种车辆的财产损失、存货仓库及存货损失和其他设备损失等。通过进一步识别，我们发现存货仓库损失风险中，可能的风险事故有火灾、爆炸，以及水损、飓风等。

第二，分析风险。分析风险是掌握风险产生的原因以及风险所具有的性质。例如，行人横穿马路时发现的交通事故风险，来源于物理碰撞、拉扯和挤压，产生的原因可能是汽车驾驶员故意肇事或醉酒驾驶，也可能是行人走入了驾驶员的观察盲区，甚至是其他高强度光源造成了视觉干扰，还有可能是车辆本身存在故障。又如，在分析快递公司可能存在的财产、人身损失风险时，我们识别出存货仓库存在的火灾和水损风险，分析火灾风险时我们会继续分析引起存货仓库火灾的风险因素，如电热、化学反应、自燃、故意纵火、临近建筑的火灾蔓延等；分析水损风险，我们发现洪水、暴雨、水管破裂、防水层渗漏等风险因素，有可能造成仓库损毁，若暴雨时排水不及时会导致仓库积水泡坏存货。若是人身风险，可能有疾病、死亡、意外伤害等，其中导致死亡的风险因素有自然灾害、意外事故、自杀、疾病等。

（2）**感知风险和分析风险的关系。**感知风险和分析风险构成了风险识别的基本内容，两者互相联系，相辅相成。它们之间的关系表现为，感知风险是分析风险的前提，而分析风险是对感知到的风险的深入分析，它们同为衡量风险的前提。

感知风险是风险识别的基础，分析风险是风险识别的关键。因为风险管理的根本目的在于对客观存在的风险采取行之有效的措施，在了解到风险存在之后，必须进一步明确风险因素以及风险三要素之间的关系，才能降低或者消除不利因素的影响，减少风险损失。只有通过深入分析风险，才能判断出各种风险因素。

2.1.2　风险识别的原则

为了确保风险识别的全面和高效，要遵循完整性、系统性和重要性三个原则。

1．完整性原则

完整性原则是指在制订风险管理方案时要确保全面地识别风险，避免风险管理者因为主观因素而遗漏风险，尤其要避免遗漏影响重大的风险。为了保证风险识别的完整性，可以采用多种风险识别方法，从多个角度进行风险识别。风险识别的方法很多，各种方法之间具有相互补充的作用，可以根据具体情况选取其中的几种配合使用。多角度的风险识别，包括时间角度和空间角度。风险识别的时间角度是指按照风险管理对象实施过程的先后顺序对各阶段风险进行识别，也可以根据各阶段工作特点等因素进行风险识别；风险识别的空间角度是指按不同的活动结果、不同的工作内容或主题进行风险识别。

2．系统性原则

系统性原则是指风险识别的过程要根据归类综合进行。风险识别不能局限于某个部门、某个环节、某个具体风险，而要分析风险主体作为完整系统所具有的全部风险。要保证风险分析的准确性，就必须进行全面系统的调查分析，对风险进行综合归类，以揭示风险的性质、类型和后果。

不论公司、家庭或者个人，其面临的风险均是一个复杂的系统，包括不同类型、不同性质和不同程度的风险。一般而言，可以系统性地将风险的损失分成三类：①直接损失风险，即风险事故的直接经济后果，如火灾中烧毁的财产。识别直接损失可以采用很多方法，如可以向经验丰富的经营人员和资金借贷经营人员询问，也可以查看财务报表。②间接损失风险，如火灾后停产期间失去的收益。间接损失风险是由直接损失衍生来的损失。间接损失的识别可采用投入产出分解分析等方法。③责任损失风险，是指因个人或团体的疏忽或过失行为，造成他人财产损失或人身伤亡，按照法律、契约应负法律责任或契约责任的风险。必须具备熟练业务知识和足够法律知识，才能识别和衡量责任损失。

3．重要性原则

重要性原则是指风险识别应有所侧重，可以侧重于两个方面：一是风险属性，二是风险载体。就风险属性而言，应当着力把重要的风险及损失期望值较大的风险识别出来，而忽略影响较小的风险，不必花费太多的人力、物力、财力，有利于成本节约。例如，家用乘用车的使用时间越长，车主越倾向于不购买车损险。就风险载体而言，那些对整个风险管理目标都有重要影响的工作结构单元，必然是风险识别的重点。例如，对民用房屋建筑结构来说，基础工程和主体工程是全部工程中的重要结构，若这些部分出现风险将对整个项目造成很大影响，所以是风险识别的重要对象。

完整性原则，确保了风险识别的客观性；系统性原则，确保了风险识别的效果；重要性原则，提升了风险识别的效率和质量。从活动的总体目标来讲，风险识别的效率或效果都必不可少，不能摒弃任何一方，在风险识别过程中应同时兼顾完整性原则、系统性原则与重要性原则。

2.1.3 风险源

1. 风险源的定义

风险源与风险密不可分。风险是指事件发生带来的不确定性后果，这种不确定可能是损失，也可能是收益。能够带来风险的人、物、事件都可视为风险源。

风险识别的关键就是识别风险源，再针对风险源"对症下药"，采取措施，实现风险管理的目的。

2. 风险源的分类

风险源的分类有很多种，这里介绍一种较为全面的分类方法，它基本包含了所有可能的风险源，并把风险源分为七种。

（1）物质环境（Physical Environment）。物质环境是最基本的风险源，它是指由于自然环境和实物条件发生变化，导致损失出现。

（2）社会环境（Social Environment）。社会环境是指组成社会的个体的道德信仰、价值观、行为方式以及社会结构和制度变化带来的风险因素的可能。

（3）政治环境（Political Environment）。政治环境主要指国家政策，国家的财政政策、货币政策、法律政策的改变不但影响企业的经营活动，也会影响所有市场经济参与者。

（4）法律环境（Legal Environment）。法律环境是指法律和司法环境带来的风险。基于法律规定或合同约定，由于外部法律环境发生变化或法律主体的作为及不作为，而产生负面法律责任或后果。

（5）操作环境（Operation Environment）。操作环境是指操作适当性，不合适的操作会带来操作风险。

（6）经济环境（Economic Environment）。经济环境是指市场波动带来的不确定性。

（7）认识环境（Congnitive Environment）。人的理解能力也是风险的来源。

相同的风险因素可能是由不同的风险源产生的。例如，火灾风险可能来源于物质环境（磷的自燃等），也可能来源于社会环境（纵火）。有些风险源容易判断，但有些风险源不易判断。

课堂讨论

火灾危险源

（一）客观因素

1.电气引起火灾

在全国的火灾统计中，由各种诱因引发的电气火灾，一直居于各类火灾原因的首位。根据以往对电气火灾成因的分析，引发电气火灾的原因主要有以下几种：

（1）接头接触不良导致电阻增大，发热起火；

（2）可燃油浸变压器油温过高导致起火；

（3）由于高压开关的油断路器中的油量过高或过低，引起气体爆炸起火；

（4）熔断器熔体熔断时产生电火花，引燃周围可燃物；

（5）使用电加热装置时，不慎放入易爆物品导致爆炸起火；

（6）机械撞击损坏线路导致漏电起火；

（7）设备过载导致线路温度升高，在线路散热条件不好时，经过长时间的过热，导致电缆起火或引燃周围可燃物；

（8）照明灯具的内部漏电或发热引起燃烧或引燃周围可燃物。

2.易燃易爆物品引起火灾

爆炸一般是由易燃易爆物品引起的。例如，存放柴油的油箱过满，没有预留一定的空间，则在高温环境下，柴油受热膨胀发生爆炸。另外，如果油箱密封不严，造成存放的柴油泄漏挥发，或油箱内的柴油蒸气向外挥发，在储油间内的柴油蒸气达到其爆炸极限的情况下，遇到明火、静电或金属撞击形成的火花时，都会产生爆炸。

3.气象因素引起火灾

火灾与气象条件密切相关，影响火灾的气象因素主要有大风、降水、高温及雷击。

（1）大风。大风时不但可能吹倒建筑物、刮倒电线杆或者吹断电线，引起火灾，它还可以作为火的媒介，将某处的飞火吹落至别处，导致火场扩大，或者产生新的火源，造成异地火灾。

（2）降水。降水是火灾发生、蔓延的抑制因素。另外，降水大小对自燃物质也有显著的影响。由于降水增加了空气湿度，使自燃物质的湿度加大，一定的水分能起到催化剂的作用，可加速自燃物质的氧化而自燃。

（3）高温。在高温环境下，生产生活用电负荷将增大，使电气线路处于满负载状态，加速了电气线路的老化。同时，对于存在自燃起火危险的物品，高温环境将加速其自然氧化。

（4）雷电。如果建筑物防雷击设施不够齐备，在受到雷击时，电气线路容易发生故障、出现燃烧，或者建筑物内部电器设备受到雷的直击发生爆炸，引起火灾。

（二）人为因素

1．用火不慎引起火灾

用火不慎主要发生在居民住宅中，主要表现为：用易燃液体引火或灶前堆放柴草过多，引燃其他可燃物；用液化气、煤气等气体燃料时，因各种原因造成气体泄漏，在房屋内形成可燃性混合气体，遇明火发生爆炸起火；家庭炒菜炼油，油锅过热起火；未完全熄灭的燃料灰随意倾倒引燃其他可燃物；夏季驱蚊，蚊香摆放不当或点火生烟时无人看管，引起火灾；停电使用明火照明，不慎靠近可燃物，引起火灾；烟囱积油高温起火。

2．不安全吸烟引起火灾

吸烟人员常常会有随便乱扔烟蒂、无意落下烟灰、忘记熄灭烟蒂等不良吸烟行为，从而导致火灾。由吸烟引起的火灾，以引燃固体可燃物，尤其是引燃床上用品、衣服织物、室内装潢、家具摆设等居多。据美国加利福尼亚消防部门试验，烧着的烟头的温度范围为 288℃（不吸时香烟表面的温度）～732℃（吸烟时香烟中心的温度）。有的资料还显示，一支香烟停放在一个平面上可连续点燃 24 分钟。炽热的香烟温度，从理论上讲足以引起大多数可燃固体以及易燃液体、气体的燃烧。

3．人为纵火

纵火造成的人员伤亡仅次于用火不慎。纵火的原因有多种，主要可分为社会内部矛盾的激化和敌对势力蓄意破坏。根据火灾燃烧学的原理，引起火灾的前提是满足物质燃烧的三个必要条件，即点火源（能量）、可燃物和助燃剂（氧气等）。在这几个条件之中，可燃物和助燃物无处不在，所以要防止纵火致灾，关键是控制点火源和易燃物，如果点火源和易燃易爆危险物品控制不力，都有可能发生人为纵火的事件。

资料来源：节选自安全管理网文章"火灾风险源分析"，节选时对原文有删改。

请仔细阅读以上资料，参照火灾风险源分析完成水灾风险源分析。

任务 2.2 风险识别的方法及其应用

2.2.1 风险清单分析法

风险清单分析法是风险识别的重要方法，主要用来识别经济单位面临的各种风险源，风险清单非常全面、详细地列出了一家企业可能面临的风险，试图囊括所有可能的损失，帮助风险管理者对照清单上的每一项内容做出判断。在回答这些问题的过程中，风险管理者逐渐构建出本公司的风险框架。常见的标准化风险清单由专业人员设计，如风险分析调查表、资产—暴露分析表、保险公司常用的风险问询表，经济单位也可根据自己的情况自行设计风险清单。

1. 制式表格

（1）**风险分析调查表**。风险分析调查表是由保险公司的专业人员及有关学会，就企业可能遭受的风险进行详尽的调查与分析后做成的报告书，它包含了所有的纯粹风险。应用较多的调查表是由美国管理学会、风险与保险管理学会和国际风险管理研究所编制的，又称为"事实的发现者（Fact Finders）"。表 2-1 是美国管理学会编制的风险分析调查表的财务内容表样表。

表 2-1　风险分析调查表的财务内容表样表

表格代号_____
位置代号_____
建物代号_____

1. 机器、设备、工具
（a）成本_____
（b）实际现金价值_____　评价基础_____
（c）抵押情形：名称_____
　　　地址_____
2. 家具、器具、用品
（a）重置成本_____
（b）实际现金价值_____　评价基础_____
（c）抵押情形：名称_____
　　　地址_____
3. 投资和改良物
（a）设置日期_____
（b）原始成本_____
（c）重置成本_____
（d）实际现金价值_____
（e）性质和内容_____
（f）评价基础_____
4. 存货（原料、在制品、成品）
（a）最高存量——成本_____　售价_____
（b）最低存量——成本_____　售价_____
（c）平均存量——成本_____　售价_____
（d）现行存量——成本_____　售价_____
5. 他人财物因修理、制造、寄销而存放于公司者_____
6. 有无上述财物之保管责任契约？_____
7. 受让人之财产_____　寄销人_____
8. 员工用品_____

9. 有价值之文件和图表

（a）价值_____再制成本_____

（b）存放何处_____

（c）性质内容_____

10. 各种报表价值——销售部门_____

11. 重要标志图记之价值、样式和规格

（a）位于屋内者_____

（b）位于其他地方者_____

12. 监视、保管或控制之问题

（a）托管之财物_____

（b）仓库管理者要负责任吗？_____

（c）监管人员要负责任吗？_____

13. 水渍和自动倾水器系统之价值_____

14. 地震防护_____

15. 特殊照相器材、科技设备和昂贵用具_____

16. 有价值的技术品_____

17. 电子资料处理设备

（a）假如系自己所有，价值为何？_____

（b）假如系承租而来，租赁契约副本_____

（c）假如系承租而来，有谁负毁损之责？_____

（d）受损资料之重置费用_____

（e）卡带有保存副本吗？_____

　　　存放何处？_____

（f）有潜在的营业中断情况吗？_____

（g）他人使用情形_____使用人资格_____

（h）有关契约责任问题之副本_____

18. 存货受损情形

（a）间接损失_____

（b）盗窃损失_____

（c）冷热毁损_____

19. 牲畜，假如有_____

20. 作物，假如有_____

（2）**资产—暴露分析表**。美国管理学会在设计风险分析调查表之后，又编制了资产—暴露分析表，供企业界使用。此表的内容分为两大类，一类是资产，包括实物资产和无形资产；另一类是损失暴露，包括直接损失、间接损失暴露和第三者责任损失暴露。这种表格从另一角度列举了企业所有资产可能面临的损失风险，它不仅局限于可保风险，也包含了不可保的纯粹风险，如果将它和风险分析调查表配合使用，能取得更好的效果。

（3）**风险问询表**。投保人在投保时，保险人并不完全了解投保人希望投保的标的或者转嫁的被保险人的风险，保险人要控制承保风险，就必须采取一定的措施。例如，可以通过观察和询问并填写风险问询表来识别标的或被保险人面临的风险，以此来确定标的或被保险人的风险水平高低，从而决定是否承保以及确认承保险费率等条件。就人身风险而言，国内各保险公司在承保保险期间超过1年的人身风险时，都需要通过风险问询表确定客户的风险水平；而承保财产风险时一般要填写风险问询表，问询表一般包括标的内外部环境、运营使用状况、硬件条件、管理人员和制度、事故记录和重大风险问询等。表2-2是某保险公司对生产性企业编制的财产保险风险问询表。

表 2-2　财产保险风险问询表

本风险问询表为_____号投保单的组成部分。

投保人：_____

1. 保险标的地址：		省	市	县/区		邮编：	

2. 建筑物状况：

序号	名称	结构	高度（米）	层数	占用性质	防火措施	灭火设施及器材
1							
2							
3							
4							
5							
6							

注1：建筑物的结构指：A. 钢　B. 钢、钢筋混凝土　C. 钢筋混凝土　D. 砖木　E. 简易建筑

注2：建筑物的占用性质指：A. 写字楼　B. 商场　C. 宾馆酒楼　D. 娱乐场所　E. 仓库　F. 生产车间　其他：

注3：防火设施指：A. 禁止吸烟和使用明火　B. 禁止乱拉、乱接电线　C. 使用防爆型照明灯具和电气设备　D. 装有导除静电装置　E. 仓装有防雷装置　其他：

注4：灭火设施及器材指：A. 室内消火栓　B. 室外消火栓　C. 火灾自动报警系统　D. 火灾自动灭火系统　E. 手提灭火器　F. 消防水源

3. 生产经营状况：

□生产型企业

（1）生产工艺流程简介：_____

（2）原材料、半成品、产成品的名称：_____

（3）生产工艺：　□常温　　□常压　　□高温　　□高压

（4）生产过程：　□自动化　　□机械操作　　□手工操作

（5）生产过程中有无使用易燃易爆材料？　□有　□无　如果有，请列出名称：_____

（6）生产过程中有无可燃性气体或粉尘产生？　□有　□无　如果有，请列出名称：_____

（7）主要仓储物名称：

　　有无使用易燃易爆物品？　□有　□无　如果有，请列出名称：_____

　　易燃易爆物品是否存放在独立的危险品仓库中？　□是　□否

□商业型企业

（1）主要商品名称：_____

（2）有无使用易燃易爆物品？　□有　□无　如果有，请列出名称：_____

　　易燃易爆物品是否存放在独立的危险品仓库中？　□是　□否

□仓储性企业

（1）主要仓储物品名称：_____

（2）有无使用易燃易爆物品？ □有 □无 如果有，请列出名称：_____

易燃易爆物品是否存放在独立的危险品仓库中？ □是 □否

（3）仓储条件的主要描述：_____

□其他，请注明：_____

4. 消防情况：

（1）现有消防设施是否经过公安消防部门验收？ □是（验收时间____年__月__日） □否

验收是否合格？ □是 □否（原因：_____）

（2）最近的消防队（站）名称：_____，相距_____千米。

（3）有无组建消防队？ □专业 □义务 □无

消防队人数_____人，主要装备、设施：_____

一般员工是否会使用灭火器材？ □是 □否

（4）消防器材是否按实地特征和规定数量配备？ □是 □否

消防器材是否定期检查、保养、充装、更换？ □是 □否

消防器材摆放是否合理？ □是 □否

（5）手提及手推灭火器

□二氧化碳 数量_____个，规格_____

□干粉 数量_____个，规格_____

□泡沫 数量_____个，规格_____

□1211 数量_____个，规格_____

□其他 数量_____个，规格_____

（6）消防水源

□市政管网：管压和水压_____kg/cm² □消防水池：容量_____m³

□蓄水塔：容量_____m³ □天然水源：举例_____m

（7）消防水泵

可移动消防备用水泵_____台，其中，自动起动_____台，手工起动_____台。

连接自来水管网（或消防蓄水池）消防水泵_____台，其中，自动起动_____台，手工起动_____台。

消防水泵是否设置在独立的耐火性较好的房间内？ □是 □否

消防水泵用电是否都采用单独的供电回路？ □是 □否

消防水泵的备用动力为：□双电源 □双回路 □内燃机

（8）自动报警及灭火装置

火灾自动报警装置：□感烟型 □感温型 □感光型

自动灭火装置：□水喷淋灭火 □二氧化碳灭火 □卤代烷灭火 □泡沫灭火

自动报警及灭火装置是否由专业人员定期进行检测和维护？ □是（间隔时间____天） □否

（9）消防通道是否通畅？ □是 □否

（10）有无安全检查或防火安全组织？ □有 名称_____，人数____人。 □无

有无建立安全生产责任制或防火安全责任制？ □有 □无

简要描述责任制内容：_____

5. 防洪设施及措施：

（1）防洪设施

□防洪墙

□防洪闸门
□沙袋，数量_____袋，汛期堆放位置_____
□防洪抽水机，数量___台
（2）有无排、蓄雨水沟、塘？　　　　□有　　□无
（3）与市政排雨水管网是否相连？　　□是　　□否
（4）是否建立汛期 24 小时值班制度？　□是　　□否
（5）仓库是否设置了超过历史水位线高度的垫仓板或货架？　□是（高度____cm）　□否
（6）标的物较公路地面：　　□高约_____cm　　　□低约_____cm

6. 周围环境：
（1）坐落地址位于：　□工业区　　□商业区　　□农业区　　□住宅区　　□其他
（2）邻接危险情形：_____
（3）厂外主要道路宽约_____米。
（4）是否邻居山波地？　□是（有无防护墙？　□有　　□无）　　□否

7. 防盗情况：
（1）防盗设施及措施：
□围墙防护设施_____
□专职保安人员或门卫（人数_____人）
□防盗报警装置（安装位置_____）
□监控摄像头（数量_____个，安装位置_____）
□夜间、工作日和节假日均有人值班
□出入大门登记制度
（2）高价物品的管理办法：　　专管 □有　□无　　　　监管 □有　□无

8. 能源供应情况：
（1）生产经营活动以来的主要能源：　　□水　　□电　　□气　　□其他
（2）是否经常出现能源供应中断情况：　□是　　□否
（3）经常中断的能源种类：　　□水　　□电　　□气　　□其他
（4）能源可能造成的损失及金额：_____
（5）请具体说明能源中断的原因：_____

9. 以往损失情况：
（1）以往有无发生损失？　　　　□有　　□无
（2）最近三年具体损失情况：
暴雨或洪水灾害_____次，最近一次发生于_____年___月___日，造成财产损失金额_____元。
火灾或爆炸事故_____次，最近一次发生于_____年___月___日，造成财产损失金额_____元。
事故原因：_____
盗窃、抢劫事故_____次，最近一次发生于_____年___月___日，造成财产损失金额_____元。
其他事故_____次，最近一次发生于_____年___月___日，造成财产损失金额_____元。
事故原因：_____

投保人（签章）：

年　　月　　日

利用标准的风险清单来识别风险有其优点和缺点。优点包括：由于标准调查表是由保险和风险管理专家提供的，所以填写表格可以获得专家的完整性分析意见；另外，标准的风险清单只要填写就可能发现风险，因而相对方便。缺点包括：因为标准的风险清单是按一般企业的设计需求来设计的，所以其难以满足特定企业的专门需求，表格中未列入的风险无法得到有效识别；另外，如果填表者不知道如何填写或者专业水平不足、缺乏风险管理经验，那么，填写制式清单会很困难，也不能很客观地完成风险识别。

课堂实作

识别厂家生产过程中的风险

某金属有限公司，坐落于江苏省昆山市经济开发区，创办于 1998 年，主要从事铝合金表面处理业务。公司通过了相关的 ISO 认证和美国的 OEM 认证，厂房面积达到 5 万多平方米，职工有 500 多名，已经建成了 4 条现代化全自动电镀生产线。该公司生产过程图 2-2 所示。

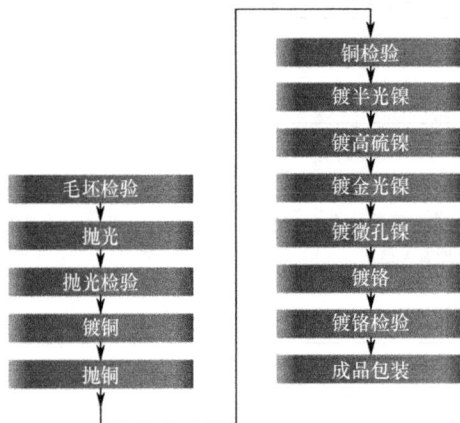

图 2-2　车间生产工艺流程

该公司有几个简易车间：抛光车间、抛铜车间和电镀车间。抛光车间，每班约有工人 260 名，工人分布在上下两层楼。总计 30 多条生产线，每条生产线 8 人左右。曾在抛光和抛铜车间工作过的王洋形容车间环境"不是一般的差"。当他走进抛光车间，眼前就是雾蒙蒙一片，通过该车间，都要用衬衫领口捂着嘴。

"如果是第一次来公司，很可能因为粉尘过重而看不清生产线上的工人。"他说。

车间环境之所以那么差，主要因为其抛光工艺落后，是"人工抛光"。

据介绍，抛光一般有两种工艺，一种是喷砂，利用压缩空气将砂粉高速喷向工件，达到表面光整的效果；另一种是人利用砂纸对工件进行抛光，属于"人工抛光"。多名工人证实，他们的车间确实是工人戴着手套进行"人工抛光"的。

人工抛光时，粉尘满天飞，其后果是灰尘一旦结成块状，遇到明火就会爆炸。而如果是环保型的自动抛光机，可以把灰尘吸入一个集成系统，再经水喷淋作业后，灰尘就会沉淀。不过，环保型的自动抛光机比较贵。

抛光工艺落后，产生大量粉尘，生产线上有吸尘器，在大电机的作用下，会通过管道将粉尘吸附。工人工位的上方也有一个小的通风口，但并未全部开启；或者该装置的粉尘去除效用被夸大了，粉尘即便被吸附，还可能通过管道倒流。

金属材料专家表示，从专业角度来讲，用喷气式布袋集尘系统来处理热敏性金属粉末，是很危险的。因为从吸尘管道经收集口再到收集容器的通道中，会聚集很多粉末，这些粉末极容易发生摩擦并产生静电，导致爆炸。

现在该公司向保险公司投保。

资料来源：根据新闻——"昆山：'最深伤害'拷问工人安全"整理，有删改。

仔细阅读上述案例并组织学生进行分组讨论。填写表 2-2 的第 1、第 2、第 3、第 9 项，填写完毕后要求每组派出一名代表对本组讨论结果进行评述，时间不超过 5 分钟，各组评述后由教师进行总结点评：该生产性企业的风险主要有哪些？该企业可能发生哪些风险事故，这些风险事故的原因和损失有哪些？

2．自制风险清单/检查表

由于经济单位具有特殊性，因而风险管理也具有特殊性。经济单位可以根据自身需要自行设计符合本公司工作组织方式的风险清单/检查表，并有针对性的识别本企业的特殊风险。

下面介绍三种自制风险清单/检查表。

（1）**检查表**。第一种可以帮助企业明确工作任务流程，并在此基础上识别风险。样例如表 2-3 所示。

表 2-3　消防柜检查表

请检查消防柜内各零件及设备都处于完好可用状态	检查日期	检查人

课堂实作

根据某学校寝室管理制度，分别于周二和周三中午进行寝室卫生检查和寝室安全检查。卫生检查主要关注寝室的卫生环境与整洁程度，安全检查主要关注寝室使用安全，排查火灾等安全隐患。某校寝室情况如图 2-3 所示。

图 2-3　某校寝室情况

假设你是寝室长，请根据本校的寝室卫生情况或安全管理规定制作风险清单，在检查来临前核查卫生和安全隐患。

这种风险清单的特点是：只要风险管理人员按要求检查表格中各项内容就能完成风险识别任务，填写人无须具备大量有关风险的知识，只要确保完成每项内容的检查。但由于检查表只提供了任务项目本身，并没有提供风险信息的指标以及足够的描述说明，因此，填表效果仅止于完成工作流程，而是否能发现风险和是否能妥善处理风险主要取决于填表人的主观意愿和能力水平。

（2）**改进的检查表**。第二种类型的检查表是对第一种检查表的改进，整张表不仅需要完成每个项目的检查，还需要填写具体状况以及风险信息。样例如表2-4所示。

表2-4 借款人风险检查表

借款人基本情况					
借款人姓名		贷款种类		担保方式	
贷款金额		贷款期限		贷款余额	
检查方式	□电话检查　□实地检查				
检查原因	□首次检查　□日常检查　□逾期检查　□其他				
检查内容					

1. 当前贷款现状：

　　1）在他行或个人借款总额_____万元。

　　2）结欠我公司及保证、抵押情况：

　　该户在我公司贷款共_____笔、金额为_____万元。

　　其中：

　　a）有_____笔、_____万元为担保贷款。

　　担保方情况：

　　从检查情况来看，担保人的生产经营情况_____（正常、不正常），财务状况_____（正常、不正常），担保人与借款人关系_____（正常、不正常），_____（有、没有）发生影响公司债权安全的重大事项。

　　担保_____（有、无）风险。

　　b）有_____笔、_____万元为抵押贷款。

　　抵押物情况：

　　从检查情况来看，抵押物保管、保存_____（是、否）完好，抵押物现值_____（有、没有）重大变化，抵押率_____（是、否）控制在规定的范围内。借款人_____（是、否）擅自改变抵押物的占管人、使用人_____（是、否）擅自转让、赠予、出租、设定担保物权等，抵押_____（有、无）风险。

2. 借款人生产经营情况：实地查看借款人供、产、销情况，了解经营环境是否有所变化，了解借款人每月是否如期纳税。

　　说明：

3. 借款人的财务变化：经实地调查核对，_____年至_____年__月末，该客户个人总资产为_____万元；总负债为_____万元，资产负债率为_____%。

4. 检查贷款_____（是、否）按计划使用，_____（是、否）存在挪用贷款的现象。

　　说明：

5. 借款人当前信用报告信用显示_____（是、否）正常，还款意愿_____（好、一般、差），_____（是、否）有能力如期偿还贷款。

6. 了解借款人家庭变化情况，是否会对贷款产生影响。

续表

检查日期		检查地点		借款人签名	
贷后检查（续）					

检查发现问题处理意见

处理意见：

☐ 1. 借款人资信状况正常，保持当前授信情况不变。

☐ 2. 借款人资信状况出现一些潜在风险，但不影响正常还款，建议予以关注。

☐ 3. 借款人资信状况贷款担保物价值发生明显下降，建议调整或冻结，调整后，授信额度为_____万元。

☐ 4. 借款人资信状况已恶化，建议终止额度，并收回已发放贷款、处置抵押物和质押物或启动司法程序。

具体建议：

检查人员签字：
日期：

部门负责人意见：

部门负责人签字：
日期：

　　第二种表格不但要求说明事实情况，还要采取行动，有关风险的识别更为完善。但检查表的问题设置仍以主观的风险标志为主。即使忠实完成填报过程，现实状况仍是由填表者的主观意愿决定的，即填报过程有可能影响实际的风险水平。

　　（3）**审核表**。第三种类型的审核表进一步强化了现实情况和填表结果的客观联系，通过将指标标志准确化，弱化了主观意愿对填表结果的影响。样例如表 2-5 所示。

表 2-5　风险审核表

活 动	评审	A 低于标准	B 标准	C 高于标准
机器防护装置的使用		很少使用防护装置，甚至时常违反操作规定	大多数时间使用防护装置，并且按规定操作	一直能有效使用防护装置
防护面具和其他呼吸装置的使用		很少使用，并且放在不易拿取的地方	经常使用，并且拿取方便	向员工提供面具，并要求工作时一直佩戴
安全告示和其他预防事故的资料		很少张贴安全告示，并且大部分已过时	张贴常规的安全告示	除了常规的安全告示，还有许多具体的告示

　　填写以上表格时，填写人员必须确定哪些选择能最准确地描述现实安全情况。一旦

将表格送给风险管理部门，风险管理人员就会针对指出的低于标准的行动采取措施。实际上，这种审核表起到了潜在风险预警作用。这种表格的缺点是制作困难，要简述状态，并把它分成多种层级，常常要借助现场调查或其他相关资料；填写这种表格的另一个难处是基层管理者不愿意暴露自己的弱点，从而影响调查的真实性。因此，在做这项工作之前，有必要使当地的管理者认识到风险识别有利于提高企业的经营效率和安全性。

3．风险清单法的优缺点

风险清单可以使企业花费较少时间标准化地完成风险识别过程，但风险清单分析法难以以较低成本实现复杂对象的风险识别，所以风险清单分析法适合在风险识别的初期使用。

2.2.2 现场调查

1．现场调查的概念

现场调查是指风险管理人员亲临现场，通过直接观察风险管理单位的设备、设施、操作和流程等，了解风险管理单位的生产经营活动和行为方式，调查其中存在的风险隐患。例如，保险公司调查投保人的信誉、经营能力、安全管理能力等情况，调查保险标的的风险性质、存放的方式、坐落地点和环境、使用情况、维护情况、以往发生损失的情况等。通过对保险标的进行现场调查直接可以发现其面临的潜在风险。如果发现投保人或保险标的已经超过了可保风险的范围，保险公司应当拒绝承保。通过亲临现场的调查，风险管理者能够发现潜在的风险隐患，并督促有关管理部门采取相应的整改措施。

2．现场调查的工作程序

风险管理人员亲临现场进行调查，主要从事以下几个方面的工作：

第一，调查前的准备工作。风险管理人员在进行现场调查前，应该做好充分的准备工作。具体来说，主要包括：确定调查的时间、调查的地点、调查的对象，编制调查表，预先确定需要询问的一些问题。需要注意的是，每个调查对象都有潜在的风险，应尽可能避免忽略、遗漏某些重要事项。风险管理者可以编制一份风险调查项目表，即在现场调查时，对所见的每项事务都填写在表格中。

如果风险管理者不是第一次对调查对象进行调查，其可以查找过去的调查表，以确定是否存在仍然没有解决的问题等。如表 2-6 所示，风险管理者在对学校某教学楼的项目调查表进行核查时，发现上次进行检查时这台空调导风板坏了，并已告知后勤产业资产管理部门，那么这次只要检查是否已经处理好即可。

第二，进行现场调查和访问。现场调查的实际做法是难以简单讲述清楚的，必须从更多的现场调查实践中获得丰富的经验。另外，在现场调查中还应具有创造力和灵活性。

表 2-6　教室项目调查表

名称	××学院 1 栋 512 教室前空调
功能	调节室内温度
使用年数	13
状态	损坏
故障	导风板故障
措施	通知学校后勤产业资产管理部门维修

第三，撰写调查报告。现场调查结束后，风险管理人员需要撰写调查报告。调查报告是了解风险单位风险等级的重要依据，也是保险人决定是否承保的依据。

3．现场调查的优缺点

现场调查法的优点包括：

（1）可以获得风险管理单位风险活动的现场调查资料。例如，风险调查员对投保人财产状况的调查，是保险人获得的保险标的风险状况的第一手资料。如果保险标的存在安全隐患，可以按照调查员的要求进行整改，符合承保条件以后保险公司予以承保。

（2）可以了解风险管理单位的资信状况，避免道德风险的发生。例如，风险调查员对投保人管理能力、资信状况等方面的分析和评价，是承保人确定费率的参考依据，可以减少赔付，降低保险公司的经营风险。

（3）可以防止风险事故的发生。经过经验丰富的风险调查员的现场调查后，风险管理单位通过一系列的整修和改造，可以将可能发生的风险事故消灭在萌芽状态，可以防止风险事故的发生，减少不必要的损失。

现场调查法的缺点包括：

（1）采用现场调查法耗费的时间比较多。要真正了解风险管理单位面临的风险，需要进行大量的现场调查，这会耗费大量的时间。

（2）现场调查的管理成本比较高。现场调查需要组织人力亲临现场，必要时，需要聘请具有风险管理经验的调查人员（或者有关专家）参与调查，增加了风险管理单位的管理成本。

（3）风险管理人员的风险识别能力和水平决定调查的结果。在现场调查的过程中，调查人员可能注意不到安全隐患。调查人员发现风险的能力，在一定程度上决定了风险管理的质量。

课堂实作

请分组为自己熟悉的学校、商场或者其他企业进行现场风险识别，并撰写风险识别报告。

4．现场调查需要注意的问题

调查者必须熟悉、了解现场的每个角落，不遗漏可能存在的风险隐患；同工作人员的交流、沟通，可帮助风险管理人员识别风险；调查者应密切关注那些经常引发风险事故的工作环境和工作方式；通过现场调查，针对被调查者的风险隐患，调查者提出粗略的整改方案。

2.2.3　报表分析法

1．财务报表分析法概述

财务报表分析法以企业的资产负债表、损益表、现金流量表和财产目录等资料为依据，对企业固定资产和流动资产等情况进行风险分析，以便从财务的角度发现企业面临的风险。由于财务报表集中反映了企业财务状况和经营成果，因此通过报表分析，可以为发现风险因素提供线索。

（1）**资产负债表**。此表显示了一个企业的资产、负债和净值，它是某个时点的状况，所提供的信息是表制成前的最新信息。在识别风险的过程中，风险管理人员需要考虑：由于意外事故可能导致价值减少的资产；由于事故可能增加或产生的负债及事故发生后仍存在的负债；由于资产价值的减少或负债的增加而减少的企业的净值。

（2）**损益表**。此表也称收益表、利润表，它是总体反映企业在某一会计期间（如年度、季度、月份）经营及其分配（或弥补）情况的一种会计报表。随着近代商业竞争不断加剧，商业社会对企业的信息披露要求越来越高，静态的、局限于时点的会计报表即资产负债表已无法满足信息披露的要求；人们日益关注的是企业持续生存的能力，即企业的盈利能力，于是，期间报表即损益表开始走上历史舞台。

（3）**现金流量表**。此表是反映企业在某一会计期间现金和现金等价物流入和流出情况的一种会计报表，分类反映经营活动产生的现金流量、投资活动产生的现金流量和筹资活动产生的现金流量，最后汇总反映企业某一会计期间现金及现金等价物的净增加额。此表能反映企业现金流动性状态，可以避免因现金流动性不足而导致破产。

这里我们介绍标准值比较和 Z 评分模型两种财务报表分析方法。

（1）**标准值比较**。财务风险的基本指标有速动比率、固定比率等。

速动比率是速动资产和流动负债的比率，它能表现企业的偿债能力和变现能力。其中，速动资产包括现金、可变现证券、应收票据、应收账款及其他现金等价物，而流动负债是短期负债、长期负债的流动部分及应付账款和应付税金。速动比率的公式为：

$$速动比率 = \frac{速动资产}{流动负债} \times 100\%$$

速动比率越大，可以灵活使用的流动资金越多、变现能力越强。理论上，当速动比率为 100%时，企业所有的流动负债都有对应的可短期变现资产或者现金，因而可认为是良好的状态。在实践中，不同国家的国内企业速动比率也不相同，欧美国家的理想值为 100%，而日本为 150%。2017 年，全国国有企业的平均速动比率为 75%。当年，我国商业贸易行业大型企业的速动比率高于中小型企业，所以也不是规模越小速动比率越高。总之，商业贸易行业的速动比率大于服务、零售业企业，更大于工业企业，一般而言，大企业的速动比率大于小企业。如表 2-7 所示。

表 2-7 2017 年我国企业平均速动比率

企业性质	速动比率	规模	速动比率	行业	速动比率	规模	速动比率
国有企业	75%	大型企业	77.5%	商业贸易	96.5%	大型企业	101.4%
		中型企业	74.3%			中型企业	96.9%
		小型企业	87.3%			小型企业	94.6%

资料来源：国务院国资委考核分配局. 企业绩效评价标准值 2018[M]. 北京：经济科学出版社，2018.

固定比率，表现的是企业的财务安定性。固定比率的公式为：

$$固定比率 = \frac{固定资产}{权益资本} \times 100\%$$

当固定比率大于 100%时，固定资产价值大于权益资本（自有资本），也就是有部分固定资产来自负债，而固定资产变现较慢给企业带来了财务上的不稳定性，影响其偿债能力。

（2）Z 评分模型。1968 年奥特曼设计出 Z 评分模型，即破产预测模型。此模型可以反映违约可能性。Z 值越小，公司的财务状况越差，越容易破产。之后此模型扩展为针对上市公司和非上市公司的两个模型。模型变量如下：

$$x_1 = \frac{流动资产 - 流动负债}{总资产}, \quad x_2 = \frac{留存利润}{总资产}, \quad x_3 = \frac{息税前利润}{总资产}, \quad x_4 = \frac{普通股市市值}{总债务},$$

$$x_5 = \frac{销售收入}{总资产}$$

$$上市公司\ Z = 1.2x_1 + 1.4x_2 + 3.3x_3 + 0.6x_4 + x_5$$

上市公司破产的临界值是 1.81，若 $Z=1.81$，则可推测未来公司将有 90%的可能性破产；而 $Z < 1.81$ 时，公司破产可能性更大；当 $1.81 < Z < 2.99$，说明企业的财务状况不稳定，仍有可能出现违约；当 $Z \geq 2.99$ 时，公司的财务状况良好。

2. 财务报表分析法的优缺点

尽管财务报表仅仅是企业记录系统中的一个方面，但只要恰当使用，财务报表确实是风险识别所需数据的重要来源。而且，财务报表分析法将风险识别以财务术语的形式表达出来，使企业中的内部人员（会计师等）和外部人员（银行家等）更容易接受。当然，这种方法也存在局限性，主要是它不能反映以非货币形式存在的问题，如人员素质、创新能力和其他经济因素的变化等。所以，财务报表分析法需要辅以其他识别方法和手段才能有效地应用。

课堂实作

蓝天橡胶公司财务报表分析法

以蓝天橡胶公司为例，财务报表分析法以该公司的会计记录和财务报表为基础，通过对每个会计科目进行深入的研究，来确定它会产生什么样的潜在损失，并且就每一会计科目形成风险识别报告，如表 2-8 所示。

表 2-8　蓝天橡胶公司资产负债表风险识别表

会计科目	特定财产、人员或活动	潜在损失	损失原因
存货	原材料： 在供给者看管之下在运至他库的途中 （供给者货车载运） 在运至制造厂途中 （本企业货车载运） 制造厂 产成品： 制造厂在运至仓库的途中 （本企业货车载运） （公共运输） 仓库在运至零售商的途中 （本企业货车载运） （公共运输） 在独立零售商掌握中	财产损失：直接损失、间接损失、净收入损失 责任损失：交通肇事（货车、建筑物、产品、伤害、雇员） 人身损失：企业员工和家庭	火灾、风暴、爆炸以及其他灾害事故，盗窃和其他人为原因 过失、违约、伤害雇员（工伤赔偿）、汽车事故（不追究责任） 死亡、健康状况恶化、失业、退休

2.2.4　组织结构图分析法

1. 组织结构图分析法概述

组织结构图分析法利用组织结构图描述经济单位的活动性质和规模，反映单位内部的组成部门、各部门所承担的责任和风险，以及各部门之间的内在联系和相互依赖程度，揭示单位内部关键人物对本单位经营管理的影响，反映存在的可能使风险状况恶化的薄弱环节（描述风险发生的领域）。通过组织结构图，风险管理人员可以初步确定风险管理的重点。这对于组织结构复杂、分支机构众多的风险主体识别内在风险、估计风险严重程度有重要意义。

2. 组织结构图分析法的步骤

第一步，绘制组织结构图。

利用组织结构图分析法来识别经济单位的风险，首先需要绘制单位的组织结构图，将复杂的对象分割成若干活动领域。某煤矿单位组织结构图如图 2-4 所示。

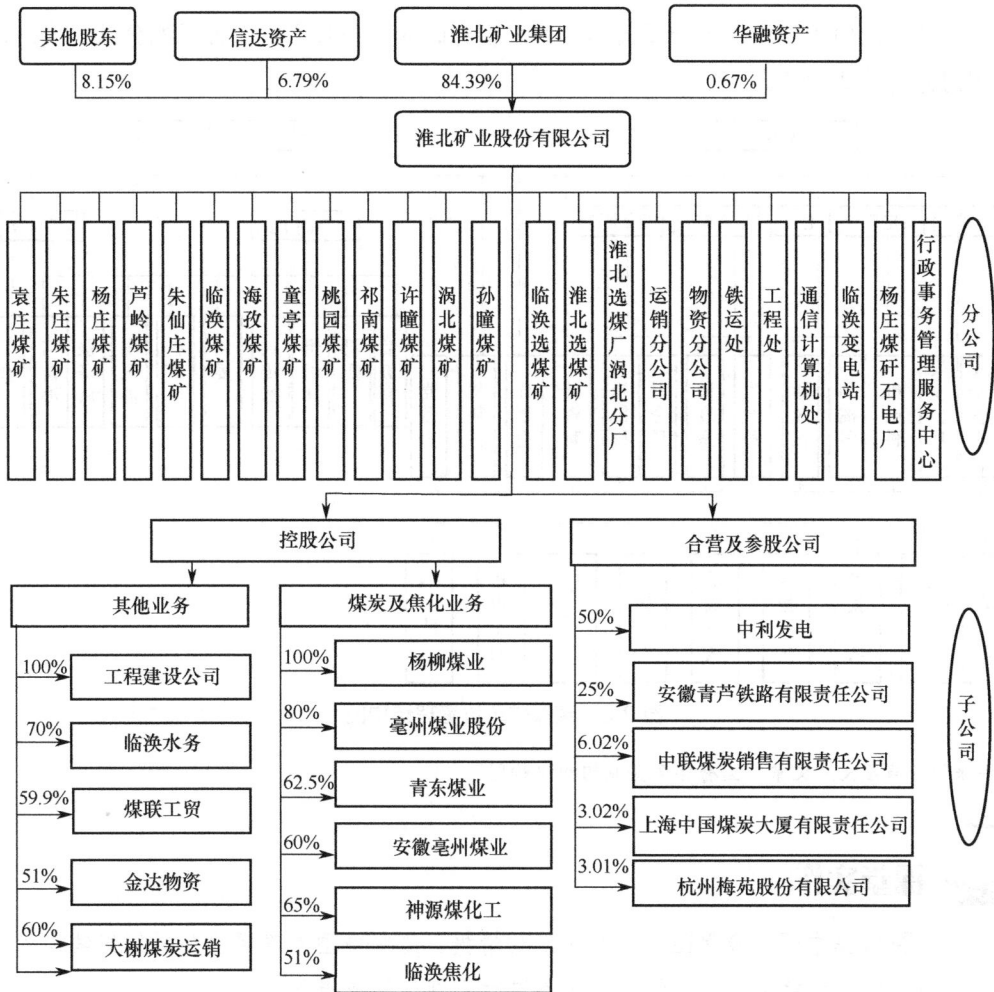

图 2-4　某煤矿单位组织结构图

资料来源：淮北矿业股份有限公司首次公开发行股票招股说明书（申报稿）。

第二步，绘制管理结构图。

为了便于识别风险，也可以根据岗位部门设置来绘制管理结构图，管理结构图绘制并没有一定的规则，不同的公司有不同的结构。在绘制时，可以先将整体管理结构分离成若干部分，然后组合成为整体管理结构图。某煤矿单位管理结构图如图 2-5 所示。

第三步，识别风险的范围。

组织结构图主要不是用来识别风险，而是用来寻找风险可能发生的范围的。在组织结构图分析法中我们一般注重三种类型的潜在风险：重复性、依赖性和集中性。重复性是指某一职能在多部门重复出现，依赖性是指多个部门的工作都依赖于同一个部门去完成，集中性表现为很多部门的工作都与某部门相关。例如，图 2-5 的综采一队、二队是重复性的体现，在实际工作中，如果权责分明，即使重复设置，也不会带来风险；而财务科、劳资科、党政办表现为集中性，各方面的工作都汇聚到财务、劳资，以及党政工作上，这些部门的工作效率会显著影响各采掘分队的工作效率；而各采掘分队对生产调度部门体现了依赖性。

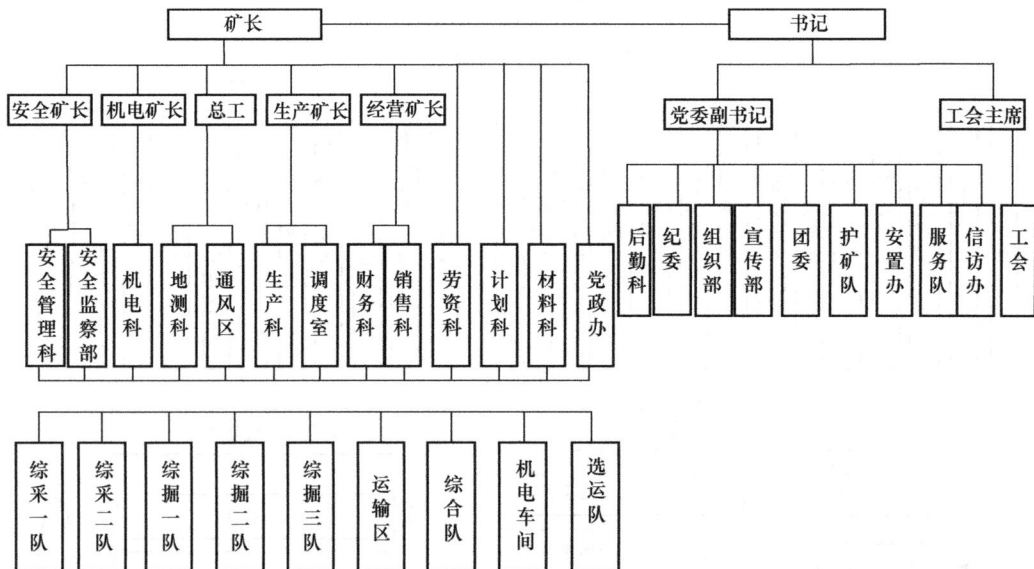

图 2-5 某煤矿单位管理结构图

资料来源：百度文库文章"国有煤矿企业组织机构图"。

课堂实作

请大家收集中国人寿保险公司组织结构情报，绘制中国人寿保险公司组织结构图，并针对重复性、依赖性、集中性三类风险进行识别，形成报告。

2.2.5 流程图分析法

1. 流程图分析法概述

流程图分析法是在了解和分析了风险以后，先做出流程图，然后根据流程图识别风险的方法。流程图可分为内部流程图和外部流程图。以企业为例，内部流程是指企业内部生产制造或服务提供的流程，比如，钢铁制造企业将原材料经过冶炼、铸造等工序加工成产成品的过程；外部流程是指原辅材料的采购。产品的销售以及材料与产品的运输等。

流程图分析法对辨识运营风险极为有效，内部流程图能有效辨识营业中断风险，外部流程图能有效识别连带营业中断风险。连带营业中断风险主要有供应商风险和客户风险。供应商风险是由于供应商的原因，不能提供企业正常生产经营所需的原辅材料或机器设备及产品备件，发生营业中断风险；客户风险是由于产品的主要消费市场终止购买企业的产品或因为客户财务困难不能按时支付货款而产生的风险。例如，由于铁矿石的大幅度涨价、海运费率的大幅度上涨、铁路运力的紧张而导致产品无法运出等都可能带来连带营业中断风险。

可以通过分析企业的生产制造或管理流程的不同层次,辨识关键的风险点,再对关键风险点进行分析,评估风险事件发生的频率,结合投入产出分析技术对风险发生时的损失程度进行有效的评估。

2.流程图分析法的步骤

第一步,识别生产过程的各个阶段。

首先,通过与专业技术人员进行讨论,明确生产流程的细节,然后绘制出一幅描述生产流程的草图。流程图示例如图 2-6 所示。

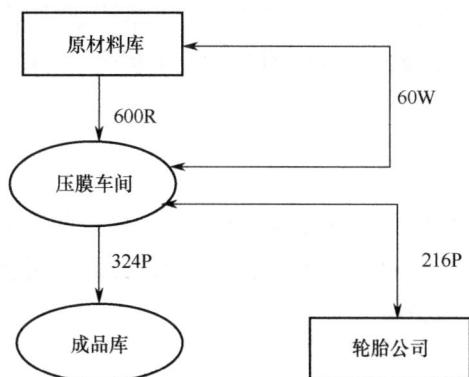

R 为原材料,W 为不合格产品,P 为合格产品

图 2-6 流程图示例

图 2-6 描述的是橡胶经过高温硫化处理被压制成轮胎的过程。600 单位原材料进入压膜车间,60 单位成为废料,回到原材料库,经过生产过程,共产出 540 单位产成品,其中一部分产成品送入成品仓库进一步加工,另一部分运往轮胎公司。

第二步,设计流程图。

上例中轮胎公司的各工序是连续的,但实际上,企业一般是许多生产过程同时并存,并且相互交织成复杂的内部关系网络。为了区分生产的不同阶段,压模车间在绘制流程图时,需要遵循一个简单的规则:用方框表示输入,如原材料的存储;用圆圈表示工艺过程,如压模。流程图中的数据可以是一天一台机器、一次搬运或者其他一定时间内的数量。绘制流程图只是工作的一个简单部分,目的是揭示工序中的所有风险。但流程图并不寻求损失的原因,如火灾、盗窃、责任等,它强调某一事物的结果,主要用来考察特定事故的影响,风险管理人员由此可以提出大量的假设,例如,如果压模工序由于某种原因中断,可能产生什么后果。

第三步,解释流程图。

一种有效的流程图的解释方法是,在阅读流程图的同时填写如表 2-9 所示的一张简单的表格。

表 2-9　流程图解释表示例

阶段	压模
潜在损失事故	压模机停止运转
事故的原因	火灾、爆炸、电气中断、工业故障
可能的后果	产品损失、原料积压、大众弹力公司收入损失、泰康橡胶集团公司库存减少

第四步，预测可能的损失。

如果风险管理人员非常清楚现场大多数损失产生的原因的话，那么，需要详细考虑的是，识别由在工厂的运作中发生的损失引发的可能后果。风险管理人员还必须记录他应采取的行动，即如果损失在未来发生了，至少有一个基本计划可以提供给决策者参考。虽然这项工作十分复杂，却可以洞察公司的运作状况，了解公司可能发生的风险，并做好充分的准备。

3．流程图分析法的优缺点

流程图分析法适合识别生产经营过程中面临的经营中断风险，通过流程图精简分析对象、提升分析效率，但流程图的绘制决定了分析的结果，所以一定要保证绘制的准确性，一旦失误会引发不好的结果。

2.2.6　事故树分析法

1．事故树分析法概述

事故树分析法是一种从原因到结果的过程分析方法，最早是由美国贝尔电话实验室在 20 世纪 60 年代从事空间项目时发明的，后来这一方法广泛应用于可能发生风险事故的事件的分析。事故树分析法从要分析的特定事故或故障开始，层层分析其发生原因，一直分析到不能再分析为止，并将特定的事故和各层原因之间用逻辑门符号连接起来，得到形象简洁的表达，表达其逻辑关系的逻辑图形，即事故树。通过对事故树进行简化、计算可以达到分析、评价的目的。

某位老年人在使用智能手机时发现手机黑屏，为了分析和解释原因制作了以下手机黑屏事故树（见图 2-7），以手机黑屏作为顶上事件开始向下分析，可以分析出三种导致黑屏的原因，包括主板不通电、待机未解锁、排线断裂，这其中，任意一种原因都会导致顶上事件发生，所以用或门连接顶上事件和这三者；排线断裂无法向下分析，如若损坏，直接更换就可使手机恢复正常，所以排线断裂为基本事件；主板不通电和待机未解锁都有很多原因，所以都作为中间事件继续向下分析。导致主板不通电的原因可能是电池故障或主板烧毁，同理，使用或门连接中间事件和这里的两个基本事件；待机未解锁必须同时存在待机和触摸开关故障两个原因，所以，我们使用与门连接待机未解锁和这里的两个基本事件。

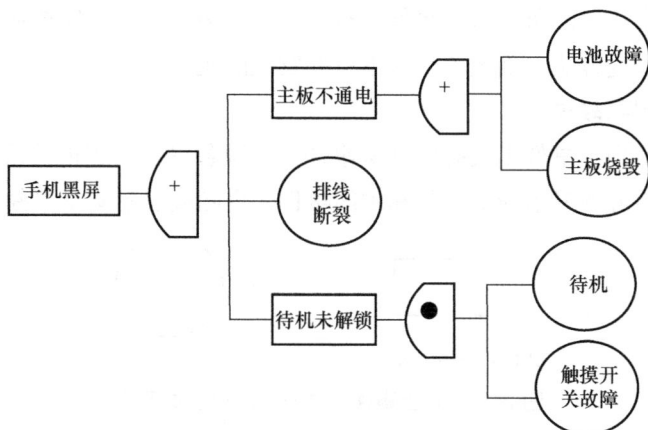

图 2-7　手机黑屏事故树

2. 事故树分析法的步骤

第一步，确定顶上事件。

在做事故树分析之前，我们首先要熟悉所要分析的系统，了解其运行机理，并根据管理需要确定哪些是需要分析的事故，即顶上事件。一般而言，顶上事件就是所要分析的事故。选择顶上事件，一定要在详细占有系统情况、有关事故的发生情况和发生可能，以及事故的严重程度和事故发生概率等资料的情况下进行，确定要分析的顶上事件，然后将其罗列在矩形框内。

第二步，确定顶上事件和中间事件及其相互关系。

调查与顶上事件相关的所有直接原因和间接原因，并用与门（见图 2-8）、或门（见图 2-9）这两种逻辑关系将原因和结果相互联系起来。

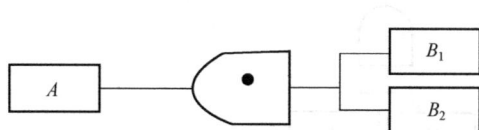
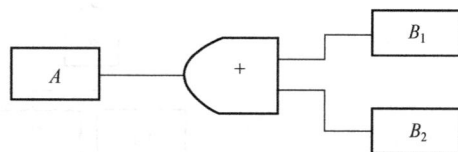

图 2-8　与门　　　　　　　　　　　　　图 2-9　或门

与门。表示输入事件或下层事件的 B_1，B_2 全都发生时，输出事件或上层事件 A 才会发生。可用 $A = B_1 \cap B_2$ 或 $A = B_1 \cdot B_2$ 表示，当输入事件超过两个时，也就是当所有下层事件同时发生时上层事件才发生。

或门。表示输入事件 B_1，B_2 中有一个发生就可能使上层事件 A 发生。可用 $A = B_1 \cup B_2$ 或者 $A = B_1 + B_2$ 表示。

第三步，研究基本事件，确定其发生概率。

事故树的基本事件也叫事故树的底事件。通常，我们把岗位的最基本工作任务精细程度确定为事故树分析的深度，在分析时，我们还要根据概率较低或损失较小来确定不予考虑的事件。事故树的所有基本事件都有其发生的概率，我们需要通过收集资料或者使用其他的调查研究方法，确定单个基本事件发生的概率。

第四步，绘制事故树。

还原事故，从顶上事件出发确定基本事件，理顺各事件的逻辑关系，绘制事故树。绘制事故树时，用方框表示顶上事件和中间事件，用圆圈表示基本事件（见图 2-10）。

顶上事件和中间事件　　　　　　基本事件

图 2-10　顶上事件、中间事件和基本事件

第五步，定性分析。

定性分析主要依靠最小割集、最小径集和结构重要度三个数据。

在事故树中，凡能导致顶上事件发生的基本事件的集合称作割集。割集中全部基本事件均发生时顶上事件一定发生，而所有基本事件的集合一定是割集。最小割集是能导致顶上事件发生的最低限度的基本事件集合。最小割集中任一基本事件不发生，顶上事件就不会发生。如图 2-11 所示。

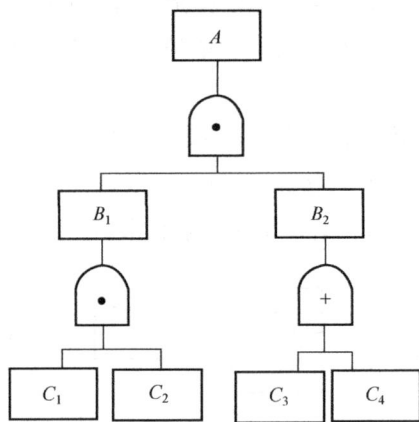

图 2-11　事故树最小割集

表 2-10 是通过穷举法求图 2-11 中事故树的最小割集的。首先，表 2-10 中各列第一行分别列出各基本事件 C_i 和顶上事件 A，并按行将基本事件的所有可能发生组合进行列表，其中×表示不发生，○表示发生。然后，根据事故树结构分别计算每行基本事件发生组合下顶上事件是否发生，×表示不发生，○表示发生。所有顶上事件 A 标记为○的那行，其发生的所有基本事件集合就是事故树的一个割集。最后，求事故树最小割集，求最小割集时，尝试分别去掉事故树割集的基本事件，当割集中被去掉任何一个基本事件都不再是割集时我们就找到了事故树的最小割集。

表 2-10　用穷举法求事故树最小割集

C_1	C_2	C_3	C_4	A
○	×	×	×	×
○	○	×	×	×
○	○	○	×	○
○	○	○	○	○
×	○	×	×	×
×	○	○	×	×
×	×	○	×	×
×	×	○	○	×
×	×	○	○	×
×	×	○	○	×

除了穷举法，也可以采用布尔代数运算去括号的方法求事故树割集和最小割集。对于基本事件各不相同且没有重复的事故树，可将事故树结构函数式展开，即去括号，所得的用＋连接的各项基本事件的集合都为事故树的割集，最小割集必在其中。一般而言，所得割集中基本事件数量最少的割集一定是最小割集，另外，可消减某些基本事件仍是割集的集合，根据此法方可得到全部最小割集。图 2-11 的事故树可以写成 $A = B_1 \cdot B_2 = (C_1 \cdot C_2) \cdot (C_3 + C_4) = C_1C_2C_3 + C_1C_2C_4$。因此，$\{C_1, C_2, C_3\}$ 和 $\{C_1, C_2, C_4\}$ 就是事故树的两个割集。虽然 $\{C_1, C_2, C_3, C_4\}$ 也是事故树的割集，但去掉 C_3、C_4 当中任意一个的集合仍然是割集，所以 $\{C_1, C_2, C_3, C_4\}$ 并不是最小割集。而 $\{C_1, C_2, C_3\}$ 和 $\{C_1, C_2, C_4\}$ 当中任何一个基本事件 C_i 被去掉集合都不是割集，所以这两个集合都是事故树的最小割集。因此，也可以说有两种方式让顶上事件发生，一种是 C_1、C_2、C_3 同时发生，另一种是 C_1、C_2、C_4 同时发生。

径集又称通集，是事故树中不能导致顶上事件发生的基本事件集合。最小径集，又称最小通集。在事故树中凡是不能导致顶上事件发生的最低限度的基本事件的集合称作最小径集。在最小径集中，去掉任何一个基本事件，便不能保证顶上事件一定不发生，因此，最小径集表达了系统的安全性。

最小径集的求法是先将事故树转化为对偶的成功树，然后用类似布尔代数运算去括号的方法求事故树割集，就可得出事故树的最小径集。事故树的最小径集如图 2-12 所示，分别将基本事件、中间事件和顶上事件改写成其补集，因而逻辑门也会因为事件变成从前的补集而由或门变成与门和由与门变成或门。

图 2-12 的事故树有两个最小割集 $\{X_1\}$ 和 $\{X_2\}$，同时也有一个最小径集 $\{X_1, X_2\}$。

结构重要度是指通过分析最小割集得出的基本事件对顶上事件是否发生的决定性作用的大小。结构重要度越大的基本事件对顶上事件的发生决定性作用越大，在事故树中越需要被重视。若有最小割集 $\{C_1, C_2, C_3\}$ 和 $\{C_1, C_2, C_4\}$，则结构重要度排序为

$C_1 = C_2 > C_3 = C_4$；若有最小割集 $\{D_1, D_2\}$ 和 $\{D_3, D_4, D_5\}$，则结构重要度排序为 $C_1 = C_2 > C_3 = C_4 = C_5$。

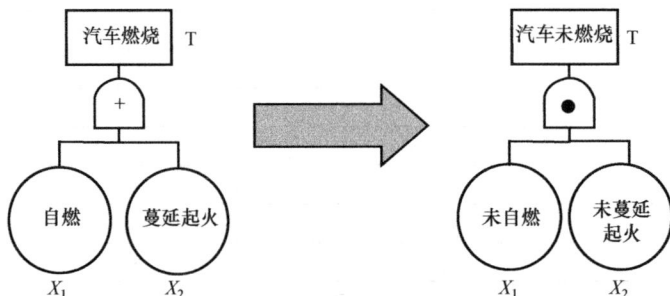

图 2-12　事故树的最小径集

第六步，定量分析。

定量分析是在确定出各基本事件发生概率的基础上，计算中间事件和顶上事件的发生概率，具体做法是：首先计算事故树中各基本事件的发生概率，然后列出事故树的布尔代数运算式，最后将各基本事件发生概率带入布尔代数运算式便可得知顶上事件的发生概率。同理，可以求出中间事件的发生概率。如图 2-13 所示。

图 2-13 中，事故树可以写成布尔代数运算式 $P_T = P_{X_1} + P_{X_2} + P_{X_3}$，分别将 $P_{X_1} = 0.03$，$P_{X_2} = 0.02$，$P_{X_3} = 0.01$ 带入布尔代数运算式，可得 $P_T = 0.03 + 0.02 + 0.01 = 0.06$，即事故中汽车燃烧发生的概率为 0.06。

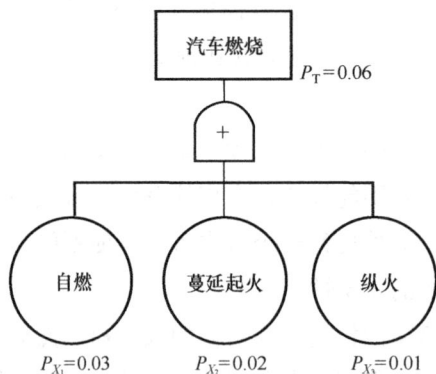

图 2-13　事故树的定量分析

第七步，结论。

最小割集是事故发生的方式，因而最小割集的数量可以判定系统的危险程度。若要降低危险程度可根据最小径集来实现，因为每个最小径集都是系统不发生顶上事件的方式，根据结构重要度确定风险管理措施的重点，也可以根据定性分析中各事件发生的概率决定风险管理措施的重点。

课堂实作

高压锅是中国传统美食牛蹄筋、鸡汤等的制作工具，它通过提供高温、高压环境烹调食物，因而高压锅也有爆炸的风险。一般而言，水在 1 标准大气压（101.325kPa）下的沸点为 99.974℃，大气压为 7.98kPa（海拔 1 900 米）时水的沸点是 93.5℃，而高压锅内的大气压强为 1.3 标准大气压时，锅内水的沸点上升到 108℃。水的沸点和压强关系可参照马格努斯经验公式，如未及时清洁将导致排气阀和安全阀堵塞从而导致高压锅爆炸（见图 2-14、图 2-15）。

图 2-14　爆炸的高压锅

图片来源：百度文章"高压锅爆炸变形，生产厂家电话变更无从寻找"。

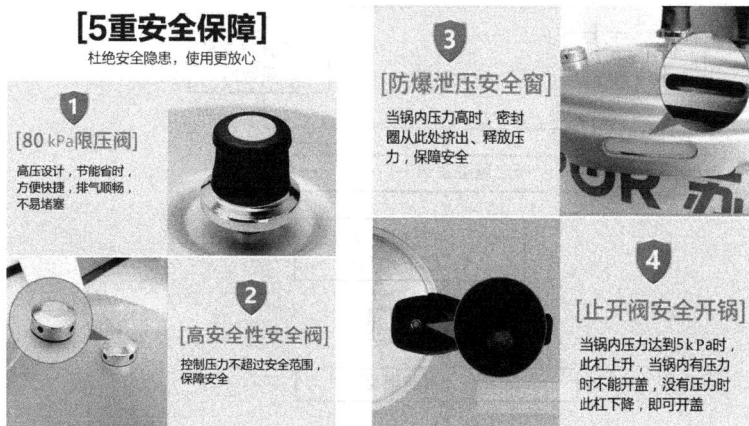

图 2-15　某品牌高压锅网店宣传资料

图片来源：网络。

查询资料，根据网店的介绍和自己的理解绘制高压锅爆炸的事故树，分析并提出自己的安全建议。

3. 事故树分析法的优缺点

事故树分析法可用于各类系统的生产实践的安全管理、可靠性分析和伤亡事故分析。事故树分析法能详细查明系统各种固有的、潜在的危险因素或事故原因，为改进安全设计、制定安全技术对策、采取安全管理措施和事故分析提供了依据。它不仅可以用于定性分析，也可用于定量分析，从数量上说明是否满足预定目标值的要求，从而明确所采取对策、措施的重点和轻重缓急。

但是，事故树分析要求分析人员必须非常熟悉对象系统，具有丰富的实践经验，能准确熟练地确定顶上事件并逐层分析原因。另外，由于个人经验和主观倾向的差异，在实际应用过程中也会出现不同分析人员编制的事故树和分析结果不同的现象。复杂系统的事故树往往很庞大，分析、计算的工作量大。进行定量分析时，必须知道事故树中各事件的概率。

2.2.7 风险指数分析法

1．风险指数分析法概述

风险指数法是用具体的数值来表示风险程度的方法，其中，道氏火灾爆炸指数法是代表性方法，其基本原理是衡量损失可能性并以数值表示。

2．风险指数分析法的步骤（见图 2-16）

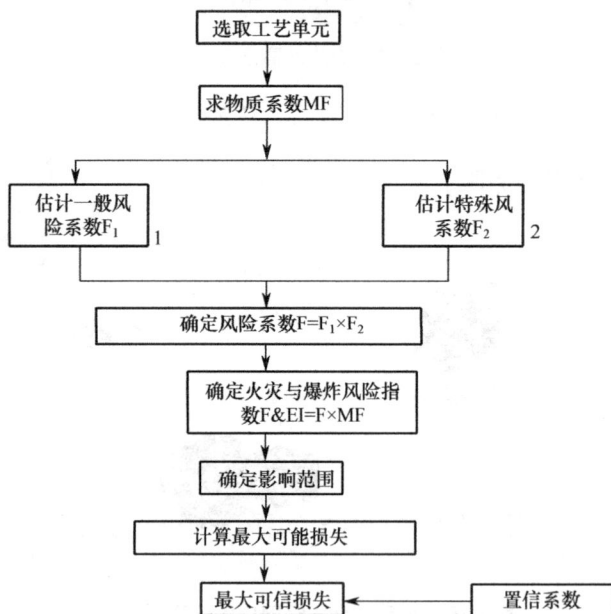

图 2-16　风险指数分析法的步骤

图片来源：整理自 Dow Chemical Company,Dow's Fire and Explosion Index: Hazard Classification Guide 7thed[M]. London: Wiley Aiche，1998.

第一步，计算原材料系数。

原材料系数 MF 是对加工单位中使用的特定化学物或物质的能量释放程度的衡量，可以根据一张列有所有化学物质的清单计算原材料系数 MF，其数值在 $1 \sim 40$。

第二步，估计一般风险系数和特殊风险系数。

计算危险系数 F 时要考虑两类风险，第一类是加工过程中的一般风险系数 F_1，指那些能扩大损失程度的因素，包括原材料的处置和转移、加工过程中化学反应的类型、传送通道排水装置等，根据危险程度确定其系数。第二类是加工过程中的特殊风险系数 F_2，指那些能增加火灾或爆炸概率的因素，如温度、粉尘、压力、易燃物质的数量及加热设备等，也按其危险程度规定其系数。

第三步，计算危险系数。

计算出加工过程中一般风险系数 F_1 和特殊风险系数 F_2 后，将二者相乘就得到单位风险系数 F，则单位风险系数 $F=F_1\times F_2$。

第四步，计算风险指数。

单位风险系数 F 和原材料系数 MF 相乘，就得到火灾与爆炸指数 F&EI。假设一个特定加工单位的原材料系数为 30，一般风险系数为 2，特殊风险系数为 1.5，则单位风险系数为 2×1.5=3，火灾与爆炸风险指数为 3×30=90。

第五步，引入损害系数。

损害系数表示火灾或爆炸可能造成的损失程度。加工过程中所使用的原材料不同会导致损害系数显著不同。加工单位一和加工单元二的损害系数如表 2-11 所示。

表 2-11　损害系数

项　目	加工单位一	加工单位二
单位风险系数	3	3
原材料系数	30	14
损害系数	0.74	0.32
火灾与爆炸指数	90	42

第六步，确定影响范围。

加工单位的火灾与爆炸指数可以用来发现火灾和爆炸可能影响的地区范围。一般来说，二者呈正向关系。当加工单位一的指数为 90 时，受灾半径大约为 76 米，所以受灾范围 r=3.141 6×5 776=18 152 平方米。同理可以计算加工单位二的受灾范围。影响范围如表 2-12 所示。

表 2-12　影响范围

F&EI 的范围（平方米）	风险程度
1～60	微小
61～96	较小
97～127	中
128～158	较大
159 以上	严重

第七步，计算最大可能损失。

如果已经计算出受灾范围的财产价值，就可以大致了解一次事故可能造成的损失，损失用加工单位的重置价值乘以损害系数得出。假设加工单位一的重置价值为 280 000 元，则最大可能财产损失为 280 000×0.74=207 200 元。

第八步，计算最大预期损失。

最大预期财产损失是考虑了所有可能增加风险的因素以后得出的。但在一般情况下，实际损失往往小于最大预期损失，可以使用置信系数对最大预期损失做一定的扣除。置信因素包括添置消防器材、建立紧急事故控制系统、保持排水装置状况良好、操作程序合理等。这些置信因素扣除的值为 0～1，所有的扣除相乘就得到置信系数。将置信系数与最大预期损失相乘就能得到最大可信损失。依上例，假设置信系数为 0.45，则最大可信损失为 207 200×0.45=93 240 元。最大预期损失如表 2-13 所示。

表 2-13　最大预期损失

火灾爆炸指数	90
受灾半径	76 米
受灾范围价值	280 000 元
损害系数	0.74
最大可能财产损失	207 200 元
置信系数	0.45
最大可信损失	93 240 元

重要概念

1．风险识别：风险识别是有关风险源、事故及其原因和后果的认识过程，包括感知风险和分析风险。

2．现场调查：现场调查是指风险管理人员亲临现场，通过直接观察风险管理单位的设备、设施、操作和流程等，了解风险管理单位的生产经营活动和行为方式，调查其存在的风险隐患。

3．组织结构图分析法：组织结构图分析法利用组织结构图描述经济单位的活动性质和规模，反映单位内部的组成部门、各部门所承担的责任和风险以及各部门之间的内在联系和相互依赖程度，揭示单位内部关键人物对本单位经营管理的影响，反映存在的可能使风险状况恶化的薄弱环节。

能力拓展

2018 年 3 月（2018 年 3 月 1 日 0 时至 31 日 24 时），全国（不含港澳台，下同）共报告法定传染病 566 716 例，死亡 1 720 人。其中，甲类传染病无发病、死亡报告。乙类传染病中，传染性非典型肺炎、白喉、脊髓灰质炎、人感染 H7N9 禽流感和人感染高致病性禽流感无发病、死亡报告，其余 21 种传染病共报告发病 344 124 例，死亡 1 705 人。报告发病数居前 5 位的病种依次为病毒性肝炎、肺结核、梅毒、淋病以及细菌性和阿米巴性痢疾，占乙类传染病报告病例总数的 95%。同期，丙类传染病中，丝虫病无发病、死亡报告，其余 10 种传染病共报告发病 222 592 例，死亡 15 人。报告发病数居前 3 位的病种依次为其他感染性腹泻病、流行性感冒和手足口病，占丙类传染病报告病例总数的 92%。

校园里常见的传染病有手足口病、水痘、腮腺炎、麻疹、流感等。其中，手足口病、腮腺炎、水痘、麻疹及流感均具有极强的传染性，所以每个人都要充分认识传染病对身体健康造成的危害，轻者可影响工作、学习及生活；重者可留后遗症甚至导致死亡。

资料来源：中华人民共和国国家卫生健康委员会"2018 年 3 月全国法定传染病疫情概况"。

请查询资料，用多种风险识别方法识别校园里的传染病传播风险。

项目 3

风险评估

教学目标

- 了解风险评估的概念
- 理解风险评估的指标
- 掌握损失数据整理与描述的方法
- 掌握损失资料的描述方法
- 了解损失程度、损失概率的估测
- 掌握风险矩阵图的绘制

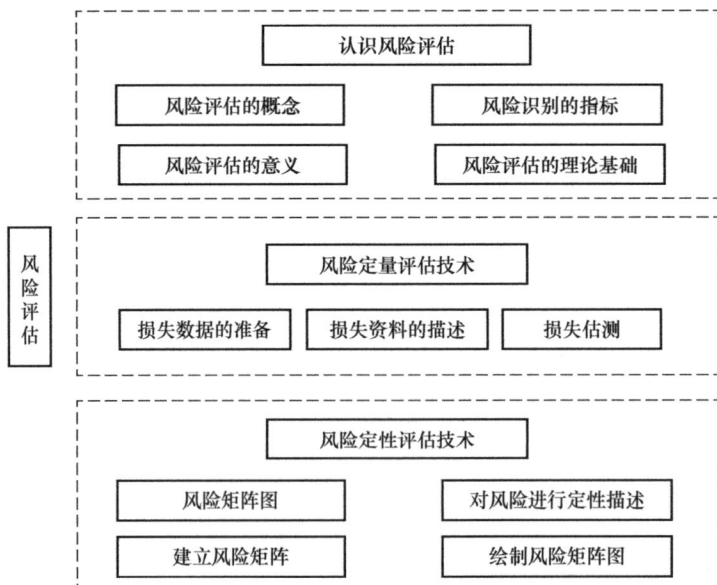

认识风险评估	
风险评估的概念	风险识别的指标
风险评估的意义	风险评估的理论基础

风险定量评估技术		
损失数据的准备	损失资料的描述	损失估测

风险定性评估技术	
风险矩阵图	对风险进行定性描述
建立风险矩阵	绘制风险矩阵图

风险评估

案例导入

耐克公司的市场风险度量

耐克公司是全球著名的体育用品制造商。该公司生产的体育用品种类繁多，包括服装、鞋类、运动器材等。耐克公司采用包括市场价值评估、敏感性分析及风险价值（VaR）在内的多种技术，对汇率风险及其相关的衍生工具进行监控。VaR决定了汇率敏感型金融工具的公允价值在一天的时间里所可能遭受的最大损失。VaR模型的估计是以正常的市场条件以及95%的置信水平为假设前提的。在计算VaR时，有多种建模技术可以使用。公司的计算以汇率和利率的相互关系（"方差与协方差技术"）为基础，通过观察过去90天里外汇市场变化和利率变化，确定其相关关系。外汇期权的价值并不是与其基础货币的汇率同步变化的，期权价值的潜在损失要根据基础货币汇率变化的敏感性进行调整。该模型将公司所有的远期合约、期权、交叉货币互换以及以日元标价的债务纳入其中［如公司的市场敏感性衍生工具以及 SEC（美国证券交易委员会）规定的其他金融工具］。预期的交易，确定性承诺以及对外币标价的应收、应付账款被排除在该模型以外，这些工具无疑是要被对冲的。

VaR模型是一种风险分析工具，它不代表企业将要遭受的实际损失，而且没有考虑市场所可能发生的重大变化的后果，也不代表企业所可能遭受的最大损失。由于市场比率与相关关系、对冲工具与对冲比例、时间期限以及其他因素的变化或差异，未来的实际损益将与估计值有所不同。

采用VaR模型，耐克公司计算出1998年5月31日企业的外汇敏感性金融工具的公允价值在一天内的最大损失1 170万美元。公司认为这个数据并不大，而且这种假定的公允价值的损失将为经过对冲的基础交易的价值增值所抵消。

耐克公司也采用多种技术对公司的利率风险进行监控。合并财务报表勾画了评估预期的现金流，以及利率的敏感性分析所需要的本金数量、加权平均的利率、公允价值和其他条件。

请问：耐克公司利用了那些技术对市场风险进行度量？

资料来源：【美】米歇尔·科罗赫，丹·加莱，罗伯特·马克. 风险管理[M].曾刚，罗晓军，卢爽，译. 北京：中国财政经济出版社，2005.

风险评估就是对识别后所存在的风险做进一步的分析及度量，也就是对某一特定风险的性质、发生的可能性以及可能造成的损失进行估算、测量。本项目将从定量和定性两个角度对风险进行评估，以便风险单位对风险进行有效的管理。

任务 3.1　认识风险评估

3.1.1　风险评估的概念

风险评估也叫风险衡量，是在识别风险的基础上对风险进行分析和描述，即在对过去损失资料分析的基础上，运用概率论和数理统计的方法，对风险事故的发生概率和风险事故发生后可能造成损失的严重程度进行分析和预测。通过风险识别，发现了经济单位面临的风险，弄清了存在的风险因素，确认了风险的性质，并获得了有关数据。风险评估主要是通过对以上这些资料和数据进行处理，得到关于损失发生概率和程度的有关信息，为选择风险处理方法、制定正确的风险管理决策提供依据。

风险评估既有定性分析的内容，也有定量分析的内容，它需要一定的专业技术知识，如概率论及数理统计方法等。风险评估是运用概率统计方法对风险事件的发生和风险事件的后果加以估计，从而得出较准确的概率水平的。所以，在进行风险分析时，风险评估主要包括对风险事件发生概率的估计和损失严重程度的估计。风险评估是一项极其复杂和困难的工作，尤其对于那些发生概率低且损失巨大的风险，由于缺乏足够的历史数据，很难运用传统的统计方法进行评估，必须探索新的途径。

3.1.2 风险评估的指标

风险是损失发生的不确定性，而这种不确定性包括损失发生与否、何时何地发生和一旦发生其损失程度如何等，其中损失发生与否（损失概率）和损失程度在风险管理中尤为重要，也是风险评估的两个指标。

1. 损失概率

损失概率是指损失发生的可能性。确定损失概率是风险衡量的一个重要方面。某一事件的发生与否往往存在着统计规律性，例如，抛一枚质地均匀的骰子，每个点数都有出现的可能，若记"点数1朝上"为一个事件，那么每抛一次，"点数1朝上"这一事件都有可能出现，如果重复抛多次，"点数1朝上"的次数我们称为事件发生的频数。频数与总抛掷次数之比就为事件发生的频率。随着抛掷次数的增加，我们会发现，"点数1朝上"的频率越来越接近1/6，这种事件发生频率随着试验次数的无限增加而趋近于一个常数的性质，我们就称为统计规律性，这个常数即事件发生的概率。

如上所述，我们可以发现，损失频率实际上是损失概率的估计值，在风险评估中常常是通过计算损失频率来估计损失概率的。根据某一风险单位风险事故是否可以重复发生，损失概率有时间和空间两种描述方法。

（1）**损失概率的空间说**。在一定的时间内，观察分布在不同空间上的 n 个风险单位，其中有 m 个单位遭受损失，则损失频率为 m/n。空间估算方法适用于大量同质风险单位的情况，但单个风险单位风险事故最多只可能发生一次，即按不可重复发生的损失概率计算，如生命表中估算各个年龄段人的死亡概率用的就是空间算法。此种说法侧重于描述在特定时期内遭受损失的风险单位数，是众多风险单位在空间上的平均结果。因此，风险管理人员不能仅考虑本经济单位自己的风险单位在过去的损失情况，还要把同类的其他经济单位的风险单位的损失经验考虑进来。例如，考虑交通事故的发生概率，不仅要考虑一个地区发生交通事故的概率，更要考虑全国乃至全世界交通事故发生的状况。

当采用损失概率空间说时，要特别注意"在一定的时间内"。损失统计资料若是一年内所观察到的结果，则只能用于衡量下一年度的损失概率，而不能用来衡量下一个月的损失概率。因为观察时间长短的不同，其结果一般是不同的。另外，采用这种说法时，还要求观察的风险单位应该是相互独立且同质的。所谓"相互独立"，是指一个风险单位遭受损失并不会导致其他风险单位遭受损失；"同质的"是指风险单位面临相同的风险，并且风险单位所遭受的来自特定风险事故的损失概率和损失程度大体相同。

（2）**损失概率的时间说**。在某一特定的空间，某一风险单位，在一段时期内的连续 n 次试验中，出险的次数为 m 次，则损失频率为 m/n。此种说法侧重于描述时间的观念，适用于风险事故可重复多次发生的风险单位的损失频率的估算，例如，估算某个地区每年遭遇台风袭击的损失概率。

利用损失概率的时间说并根据经验数据资料计算损失概率时，必须注意观察时间不能太短，否则有可能出现损失概率等于零的情况，另外，此种说法通常是在经济单位并不拥有很多同类风险单位的情况下使用的。

📺 课堂实作

损失评估

如果你是一家企业的老板，你的企业面临着以下四种风险：

（1）盗窃风险。根据企业以往的损失资料记载，在过去的 5 年内，企业曾发生商品失窃案件 48 起，平均每月 0.8 起，损失范围为 0～5 万元，平均损失约为 0.5 万元/起。

（2）死亡风险。根据企业以往的损失资料记载，在过去的 1 年内，企业雇用 5 000 名员工，意外死亡的人数为 5 人，因员工死亡给企业造成的责任损失分别为 10 万元、18 万元、28 万元、29 万元和 40 万元，平均损失为 25 万元。

（3）火灾风险。根据企业以往的损失资料记载，在过去的 50 年内，企业曾发生过 6 次火灾，历次火灾损失金额分别为 10 万元、41 万元、27 万元、25 万元、60 万元和 17 万元，平均损失为 30 万元。

（4）地震风险。根据保险公司提供的精算数据，当地每 50 年便可能遭遇 1 次地震，一旦地震发生，企业将遭受范围为 100 万～500 万元的损失，平均损失约为 200 万元。

请根据以上资料估算这四种风险发生的概率，并说明是用哪种描述方法进行估算的。

2. 损失程度

损失程度是指一个风险单位在单次风险事故中所造成损失的损失规模大小，是对某类风险事故损失严重程度的测度。风险管理人员可以根据经济单位的自身特点，用不同的方法衡量损失程度。

（1）**期望损失**。期望损失是指单个风险单位在每次风险事故中所造成的平均损失程度，可以用所收集的损失程度的样本均值来估计。

（2）**最大可能损失**。最大可能损失是指某一风险单位在其整个生存期间，由单一事故引起的可能最坏情况下的损失。其特征是以企业生命存在期间为观察期间。最大可能损失是一种客观存在，与人们的主观认识无关。

（3）**最大预期损失**。最大预期损失是指某一风险单位，在一定时期内，由单一事故所引起的可能遭受的最坏损失。其特征是不以企业生命存在期间为观察期间。最大预期损失是一种与概率水平估算相关，即与人们的主观认识相关的概念，它随着人们选择的概率水平的不同而不同。最大预期损失的数值小于或等于最大可能损失。例如，一栋建筑物价值 1 000 万元，那么最大可能损失就是 1 000 万元。而从概率的角度考虑，假设某人测算出此栋建筑物约 40 年才会有一次损失，超过 800 万元，由于这种可能性极小，因此可以认定最大预期损失为 800 万元。

（4）**年度最大可能损失和年度最大预期损失**。年度最大可能损失与年度最大预期损失均可来源于单一风险，也可来源于多种风险，它们可包括各种风险事故所致众多风险单位的所有类型损失。年度最大可能损失是面临风险的单个单位或单位群体在一年内可能遭受的最大总损失。与最大预期损失一样，这种损失依风险管理人员选择的概率水平而定，但与最大预期损失不同的是，这种损失是依据事件的数量以及它们的严重性而定的。

3.1.3　风险评估的意义

（1）通过评估，计算出比较准确的损失概率和损失程度，减少损失发生的不确定性，降低企业的风险。

（2）通过评估，使风险管理者有可能分辨出主要风险和次要风险。风险管理者就可以集中主要精力去处理那些一旦发生就会给企业经营造成严重困难的主要风险，而对那些损失轻微的次要风险则不必花主要精力去处理。

（3）建立损失概率分布确定损失概率和损失期望值的预测值，为风险定量评价提供了依据，也最终为风险管理者制定决策提供了依据。对期望值大但标准差或变异系数小的情况（说明风险较小），风险管理者可经过周密考虑后，作为经营费用将其处理。若期望值大，标准差和变异系数也大（说明风险大，某些不可预测的损失可能非常严重），则决策者应将这些损失转移给他人，以避免一旦发生事故，企业财务就陷于困境。

任务 3.2 风险定量评估技术

3.2.1 风险评估的理论基础

1. 大数法则

大数法则为风险评估奠定了理论基础，它是指只要被观察的风险单位数量足够大，就可以对损失发生的概率、损失的程度评估出一定的数值来。而且，被观察的单位数量越大，评估值就越精确。

例如，某一风险单位是否发生致损事故完全是偶然的，无规律可循。就一家工厂而言，何时发生火灾、什么原因引起火灾、火灾造成的损失有多大等，都是不确定的。然而，当观察同类风险单位的数目较多时，这种致损事故就呈现出一定的规律性，显现出某种必然性的特征。例如，就一个城市而言，其每年发生火灾的频度、每个火灾事故的平均损失、年度火灾的总损失额及造成火灾的原因等，都有其规律可循。经验证明，被观察的同类单位数量越大，这种规律性就越明显。这时，可以看出风险事故的发生呈现出一种统计的规律性。

2. 概率推断的原理

单个风险事故是随机事件，它发生的时间、空间、损失程度都是不确定的。但就总体而言，风险事故的发生又呈现出某种统计的规律性。因此，利用概率论和数理统计方法，可以求出风险事故出现状态的各种概率，如运用二项分布、泊松分布来评估风险事故发生的概率。

3. 类推原理

数理统计学为由部分去推断总体提供了非常成熟的理论和众多有效的方法。利用类推原理评估风险的优点在于能够弥补事故统计资料不足的缺陷。在实务中，进行风险评估时，往往没有足够的损失统计资料，并且由于时间、经费等许多条件的限制，很难、甚至不可能取得所需要的、足够数量的损失资料。因此，根据事件的相似关系，从已掌握的实际资料出发，运用科学的评估方法而得到的数据，可以基本符合实际情况，满足预测的需要。

4. 惯性原理

利用事物发展具有惯性的特征去评估风险，通常要求系统是稳定的。因为只有稳定的系统，事物之间的内在联系和某些特征才有可能延续下去。但实际上，系统的状态会受各种偶然因素的影响，绝对稳定的系统是不存在的。因此，在运用惯性原理时，只要求系统处于相对稳定的状态。

应特别注意的是，即使系统处于相对稳定状态，原系统的发展也绝不会是历史的重复，事物的发展不可能是过去状态的简单延续，而是保持其基本发展趋势。在实务中，当运用过去的损失资料来评估未来的状态时，一方面要抓住惯性发展的主要趋势，另一方面还要研究可能出现的偏离及其偏离程度，从而对评估结果进行适当的技术处理，使其更符合未来的发展。

延伸阅读

生命表的编制

生命表，又称死亡表，是根据一定时期的特定国家（或地区）或特定人口群体（如保险公司的全体被保险人、某企业的全体员工）的有关生存状况统计资料，依照整数年龄编制而成的用以反映相应人口群体的生死规律的统计表。通常以 10 万（或 100 万）人作为 0 岁的生存人数，然后根据各年中死亡人数、各年年末生存人数计算各年龄人口的死亡率、生存率，列成表格，直至此 10 万人全部死亡为止。生命表在有关人口的理论研究、某地区或某人口群体的新增人口与全体人口的测算、社会经济政策的制定、寿险公司的保险费及责任准备金的计算等方面都有着极为重要的作用。

世界上第一套生命表是由英国天文学家埃德蒙·哈雷于 1693 年编制的。20 世纪 90 年代，中国人民保险（集团）公司组织了大量的专家，成功编制出《中国人寿保险业经验生命表》，并于 1997 年 4 月 1 日起正式应用于人寿保险业务的经营核算中。生命表统计的主要项目一般分为五项：①年龄，用 X 代表，表示年龄为 X 岁；②年龄 X 岁的生存人数；③年龄 X 岁的人在未来的一年内的死亡人数；④年龄 X 岁的人在未来一年内的生存率；⑤年龄 X 岁的人在未来一年内的死亡率。

1999 年，中国保监会为编制新生命表征求各公司意见，并于 2003 年年初正式决定编制中国人寿保险业的第二张经验生命表，观察期间为 2000—2003 年，命名为"中国人寿保险行业经验生命表（2000—2003）"（以下简称"新生命表"）。2003 年 8 月，中国保监会正式启动了"新生命表"编制项目。"新生命表"编制完成后，2005 年 11 月 12 日，中国保监会在北京组织召开了生命表专家评审会，评审会一致通过了"新生命表"。这次生命表的数据来源于国内经营时间较长、数据量较大的 6 家寿险公司：中国人寿、平安、太平洋、新华、泰康、友邦。6 家公司共提交了 1 亿多条保单记录，占全行业同期保单数量的 98%以上，这个数据量在全世界生命表编制历史上是数一数二的。"新生命表"于 2006 年 1 月 1 日生效。

自 2006 年起的十余年来，中国人口死亡率已经发生了明显的变化，预期寿命显著提高；此外，保险产品类型日益多元，原有的养老和非养老两张表也难以满足产品精细化定价的需要，因此需要对生命表进行重新编制。2014 年，我国第三套生命表的编制工作启动，共收集 3.4 亿张保单、185 万条赔案数据，覆盖了 1.8 亿人口。经历了数据收集、数据校验和清洗、生命表编制以及审议评审四个阶段，我国第三套生命表于 2017 年 1 月 1

日正式启用。相对于第二套生命表，第三套生命表中被保险人群的死亡率明显下降，其中男性和女性寿命分别为 79.5 岁和 84.6 岁，较第二套生命表数据分别提高 2.8 岁和 3.7 岁。

3.2.2　损失数据的准备

1．损失数据的收集

风险评估的第一步是收集数据。为寻找那些可能从过去损失中得到的未来损失模型，风险管理人员应尽力收集损失数据，这些数据要求具有完整性、一致性、相关性和系统性，并且数据的获取必须合理地利用财力和时间。

（1）**完整性，即收集到的数据尽可能充分、完整**。这种完整不仅要求有足够的损失数据，而且要求收集与这些数据有关的外部信息。例如，要分析火车出轨的原因，事故发生的时间、地点，当时乘务组的成员、货物的装载情况等都可能有助于分析损失发生的确切原因。当重要数据丢失时，风险管理人员必须依靠个人的洞察力和判断力来更新得到的数据。

（2）**一致性**。损失数据必须至少在两个方面保持一致：①所有记录在案的损失数据必须在统一的基础上收集。在评估未来损失时，如果从不同的来源以不同的技术收集数据，可能影响预测结果的准确性和有效性。②必须对价格水平差异进行调整，所有损失价值必须用同种货币来表示。调整的方法是确定某一时期（年或月）为标准时期，以此时期的价格水平为标准，其他时期的数据按标准时期的价格水平来调整。如果某一时期的价格水平较标准时期价格水平低，则损失数据应相应调高，反之调低。调整过去损失数据的最好办法是提供每种损失的每个元素价格的独立增减额。

（3）**相关性**。过去损失金额的确定必须以与风险管理相关性最大为基础。对于财产损失而言，应以修复或重置财产产生的费用而不是财产的原始账面价值作为损失值。对于责任损失来说，损失不仅包括各种责任赔偿，而且包括调查、辩护和解决责任纠纷的费用。营业中断损失不仅包括停工收入损失，还包括在努力恢复营业至正常状态下的许多额外费用。

（4）**系统性**。收集到的各种数据不能直接使用，必须根据风险管理的目标与要求，按一定的方法进行整理，使之系统化，成为有用的信息。

2．损失数据的整理

当我们收集到了相关的损失数据后，如果不仔细审查，要说出它们具有什么样的特征、规律，是很困难的。因此，我们需要对这些杂乱无章的数据进行整理。

课堂实作

某风险管理人员要对某保险公司理赔部门每天处理的案件数量进行分析，经过调查得知，该公司过去 50 天每天处理的案件数量情况如表 3-1 所示。

表 3-1　某保险公司过去 50 天每天处理的案件数量　　　　单位：件

1 170	1 220	1 240	1 390	1 290	1 070	1 170	1 220	1 250	1 300
1 310	1 080	1 250	1 170	1 330	1 220	1 260	1 180	1 220	1 080
1 100	1 230	1 180	1 260	1 340	1 330	1 270	1 120	1 180	1 230
1 270	1 340	1 120	1 190	1 230	1 130	1 230	1 200	1 350	1 270
1 370	1 140	1 280	1 200	1 240	1 150	1 280	1 390	1 210	1 240

（1）降序排列（或升序排列）。例如，根据表 3-1 中的数据按照从小到大的顺序可排列成表 3-2。

表 3-2　排序后的数据　　　　单位：件

1 070	1 080	1 080	1 100	1 120	1 120	1 130	1 140	1 150	1 170
1 170	1 170	1 180	1 180	1 180	1 190	1 200	1 200	1 210	1 220
1 220	1 220	1 220	1 230	1 230	1 230	1 230	1 240	1 240	1 240
1 250	1 250	1 260	1 260	1 270	1 270	1 270	1 280	1 280	1 290
1 300	1 310	1 330	1 330	1 340	1 340	1 350	1 370	1 390	1 390

（2）资料分组。资料分组用于减缩资料，将损失数据的变动范围分为许多组（一般采用等组距）。资料分组首先必须决定要分多少个组。如组数过少，数据分布会过于集中，无法反映规律；如组数过多，分布过于分散，仅仅反映偶然性误差。一般情形下，组数应为 5～15。因此，按照经验，组数确定可按斯特格斯公式确定：

组数=1+3.22lg$N$（N 为数据个数）

本例中，组数=1+3.22×lg50≈7

其次，要确定组距和组界。组距是指每组的宽度，一般可以用损失数据的变动范围除以组数，再相应地做出调整。组界具体是指每组的下界和上界，每个组的最大值为上界，最小值为下界。因此，组距=上界-下界。要注意，第一组的下限低于最小值，最后一组的上限大于最大值。组界的精确度根据原始数据的精确度来确定，若原始数据的精确度为 0.1，则组界的精确度为 0.05。

在大多数情况下，如果组数少，组距大，将忽略太多的情况，以致不能充分揭示损失数据中包含的有用信息；如果组数多，组距小，则在分析时，工作量增大，导致烦琐和浪费。在上述资料中，数据变动范围是 320（1 390-1 070），可以分为 7 组，则组距约为 45.7，我们定为 50。第一组从 1 050 开始，则分组如下：

1 050～1 100　　　1 100～1 150　　　1 150～1 200　　　1 200～1 250

1 250～1 300　　　1 300～1 350　　　1 350～1 400

最后，计算出组中值和组频数，做出频数分布表。组中值是指两个组界的中点，它是每组具有代表性的估计值，即组中值=（上界+下界）/2。组频数是指数据落在该组中的次数。

一般我们规定每组的左组界属于该组，而右组界归属下一组。频数与总个数之比，即频率。将以上信息一起以表格的形式展现出来时，所得的表格就是频数分布表（见表 3-3）。

表 3-3　某保险公司过去 50 天每天处理的案件数量的频数分布

序号	分组（件）	频数	频率（%）	组中值（元）
1	1 050～1 100	3	6	1 075
2	1 100～1 150	5	10	1 125
3	1 150～1 200	8	16	1 175
4	1 200～1 250	14	28	1 225
5	1 250～1 300	10	20	1 275
6	1 300～1 350	6	12	1 325
7	1 350～1 400	4	8	1 375
	合计	50	100	

（3）得出累积频数分布表。累积频数分布表是一个用以说明损失值在某特定数值以下的损失数据个数的表，因此，各组对应的累积频数是该组及以前各组所有各组的组频数之和，也可以表示为：

第 n 组所对应的累积频数=第 $n-1$ 组所对应的累积频数+第 n 组的组频数

表 3-4 是表 3-2 的累积频数分布表。

表 3-4　某保险公司过去 50 天每天处理的案件数量的累积频数分布

序号	分组（件）	频数	累积频数	累积频率（%）
1	1 050～1 100	3	3	6
2	1 100～1 150	5	8	16
3	1 150～1 200	8	16	32
4	1 200～1 250	14	30	60
5	1 250～1 300	10	40	80
6	130～135	6	46	92
7	135～140	4	50	100

课堂实作

表 3-5 为某化工厂 1999—2018 年火灾损失金额的原始数据。

表 3-5　某化工厂 1999—2018 年火灾损失金额的原始数据　　　　单位：元

2 750	3 400	3 700	3 500	5 000	2 900	5 500
3 000	5 100	4 900	2 050	1 350	1 250	3 500
5 830	2 600	2 000	1 500	3 500	2 100	3 000
600	900	1 650	1 700	4 600	900	1 900
4 250	1 000	1 900	3 100	5 200	1 700	4 700

请对其进行整理。

3.2.3 损失资料的描述

1. 损失资料的图形描述

通过对资料进行分组，资料分布的重要特征就能看得更清楚了。但是图形描述会使这些特征更加鲜明。下面将讨论普遍使用的条形图、饼状图、直方图、频数折线图和累积频数分布图。如何选用这些统计图取决于数据的特性和风险管理决策的需要。

（1）**条形图**。条形图是由宽度相同的垂直或水平条形线绘制而成的。它的长度与每一组数据的频率成正比。条形图主要用于比较不同时期的损失状况或不同类型之间的某些变动数量。例如，2006—2017 年国内财产保险公司的数量如表 3-6 所示，图 3-1 是根据表 3-6 绘制的条形图。

表 3-6　2006—2017 年国内财产保险公司的数量

年份	2006	2007	2008	2009	2010	2011	2012	2013	2014	2015	2016	2017
数量	38	42	47	52	55	60	62	64	65	73	81	85

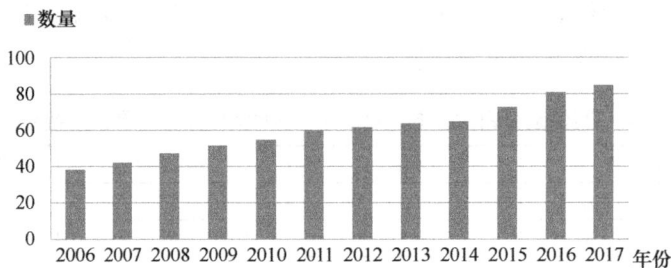

图 3-1　2006—2017 年国内财产保险公司的数量（条形图）

（2）**饼状图**。饼状图用来比较整个组成部分的相对量，整个圆形被分割成若干扇形，每个扇形代表一个组成部分。如 2017 年我国保险业共实现原保险保险费收入 36 581.01 亿元，其中，财产保险业务实现原保险保险费收入 9 834.66 亿元，人身保险业务实现原保险保险费收入 26 746.35 亿元。绘制成饼状图，如图 3-2 所示。

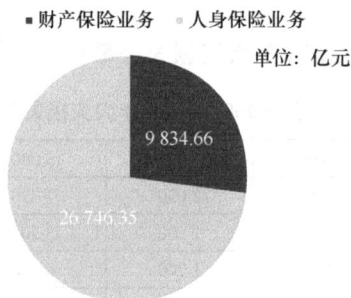

图 3-2　2017 年我国保险业原保险保险费收入情况（饼状图）

（3）**直方图**。直方图是表现分组资料的最普遍的一种图形，直方图是一个在条形图之间没有间隔的条形图，每个长方形的面积要与该组的频数成正比。一般损失资料数据值以横轴表示，各组发生的频数或频率以纵轴表示。横轴可以从任何合适的数字、位置开始，纵轴一般从 0 开始。例如，某出租车公司每次事故损失金额分布如表 3-7 所示。

表 3-7　某出租车公司每次事故损失金额分布

分组（元）	1.25～5.75	5.75～10.25	10.25～14.75	14.75～19.25	19.25～23.75
频数	12	9	6	5	3
累计频数	12	21	27	32	35

图 3-3 是根据表 3-7 绘制的直方图。

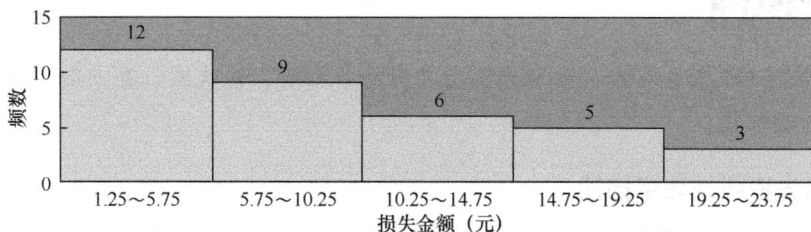

图 3-3　某出租车公司每次事故损失金额分布（直方图）

（4）**频数折线图**。将上述直方图中每个长方形的顶端的中点（组中值）连接起来，形成频数折线图。如果不绘制直方图，小圆点则放在每个组中值相应的高度上。如果观察值很多，组距极小，在极限的情况下，折线就过渡为一条光滑的曲线，成为连续型频数分布曲线。在极端情况下，频数由概率表示，就得到了概率分布曲线，这类曲线对于定量分析来说非常重要。图 3-4 是根据表 3-7 绘制的频数折线图。

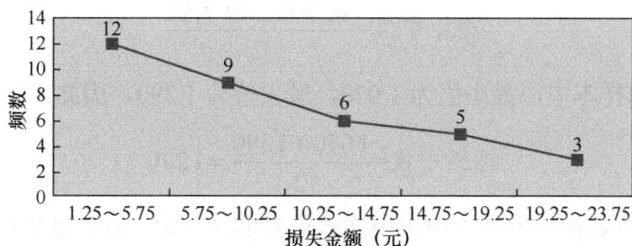

图 3-4　某出租车公司每次事故损失金额分布（频数折线图）

（5）**累积频数分布图**。累积频数分布图又叫累积曲线，很多累积曲线呈"S"形。正如直方图和频数多边形一样，累积频数分布图也画在一对相互垂直的轴上，横轴代表损失值，纵轴上的值用累积频数来表示，表明发生小于这一损失金额的事件个数。图 3-5 是根据表 3-7 绘制的直方图。

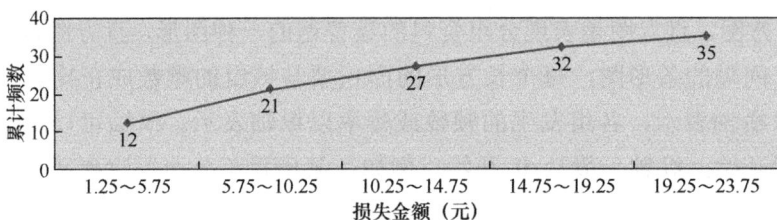

图 3-5 某出租车公司每次事故损失金额分布（累积频数分布图）

目前，使用折线图、条形图及其他的图形表示数据的方式已经变得越来越重要。通常，一个简单的图表就能说明数段文字才能说明的情况，而计算机辅助图表设计也使画图变得更加方便。

课堂实作

请结合上一个课堂实作，分别绘制出相应的条形图、饼状图、直方图、频数折线图和累计频数分布图。

2. 损失资料的数字描述

为了进一步简化频数分布所提供的信息，并概括出重要的情况，我们需要借助两类指标，一类是描述集中趋势的指标，称为位置量数，另一类是描述离散趋势的指标，称为变异量数。集中趋势指标可以认为是损失资料所处的"中心"；离散趋势指标表示损失数据是如何从"中心"扩散的。为以后表述方便，我们将所收集到的损失资料称为样本，其中每一个数据值称为观察值。

（1）位置量数。

① 全距中值。全距中值是样本中最大值与最小值的中心数值，即：

$$全距中值=\frac{最小值+最大值}{2}$$

表 3-2 所示的样本中，最小值为 1 070，最大值为 1 390，因此，

$$全距中值=\frac{1070+1390}{2}=1230$$

② 众数。众数是指一个样本中出现次数最多的观察值。假如每个观察值出现的次数都相同，那么就没有众数。如果样本中只有一个众数，则该样本称为单峰的；如果有两个或者更多的观察值出现的次数相同，并且它们比其他任何的观察值出现的次数都多，那么众数就不止一个，这个样本称为多峰的。表 3-2 所示的样本中，1 220 和 1 230 均出现四次，并且比其他观察值出现的次数都多，因此这两个观察值都是众数，该样本是双峰的。

对经过分组的样本来说，则要考虑哪一组的频数最大。如果某一组的频数最大，表

明损失数额常常落在这一组内，它就是分组的众数组。此时的众数常用众数组中的中点来估值。如果有一个以上的众数组，那么我们就认为不存在众数。表 3-4 中众数组就是 1 200～1 250，众数为 1 225。

③ 中位数。假设数据资料已经进行了排序，而观察值的个数是奇数时，则中位数是位于正中间位置的观察值。如果观察值的项数是偶数，则中位数是两个中间观察值之间的中点数值。例如，表 3-2 样本中共有观察值 50 个，则样本中位数为

$$\frac{第25个观察值 + 第26个观察值}{2} = \frac{1\,230 + 1\,230}{2} = 1\,230$$

④ 算数平均数。最常用的位置量数就是算数平均数，简称平均数，其计算方法一般可由下列公式求出：

如果有 n 个观察值 $X_1, X_2, \cdots, X_n$，则算术平均值为：

$$\bar{X} = \frac{X_1 + X_2 + \cdots + X_n}{n} = \frac{1}{n}\sum_{i=1}^{n} X_i$$

如果资料已经整理成组，以 m_i 表示第 i 组的组中值，f_i 表示该组的频数，则算术平均值为：

$$\bar{X} = \frac{\sum\limits_{i=1}^{n} f_i m_i}{\sum\limits_{i=1}^{n} f_i}$$

课堂实作

5 次盗窃损失的金额为 1 500 元、1 800 元、1 850 元、2 000 元、2 500 元，平均损失额是多少？

课堂实作

某公司 5 年内被盗窃的损失金额整理后如表 3-8 所示。

表 3-8　某公司 5 年内被盗窃金额的损失分布

损失金额（元）	组中值 m_i（元）	频数 f_i	$m_i f_i$（元）
100～200	150	5	750
200～300	250	3	750
300～400	350	6	2 100
400～500	450	7	3 150
500～600	550	4	2 200

请计算这家公司 5 年内被盗窃的损失金额的平均损失。

课堂实作

甲、乙、丙三家超市在 3 个月内被盗窃的损失金额分别为：（单位：元）

甲：660，660，660，670，670，670，680，690

乙：520，530，610，670，710，720，780，820

丙：430，440，500，540，670，900，910，970

试比较三家超市被盗窃的风险。

通过计算我们发现，三家超市被盗窃损失金额的平均数均为 670，这表明三家超市的平均损失金额是一样的。但很明显，三家超市的风险是不一样大的，算术平均数抵消了偶然因素对各标志值的影响，消除了偶然性形成的差异，突出了必然因素的作用。因此，我们还需要其他指标来表示资料的离散程度，这样才能较完整地说明三家超市的被盗损失风险特征及与其他超市的区别。这种指标就是变异量数或离散量数，在风险管理中选用的变异量数有全距、方差、标准差以及变异系数等。只有把平均指标和变异指标综合起来分析，才能得到全面的风险信息。

（2）变异量数。

① 全距。全距是最简单的变异量数。对于一个样本，全距等于最大观察值与最小观察值之差。如上述课堂实作中甲超市损失数据的全距是 690−660=30，乙超市损失数据的全距是 820−520=300，丙超市损失数据的全距是 970−430=540。该指标尽管只考虑资料的两个端点值，忽略了很多重要情况，但仍在一定程度上反映了全部损失数据的离散程度。

② 方差。方差是各个数据与平均数之差的平方和的平均数。其计算方法有两种：

公式一：未进行分组，则方差为：

$$\sigma^2 = \frac{\sum_{i=1}^{k}(X_i - \overline{X})^2}{n}$$

针对上述案例，我们分别计算甲、乙、丙三家超市损失的方差：

甲：$\sigma_{甲}^2 = \dfrac{(660-670)^2+(660-670)^2+(660-670)^2+(680-670)^2+(690-670)^2}{8} = 100$

乙：$\sigma_{乙}^2 = \dfrac{(520-670)^2+(530-670)^2+(610-670)^2+\cdots+(820-670)^2}{8} = 10\,550$

丙：$\sigma_{丙}^2 = \dfrac{(430-670)^2+(440-670)^2+(500-670)^2+\cdots+(970-670)^2}{8} = 44\,600$

公式二：如果已经进行了分组，则方差为：

$$\sigma^2 = \frac{\sum_{i=1}^{k}f_i m_i^2}{\sum_{i=1}^{k}f_i} - \left[\frac{\sum_{i=1}^{k}f_i m_i}{\sum_{i=1}^{k}f_i}\right]^2$$

下面利用课堂实作中某公司 5 年内被盗窃的损失金额的例子来计算方差（见表 3-9）：

表 3-9　某公司 5 年内被盗窃的损失金额分布

损失金额（元）	组中值 m_i（元）	m_i^2（元）	次数 f_i	$m_i f_i$（元）	$m_i^2 f_i$（元）
100～200	150	22 500	5	750	112 500
200～300	250	62 500	3	750	187 500
300～400	350	122 500	6	2 100	735 000
400～500	450	202 500	7	3 150	1 417 500
500～600	550	302 500	4	2 200	1 210 000
合计	—	—	25	8 950	3 662 500

$$\sigma^2 = \frac{3\ 662\ 500}{25} - \left(\frac{8\ 950}{25}\right)^2 = 18\ 336$$

③ 标准差。标准差也叫均方差，它是方差的算术平方根。

$$\sigma = \sqrt{\sigma^2}$$

即

$$\sigma = \sqrt{\frac{\sum_{i=1}^{k}\left(X_i - \overline{X}\right)^2}{n}} \quad \text{或者} \quad \sigma = \sqrt{\frac{\sum_{i=1}^{k} f_i m_i^2}{\sum_{i=1}^{k} f_i} - \left(\frac{\sum_{i=1}^{k} f_i m_i}{\sum_{i=1}^{k} f_i}\right)^2} \quad \text{或者} \quad \sigma = \sqrt{\frac{\sum_{i=1}^{k} f_i m_i^2}{\sum_{i=1}^{k} f_i} - \overline{X}^2}$$

④ 变异系数。变异系数是位置量数与变异量数的综合量数，它是在平均值不等的情况下通过系数来计算对比风险程度的。其计算公式为：

$$V = \frac{\sigma}{\overline{X}}$$

下面利用课堂实作中某公司 5 年内被盗窃的损失金额的例子来计算变异系数，根据前面的计算结果可得：$\overline{X} = 358, \sigma = \sqrt{18\ 336} \approx 135$，因此

$$V = \frac{\sigma}{\overline{X}} = \frac{135}{358} = 0.377$$

课堂实作

企业 5 次盗窃损失的金额为 1 500 元、1 800 元、1 850 元、2 000 元、2 500 元，计算方差、标准差和变异系数。

通过上面的分析，可以得出，只有把平均指标与变异指标综合起来进行分析，才有可能从量上确定风险的大小。对于一个风险管理者来说，若过去每次损失的次数都一样，则能用平均损失精确预测下一年度的损失，就可以通过周密的考虑将这些损失作为一种经营费用来处理，并可以认为企业无风险。但最令风险管理者不安的是，标准差或差异系数很大，即过去的损失资料表明，企业每年的损失值相差很大，风险管理者也就不可能

精确地预测下一年度的损失了。这时，企业面临的风险很大。在实务中，有以下几种特殊情况：

① 平均损失大、标准差或差异系数很小，自己承担。

② 平均损失很小、标准差或差异系数大，该情况要做具体分析，才能做出明确判断。

③ 平均损失很小、标准差或差异系数亦小，企业面临的风险小，无须转移。

上面介绍的情况比较特殊，实际情况往往介于这些特殊情况之间。另外，所谓损失大或损失小的划分取决于企业的财务状况。如同一损失值，对大企业来说，可能认为是小损失，而对小企业来说，可能认为是大损失。

3.2.4 损失估测

1. 损失概率的估测

估测每年损失事故发生的次数是确定损失概率的一个重要方法，也是风险管理人员必须掌握的内容，因此，在这里我们仅介绍年损失次数的估测方法，可以选用二项分布、泊松分布等方法来估测。

（1）用二项分布来估测损失次数。二项分布是分析损失次数比较有效的一种模型。用 n 代表风险单位的数量，每个风险单位在一年中是否发生风险事故的结果只有两个：发生和不发生。如果记 n 个风险单位在一年内发生所述风险事故的次数为 X，并且满足以下条件：

① 每个风险单位发生该风险事故的概率都相同，均为 p；

② 任一风险单位发生风险事故都不会影响其他风险单位发生同样事故的概率；

③ 同一个风险单位在一年内发生两次以上事故的可能性为零。

则 X 服从二项分布，其概率分布可以通过以下公式得到：

$$P(X=k) = C_n^k p^k (1-p)^{n-k}, \quad k=0,1,\cdots, n$$

根据二项分布公式及离散型随机变量的数学期望与方差公式，可得出二项分布的数学期望与方差：

$$\mu = E(X) = np$$

$$\sigma^2 = D(X) = np(1-P)$$

二项分布模型中只有一个参数，即每个风险单位发生损失的概率 p。这需要通过历史数据的计算得到。

课堂实作

假设某企业有 5 个仓库，其中任何一个仓库一年内发生火灾的概率是 0.1，每个仓库发生火灾的事故是互不影响、彼此独立的。一个仓库在一年内发生两次火灾的可能性极小，可以忽略不计。计算一年内该企业的仓库：

① 不发生火灾的概率；

② 有两个以上的仓库发生火灾的概率；

③ 发生火灾次数的平均值和标准差。

运用二项分布公式：

$$P(X=k)=C_n^k p^k(1-p)^{n-k}, \quad k=0,1,\cdots, n$$

得出该企业 5 个仓库发生火灾次数的概率，如表 3-10 所示。

表 3-10　其企业 5 个仓库发生火灾次数的概率

发生火灾次数	发生火灾的概率
0	$P(x=0)=0.590\,5$
1	$P(x=1)=0.328\,1$
2	$P(x=2)=0.072\,9$
3	$P(x=3)=0.008\,1$
4	$P(x=4)=0.000\,4$
5	$P(x=5)=0.000\,01$

从计算的结果可以看出：

① 一年内不发生火灾的概率为 0.590 5；

② 有两个以上仓库发生火灾的概率为 0.072 9+0.008 1+0.000 4+0.000 01 = 0.081 41；

③ 一年内发生火灾次数的平均值以及标准差分别为：

$$\mu = np = 5 \times 0.1 = 0.5$$

$$\sigma = \sqrt{n \times p \times (1-p)} = \sqrt{5 \times 0.1 \times 0.9} = 0.670\,8$$

即下一年度发生火灾的仓库数目预期为 0.5；可能的偏离程度为 0.670 8。

对参数 p 的估测是解决此问题的关键。在应用二项分布模型时，无须局限在财产上，应根据其损失数据找到规律。假设在全国范围内，上一年度同类大楼每 10 万栋就有 10 栋失火，这样，就估计出 p=10/100 000=0.000 1。

（2）用泊松分布估测损失次数。 运用二项分布是有条件的，不仅要求每个风险单位每年至多发生一次风险事故，而且当风险单位数量很大时，用二项分布公式来计算概率分布值是相当麻烦的。然而，事实上，一个风险单位可能发生多次损失事故，虽然这种情况概率很小，但是是有可能的。因此，需要寻找更简便的算法。泊松分布是二项分布的近似。如果在过去的一段时间内，每个短小的间隔内财产发生损失的概率相同，而且损失发生与否与其他时间间隔不相关，就可以用泊松分布来拟合。

假设有众多风险单位，每年估计平均有 λ 个风险单位发生事故，每一风险单位发生事故的概率相同，则一年中发生损失事故数 X 服从参数为 λ 的泊松分布，其分布律为：

$$P(X=k)\frac{\lambda^k}{k!}e^{-\lambda}, \quad k=0,1,\cdots, n$$

泊松分布的数学期望与方差均为 λ，即：

$$\mu = E(X) = \lambda$$
$$\sigma^2 = D(X) = \lambda$$

在 n 重贝努里试验中，当事件发生的概率很小（趋向于 0），而试验次数很大（n 趋向于无穷大）时，二项分布以泊松分布为其极限形式，即二项分布趋于以 $\lambda = np$ 为参数的泊松分布。

泊松分布与二项分布有很多共同之处，但运用它们解决问题时，必须注意它们的区别。在二项分布中，试验的次数是已知的，而在泊松分布中常常是未知的；在二项分布中，X 表示在 n 重贝努里试验中事件发生的次数，在泊松分布中 X 则表示在约定的空间或时间间隔内事件发生的次数。

课堂实作

某车队有 5 辆车，平均每两年发生一次事故，现计算一年中事故次数的分布状况。假设 X 为一年中发生事故的次数，由于每年发生事故的概率为 0.5，而且 0.5×5=2.5<5，因此，X 可以看成近似服从 $\lambda=0.5$ 的泊松分布。

根据泊松分布公式 $P(X = k) = \dfrac{\lambda^k}{k!} e^{-\lambda}$，得出某车队的 5 辆车一年中发生事故的次数与发生火灾的概率如表 3-11 所示。

表 3-11　某车队的 5 辆车一年中发生事故的次数与发生火灾的概率

事故次数	发生火灾的概率	事故次数	发生火灾的概率
0	$0.50e^{-0.5}/0!$=0.606 5	3	0.012 6
1	0.303 3	4	0.001 6
2	0.075 8	5	0.000 2

按照上面的计算，不发生事故的概率为 0.606 5，而发生两次以及两次以上事故的概率为 0.075 8+0.012 6+0.001 6+0.000 2=0.090 2。

2．损失程度的估测

（1）每次风险事故所致损失的估测。风险事故发生的次数是离散型随机变量，全部可能发生的次数与其相应的概率都可以一一列举出来。但每次风险事故所致的损失金额一般来说不能全部列举出来，它可以在某一区间内取值，因此，它是连续性随机变量。在具体计算时，我们可以确定任意次数事故发生的概率，而对损失金额来说，正常情况下只能确定其在某一区间的概率，因为连续性随机变量取某一特定值的概率为零。

为估测每次事故的损失金额，我们将利用一些概率分布，如正态分布和对数正态分布等，这些分布将给出一次事故中损失金额可能取值的概率。

① 用正态分布估测损失金额。正态分布的概率密度函数为：

$$f(x) = \frac{1}{\sqrt{2\pi}\sigma} e^{-\frac{(x-\mu)^2}{2\sigma^2}}, \quad -\infty < x < +\infty$$

根据正态公式及连续型随机变量的数学期望与方差公式，可得出正态分布的数学期望与方差：

$$E(X) = \mu$$
$$D(X) = \sigma^2$$

正态分布中的参数有两个，分别是 μ 和 σ^2，它们分别是每次损失金额 X 的数学期望与方差，可以根据经验数据计算得到。

一些损失金额分布类似于正态分布的密度函数图形，即只有一个峰，并且图形关于峰是对称的，这样的损失金额分布可以用正态分布来拟合，并通过正态分布来估测损失金额落在某个区间的概率，以及损失金额超过某一数值的概率。

课堂实作

一个村庄每次洪水灾害所致损失金额分布如表 3-12 所示。

表 3-12　一个村庄每次洪水灾害所致损失金额分布

损失金额（百元）	5～15	15～25	25～35	35～45	45～55	55～65	65～75
次数	2	9	28	30	21	5	1

求：（1）每次洪水灾害所致损失金额小于 500 元的概率是多少？

（2）每次洪水灾害所致损失金额在 4 500 元和 6 000 元之间的概率是多少？

（3）每次洪水灾害所致损失金额大于 7 500 元的概率是多少？

根据已知条件可得表 3-13 所示数据：

表 3-13　一个村庄每次洪水灾害所致损失金额分布

损失金额（百元）	组中值 m_i	m_i^2	频数 f_i	$m_i f_i$	$m_i^2 f_i$
5～15	10	100	2	20	200
15～25	20	400	9	180	3 600
25～35	30	900	28	840	25 200
35～45	40	1 600	30	1 200	48 000
45～55	50	2 500	21	1 050	52 500
55～65	60	3 600	5	300	18 000
65～75	70	4 900	1	70	4 900

损失金额的期望值：

$$\mu = \frac{\sum f_i x_i}{\sum f_i} = \frac{3\,600}{96} = 38.125$$

损失金额的标准差：

$$\sigma = \sqrt{\frac{\sum f_i x_i^2}{\sum f_i} - \left(\frac{\sum f_i x_i}{\sum f_i}\right)^2} = \sqrt{\frac{152\ 400}{96} - \left(\frac{3\ 600}{96}\right)^2} = 11.575$$

每次灾害所致损失金额小于 500 元的概率：

$$P(X < 5) = F(5) = \phi\left(\frac{5 - 38.125}{11.575}\right) = \phi(-2.86)$$

$$= 1 - \phi(2.86) = 0.002\ 1$$

每次灾害所致损失金额在 4 500 元和 6 000 元之间的概率：

$$P(45 < X < 60) = F(60) - F(45) = \phi\left(\frac{60 - 38.125}{11.575}\right) - \phi\left(\frac{45 - 38.125}{11.575}\right)$$

$$= \phi(1.89) - \phi(0.594) = 0.470\ 62 - 0.222\ 40 = 0.248\ 22$$

每次灾害所致损失金额大于 7 500 元的概率：

$$P(X > 75) = 1 - F(75) = 1 - \phi\left(\frac{75 - 38.125}{11.575}\right)$$

$$= 1 - \phi(3.186) = 1 - 0.999\ 3 = 0.000\ 7$$

② 用对数正态分布估测损失额。对数正态分布的概率密度函数是：

$$f(x) = \frac{1}{\sqrt{2\pi}\sigma x} e^{-\frac{(\ln x - \mu)^2}{2\sigma^2}}, \quad x > 0$$

根据对数正态公式及连续型随机变量的数学期望与方差公式，可得出正态分布的数学期望与方差：

$$E(X) = e^{\mu + \frac{1}{2}\sigma^2}$$

$$D(X) = (e^{\sigma^2} - 1)e^{2\mu + \sigma^2}$$

对数正态分布中的 μ 和 σ^2 ，它们分别是每次损失金额 X 的数学期望和方差，可以根据经验数据计算得到。

一些损失金额分布类似于对数正态分布的密度函数图形，即只有一个峰，而且图形具有长尾特征，这样的损失金额分布可以用对数正态分布来拟合，并通过对数正态分布来估测损失金额落在某个区间的概率，以及损失金额超过某一数值的概率。

📺⚙️ 课堂实作

假设某企业过去火灾损失数据为（单位：万元）：2，2，2，3，3，3，3，3，3，4，4，4，4，4，5，5，5，5，6，6，6，7，7，8，9，计算未来损失金额超过 7 万元的概率。

根据已知条件可得损失频数分布情况如表 3-14、图 3-6 所示。

表 3-14　某企业火灾损失数据

损失金额（万元）	2	3	4	5	6	7	8	9
次数	3	6	5	4	3	2	1	1

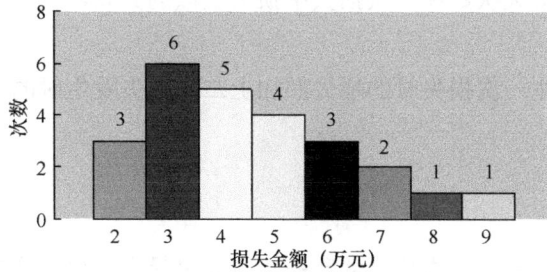

图 3-6　频数分布图

观察图 3-6，与对数正态分布的图像类似，因此可以用对数正态分布拟合。

对每个损失数据去对数，得到另一个序列：0.693，0.693，0.693，1.099，1.099，1.099，1.099，1.099，1.099，1.386，1.386，1.386，1.386，1.386，1.609，1.609，1.609，1.609，1.792，1.792，1.792，1.946，1.946，2.079，2.197。对这组新数据进行分组（见表 3-15）：

表 3-15　某企业火灾损失数据频数分布

损失金额（百元）	组中值 m_i	m_i^2	频数 f_i	$m_i f_i$	$m_i^2 f_i$
0.4～0.9	0.65	0.422 5	3	1.95	1.267 5
0.9～1.4	1.15	1.322 5	11	12.65	14.547 5
1.4～1.9	1.65	2.722 5	7	11.55	19.057 5
1.9～2.4	2.15	4.622 5	4	8.6	18.490 0
合计	—		25	34.75	53.362 5

损失金额的期望值：

$$\mu = \frac{\sum f_i x_i}{\sum f_i} = \frac{34.75}{25} = 1.39$$

损失金额的标准差：

$$\sigma = \sqrt{\frac{\sum f_i x_i^2}{\sum f_i} - \left(\frac{\sum f_i x_i}{\sum f_i}\right)^2} = \sqrt{\frac{53.362\ 5}{25} - \left(\frac{34.75}{25}\right)^2} = 0.46$$

因此，未来损失金额超过 7 万元的概率为：

$$P(X>7) = 1 - \phi\left(\frac{\ln 7 - \mu}{\sigma}\right) = 1 - \phi\left(\frac{\ln 7 - 1.39}{0.46}\right) = 1 - \phi(1.21) = 1 - 0.886\ 9 = 0.113\ 1$$

（2）**总损失的概率估计**。一定时期的总损失是指在已知该时期内损失次数概率分布和每次损失金额概率分布的基础上所求得的总损失额。风险管理经理在做风险管理决策时经常使用每年的损失总额。我们来分析如何得到这样的分布。

一般情况下，运用前面的泊松分布等一些模型，比较容易得到一年中损失次数的分布，一旦损失发生，在一次损失中，损失额的分布情况通过以上损失程度的分析也比较容易获得。而知道了损失次数和一次损失中损失金额的分布，就可以得到一年中损失程度的概率分布了。

年总损失额为发生一次损失时的损失额加上二次损失发生时的损失额等。

💻 课堂实作

某企业的财产每年发生损失的次数和一次损失中损失金额的分布如表 3-16 所示。试分析年总损失额分布情况。

表 3-16　某企业的财产每年发生损失的次数和一次损失中损失金额的分布

损失次数分布		一次损失中损失金额分布	
损失次数	概率	损失金额	概率
0	P_1	L_1	Q_1
1	P_2	L_2	
2	P_3		

首先，计算年总损失额的所有可能结果。当损失次数为 0 时，总损失额为 0，概率为 P_1。当损失次数为 1 时，有两种可能的损失结果，损失额分别为 L_1 或 L_2。当损失次数为 2 时，有四种可能的损失结果：两次损失均为 L_1，两次损失均为 L_2；第一次损失 L_1 且第二次损失 L_2，第一次损失 L_2 且第二次损失 L_1。这样，就考虑了年总损失额所有可能的情况。

根据概率的计算规则，就可以得到年总损失额和一次损失中损失金额的分布，如表 3-17 所示。

表 3-17　年总损失额和一次损失中损失金额的分布

损失次数	损失结果种类	年总损失额	概　率
0	1	0	P_1
1	2	L_1	P_2Q_1
		L_2	P_2Q_2
2	4	L_1+L_1	$P_3Q_1Q_1$
		L_1+L_2	$P_3Q_1Q_2$
		L_2+L_1	$P_3Q_2Q_1$
		L_2+L_2	$P_3Q_2Q_2$

损失期望值 $=0\times P_1+L_1\times P_2Q_1+L_2\times P_2Q_2+(L_1+L_1)P_3Q_1Q_1+2\times(L_1+L_2)\times P_3Q_1Q_2+(L_2+L_2)\times P_3Q_2Q_2$

任务 3.3　风险定性评估技术

与风险的定量评估技术从数量的角度来度量风险相对应，风险的定性评估技术主要运用主观判断、逻辑推理等思维方式，以"大小""高低""轻重缓急"等文字描述的形式对风险进行评估。

对风险进行定性评估的原因主要有：①在某些情况下，主体并不要求对风险进行精确的量化，而只需对风险的"大小""高低""轻重缓急"等性质做出粗略描述；②主体在有关损失数据资料的累积上不够充分，使得它并不能达到采用量化分析的基本要求；③可将定性评估作为定量评估的补充，在很多情况下，结合使用定性和定量评估技术可以更为全面地审视主体面临的风险。

在所有的定性评估技术中，风险矩阵图是一种常用的技术。

3.3.1　风险矩阵图

风险矩阵图又称风险坐标图，是将已经识别的风险按发生可能性的高低（损失概率）和风险发生后的影响程度（损失程度）作为两个维度，将其绘制在同一个坐标平面上，从而实现风险定性衡量的一种技术手段。

绘制风险矩阵图的主要程序为：①对已经识别的风险事故按照损失概率和损失程度分别进行定性描述；②将这些风险事故划分为不同的层次或等级，建立风险矩阵，将各项风险分配到矩阵中的相应区域；③把风险矩阵转换成以损失概率和损失程度为维度的坐标平面上，得到相应的风险矩阵图。

3.3.2　对风险进行定性描述

绘制风险矩阵图的第一步就是对风险进行定性描述，这主要是通过对损失概率和损失程度的描述来实现的。在对损失概率和损失程度进行描述的过程中，主要考虑三个方面的问题：①应该将损失概率或损失程度分为多少等级。等级划分得越多，风险分类越细，描述难度越大，估计结果也越精确；②采用什么样的描述符来定性呈现各级损失概率或损失程度。一般情况下，对损失概率多采用"可能性"等类似的描述符，而损失程度较多采用"严重程度"等类似的描述符；③判断风险归属何种级别的具体依据是什么。由于各描述符在划分各级风险之间的界限是非常模糊的，因此需要建立更为具体的判断依据。

课堂实作

某企业准备对自身进行一次全面的风险衡量，以便为将来制定和实施全面风险管理计划提供客观、科学的依据。但由于企业以往一直没有注意相关损失数据的积累，使得风险的精细化定量衡量难以实现。企业的风险管理经理组织了一支风险专家小组，这些专家用头脑风暴法列举企业面临的各种风险，然后用德尔菲法筛选出企业面临的最主要的 10 项风险，它们分别是：①产品责任；②火灾；③员工赔偿；④营业中断；⑤自然灾害；⑥交通事故；⑦雇员偷窃；⑧关键人员损失；⑨信用风险；⑩机器损坏。

如果你是该企业的风险管理经理，应如何用风险矩阵法对上述 10 项风险做定性评估？

1．损失频率的定性描述

2006 年，国务院国有资产监督管理委员会（简称国资委）颁布的《中央企业全面风险管理指引》中将损失概率分为五个级别，如表 3-18 所示：

表 3-18　损失频率的定性描述

级别	描述符	描述一	描述二
1	极低	一般情况下不会发生	今后 10 年内发生可能少于 1 次
2	低	极少情况下才发生	今后 5～10 年可能发生 1 次
3	中等	某些情况下发生	今后 2～5 年可能发生 1 次
4	高	较多情况下发生	今后 1 年内可能发生 1 次
5	极高	常常会发生	今后 1 年内至少发生 1 次

根据课堂实作中的 10 项风险，按照损失频率加以估计，进行归类：①产品责任风险在过去的 5～10 年曾发生 1 次，属于极少情况下发生，损失频率描述为低，对应级别为 2；②火灾风险在过去的 1 年内曾发生 1 次，属于较多情况下发生，损失频率描述为高，对应级别为 4……⑩机器损坏风险在过去的 2～5 年曾发生 1 次，属于某些情况下发生，损失频率描述为中等，对应级别为 3。结合表 3-18 可表述为如表 3-19 所示的定性描述：

表 3-19　损失频率的定性描述

级别	描述符	描述一	描述二	风险
1	极低	一般情况下不会发生	今后 10 年内发生可能少于 1 次	④⑤
2	低	极少情况下才发生	今后 5～10 年可能发生 1 次	①②
3	中等	某些情况下发生	今后 2～5 年可能发生 1 次	⑧⑨⑩
4	高	较多情况下发生	今后 1 年内可能发生 1 次	③⑥
5	极高	常常会发生	今后 1 年内至少发生 1 次	⑦

2．损失程度的定性描述

2006 年，国务院国有资产监督管理委员会（简称国资委）颁布的《中央企业全面风险管理指引》将损失幅度分为五个级别，如表 3-20 所示：

表 3-20 损失程度的定性描述

级别	描述符	描述一	描述二
1	极低	影响是极轻微的	企业日常运行不受影响
2	低	影响是轻微的	企业日常运行受轻度影响
3	中等	影响是中等的	企业日常运行受中度影响
4	高	影响是重大的	企业日常运行受严重影响
5	极高	影响是灾难性的	企业日常运行受重大影响

根据课堂实作中的 10 项风险，按照损失程度加以估计，进行归类：①产品责任风险会给企业日常运行带来重大影响，属于灾难性影响，损失程度描述为极高，对应级别为 5；②火灾风险会给企业日常运行带来严重影响，属于重大影响，损失程度描述为高，对应级别为 4……⑩机器损坏风险会给企业日常运行带来中度影响，属于中等影响，损失程度描述为中等，对应级别为 3。结合表 3-20 可表述为如表 3-21 所示的定性描述。

表 3-21 损失幅度的定性描述

级别	描述符	描述一	描述二	风险
1	极低	影响是极轻微的	企业日常运行不受影响	
2	低	影响是轻微的	企业日常运行受轻度影响	④⑥⑦
3	中等	影响是中等的	企业日常运行受中度影响	⑩
4	高	影响是重大的	企业日常运行受严重影响	③⑧⑨②
5	极高	影响是灾难性的	企业日常运行受重大影响	①⑤

3.3.3 建立风险矩阵

绘制风险矩阵图的第二步是在损失概率和损失程度的定性描述基础之上，将两者进行组合，区分风险级别，并建立风险矩阵。风险矩阵的功能就在于组合损失概率和损失程度为总损失，从而更加综合、客观地进行风险估计。风险矩阵如表 3-22 所示：

表 3-22 风险矩阵

损失频率	损失程度				
	极低（1）	低（2）	中等（3）	高（4）	极高（5）
极高（5）	5+1=6	7	8	9	10
高（4）	5	6	7	8	9
中等（3）	4	5	6	7	8
低（2）	3	4	5	6	7
极低（1）	2	3	4	5	6

在风险矩阵中，为了评估总损失，可将损失概率和损失程度对应的级别转换为分数进行加总得到风险估计值，分数越高，风险越大，反之越小。同时，可根据组合得

分来划分风险等级，例如得分为 2～4 分为低度风险，5～7 分为中度风险，8～10 分为高度风险。风险等级的划分取决于风险管理的实际需要。一般情况下，风险管理人员所掌握的资源越多，可供选择的风险管理技术手段越丰富，风险等级的划分越精细，反之越粗糙。

根据课堂实作中该企业的 10 项风险进行组合归类，并建立风险矩阵：①产品责任风险对应损失概率评级为 2，损失程度评级为 5，风险总损失估计值为 7，属于中度风险；②火灾风险对应损失概率评级为 4，损失程度评级为 4，风险总损失估计值为 8，属于高度风险……⑩机器损坏风险对应损失概率评级为 3，损失程度评级为 3，风险总损失估计值为 6，属于中度风险。风险矩阵如表 3-23 所示。

表 3-23　风险矩阵

损失频率	损失程度				
	极低（1）	低（2）	中等（3）	高（4）	极高（5）
极高（5）		⑦			
高（4）		⑥			
中等（3）			⑩	②	
低（2）		③		⑧⑨	①
极低（1）					④⑤

3.3.4　绘制风险矩阵图

绘制风险矩阵图的最后一步就是将风险矩阵绘制到以损失程度为横轴，以损失频率为纵轴的坐标图上，有时也可以将两者在坐标轴上进行转置。在这张坐标图中，越接近坐标轴的左下角，表示风险级别越低，风险估计值越小；越远离坐标轴，表示风险级别越高，风险估计值越大。风险坐标图如图 3-7 所示：

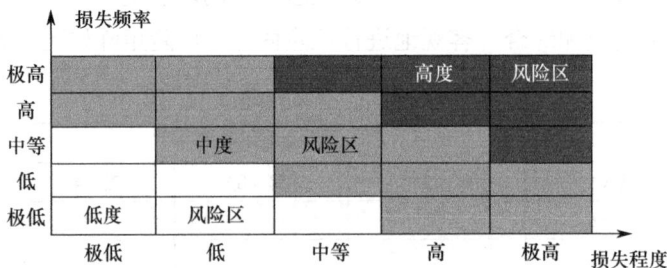

图 3-7　风险坐标图

结合课堂实作中的风险事项及之前所做的分析可知：风险事项③员工赔偿风险，应归属于低度风险区；而风险事项②火灾风险，应归属于高度风险区；其余的风险事项则归属于中度风险区。如图 3-8 所示。

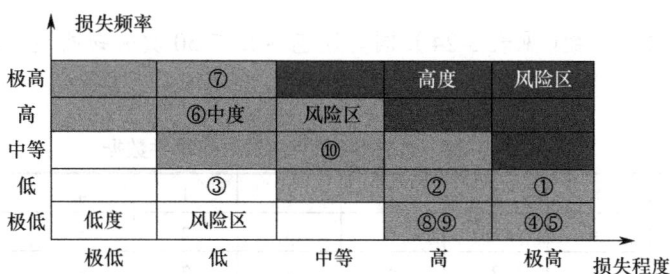

图 3-8   风险坐标图（课堂实作）

重要概念

1. 风险评估：风险评估也叫风险衡量，是在识别风险的基础上对风险进行分析和描述，即在对过去损失资料分析的基础上，运用概率论和数理统计的方法，对风险事故的发生概率和风险事故发生后可能造成损失的严重程度进行分析和预测。

2. 损失概率：损失概率是指损失发生的可能性。

3. 损失程度：损失程度是指一个风险单位在单次风险事故中所造成损失的损失规模大小。

4. 风险矩阵图：风险矩阵图又称风险坐标图，是将已经识别的风险按发生可能性的高低（损失概率）和风险发生后的影响程度（损失程度）作为两个维度，将其绘制在同一个坐标平面上，从而实现风险定性衡量的一种技术手段。

5. 最大可能损失：最大可能损失是指某一风险单位在其整个生存期间，由单一事故引起的可能最坏情况下的损失。

6. 最大预期损失：最大预期损失是指某一风险单位，在一定时期内，由单一事故所引起的可能遭受的最坏损失。

能力拓展

1. 常见电站的主要风险有：自然灾害风险、灾害事故风险、火灾风险、人为因素风险、责任风险、土建作业风险、安装作业风险。

假如你是一家电站的风险管理经理，请运用风险矩阵技术，对上述风险进行定性评估。

2. 商品失窃是超市风险管理中最为常见的一类风险。某大型超市的风险管理经理试图对本超市商品失窃风险进行一次精确度量，以便管理层可以在消耗成本购买监测仪器控制失窃风险与保持现有状况并承担失窃损失两者之间做出权衡。其对超市 2004 年 1 月至 2008 年 2 月连续 50 个月以来发生的商品失窃时间进行统计，数据包括 50 个月以来每个月发生的失窃事件数(见表 3-24),同时还包括其中 50 次失窃所造成的金额损失(见表 3-25)。

表 3-24 过去 50 个月内的失窃事件数 单位：件

6	0	1	2	1	1	1	4	5	6
3	7	4	3	4	3	2	5	4	3
5	6	0	2	4	1	2	2	2	6
7	2	3	4	3	3	3	3	3	4
4	5	2	5	3	2	4	2	3	2

表 3-25 其中 50 次失窃所造成的金额损失 单位：百元

135	2	65	66	22	34	84	84	100	131
66	153	90	63	88	69	40	102	98	67
115	128	15	47	89	26	46	45	49	132
158	44	69	98	69	69	80	64	68	99
87	102	47	118	66	49	90	48	64	44

请结合损失概率和损失程度，对上述风险进行定量评估。

项目 4

风险管理措施

教学目标

- 掌握风险管理措施的类型及各类风险管理措施的内容
- 熟悉风险回避、损失控制、风险隔离和控制型非保险转移的含义、优缺点和适用条件
- 熟悉风险自留、保险、融资型非保险转移的含义、优缺点和适用条件
- 区分各种风险管理措施的类型
- 在不同条件下，合理选择和运用风险管理措施应对风险

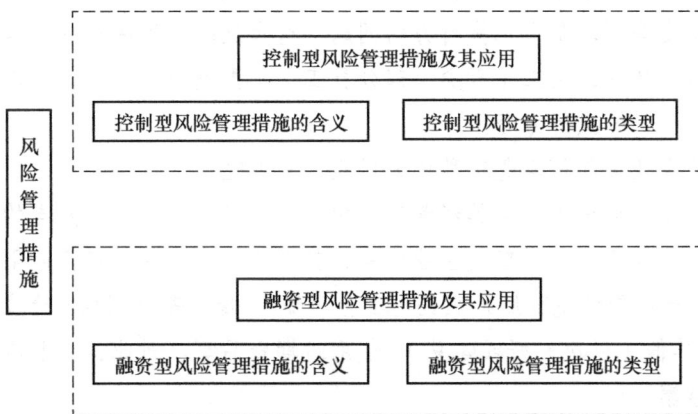

```
风险管理措施
    ┌─────────────────────────────────────────┐
    │         控制型风险管理措施及其应用          │
    │                                          │
    │  控制型风险管理措施的含义   控制型风险管理措施的类型  │
    └─────────────────────────────────────────┘

    ┌─────────────────────────────────────────┐
    │         融资型风险管理措施及其应用          │
    │                                          │
    │  融资型风险管理措施的含义   融资型风险管理措施的类型  │
    └─────────────────────────────────────────┘
```

案例导入

海底捞"老鼠门"事件及其风险建议

2017 年 8 月 25 日,有记者爆出他在著名的餐饮连锁海底捞火锅店"卧底"四个月的成果:后厨出现了"骇人听闻"的卫生问题,照片清晰地记录了海底捞劲松店后厨到处有老鼠的踪迹,后厨清洁人员将扫帚、簸箕、抹布与餐具一同清洗,并且洗碗机内厚厚一层油污没有清理。而在海底捞太阳宫店,火锅漏勺被用作掏下水道垃圾的工具,洗碗机两三个月才清洗一次,该消息瞬间引爆网络。

海底捞在国内经营如此火爆,肯定是有一些成功之处的。海底捞核心竞争力是服务能力。提到海底捞,很多人的第一反应不是想到海底捞的某些菜品或者火锅的口味如何,而是海底捞无微不至的服务,这为海底捞带来了良好的口碑。海底捞奉行的是以公司为家的企业文化,它致力于给员工良好的待遇和舒适的居住环境,并充分给员工放权,让员工有免单的权力,让员工有家的感觉,员工工作起来也更有积极性。因此,海底捞的成功案例也成了各个商学院的研究课题,大家也一致认为企业文化是海底捞成功的关键。

而这次海底捞的两家分店同时被曝光,可以说明这并不是个体员工的偶然行为。海底捞的食品卫生安全问题是员工执行力的问题,这也反映了海底捞的优秀文化正在随着企业的扩张而迅速稀释,员工(至少一部分员工)不再把企业当家,随着文化的流失,自驱力的下降,员工的执行力变差。

那么,餐饮企业该如何避免这种重大风险的出现呢?

首先,餐饮企业应该识别在其经营过程中的风险点,并根据风险点的类型设立相应的监察机构。一般来说,对于餐饮企业而言,其面临的风险主要包括以下几个方面:后厨卫生问题(包括后厨环境和厨师烹饪的卫生习惯)、食品安全问题(检疫问题或严重卫生问题)、食材作假(以次充好或勾兑)、使用过期食品等。对此,企业应强化对服务标准与风险点的监察。

其次,不能忽略战略对风险管理的影响。海底捞的后厨是一般消费者看不见却又极其重要的地方,企业对这些顾客不易察觉的问题的处理方式在很大程度上反映了企业的战略与经营思想。就这些企业的执行力来说,只要在战略上将卫生监管放在比较重要的位置,卫生监管的有效实现必然不是难事,就海底捞的战略来讲,"高品质的服务"是他们能在行业中脱颖而出的法宝。海底捞对服务下足了功夫,却不重视食品安全。注重服务本是好事,但管理如此"偏科"应引起高层的反思。服务质量好是海底捞顶层战略执行落地的结果,公司的战略决定了公司的核心竞争力是服务,关于服务的考核驱动了海底捞的服务升级,由于要追求极致的服务,海底捞制定了"杯子里的水不能低于×××ml,客人戴眼镜一定要给眼镜布,否则要扣××分"等细致的考核指标。后厨问题、卫生问题或食品安全问题却没有相应的考核指标，这也是海底捞从战略上对卫生不重视的结果。

最后，要考虑人力资源管理的风险管理影响。具体来说，人力资源管理体系可以从以下几个方面保障服务的执行力：

（1）匹配相对应的薪酬标准，让员工意识到自己的服务越好，客户满意度越高，其薪酬也就越高，从而形成了员工服务水平、餐饮价格、餐饮品牌好感度的良性上升。

（2）针对性的培训。针对性的培训非常重要，强化服务内容、提升服务标准，是企业服务风险执行力的关键。

（3）企业文化建设，必须与战略执行相匹配，以保障在企业快速发展过程中，企业文化不变色，不稀释。

（4）建立经营战略执行的绩效考核体系。海底捞对服务的考核是很细致的，但是对后厨的考核缺乏严格的规定。同时，要注意对经营团队的引导，使其不能只注重短期利益，需要关注企业品牌价值的塑造，对于高度风险指标，需要纳入一票否决制，严格控制风险出现的概率，从内部自查，杜绝与防范各种风险。

近期，海底捞通过其危机公关，基本已顺利渡过难关，但危机公关只能暂时挽救企业，要想真正提升，企业还需要加强监察体系建设。通过监察，强化风险的识别与控制能力，通过风险管控倒逼企业服务质量与管理水平得到提升，将风险消灭在萌芽阶段。

资料来源：节选自搜狐财经刊载的文章"海底捞与五星级酒店的卫生问题到底如何解决"，文章有删改。

仔细阅读上述案例，回答下列问题：

1．请对海底捞的经营方式和经营理念做出评价。

2．结合上述案例，你认为海底捞在经营方面都存在哪些风险？

3．如果你是海底捞的风险管理经理，你会制定哪些风险管理措施？

通过风险识别这一环节，风险管理者发现了经济单位存在的风险因素；通过风险评估这一环节，风险管理者可以对损失频率和损失程度加以估计和预测。在前面两个环节的基础上，风险管理者还需寻找和确定不同类型的风险管理措施，以与不同风险相匹配，并为最终做出风险管理决策奠定基础。

常见的风险管理措施主要分为两大类，即控制型风险管理措施和融资型风险管理措施。其中，第一类控制型风险管理措施是通过降低损失频率和损失程度来降低风险的，主要包括风险回避、损失控制、风险隔离和控制型非保险转移等具体措施。第二类是融资型风险管理措施，其着眼于事后的经济补偿，主要类型有风险自留、保险及融资型非保险转移等。

任务 4.1 控制型风险管理措施及其应用

4.1.1 控制型风险管理措施的含义

控制型风险管理措施是一个"未雨绸缪"的过程，它是指在风险识别和风险评估的基础上，针对经济单位所存在的风险因素，积极采取控制措施，以消除、减少风险因素或减少风险因素危险性的风险处理方法。其实施过程的目标可分为损前和损后。损前目标，即在风险事故发生前降低损失频率；损后目标，即若风险事故已经发生，则将损失程度降到最低限度。无论是损前还是损后，降低损失频率或者损失程度，控制型风险管理措施都是为了改变经济单位的风险暴露状况，降低风险对企业的负面影响。

4.1.2 控制型风险管理措施的类型

控制型风险管理措施主要包括风险回避、损失控制、风险隔离和控制型非保险转移四类。

1. 风险回避

（1）**风险回避的定义**。风险回避又称规避或避免。在风险识别、风险衡量等工作完成后，若风险管理人员发现某些风险损失的可能性很大，或者一旦发生，损失后果很严重时，可以采取主动放弃原先承担的风险或完全拒绝承担该种风险的行动方案，这就是风险回避。综合来看，风险回避是指考虑到风险损失的存在或风险有可能发生，主动放弃和拒绝实施某项可能引起风险损失的方案，从而避免出现与该方案相联系的风险，以免除可能产生风险损失的一种控制型风险措施。例如，我国保险公司为了避免巨额赔偿的风险，将一部分巨灾风险列为财产保单中的除外责任；又如，国家在进行城市规划、大型水库建设、核能设施兴建等的决策过程中，必须慎重对待建设方案中潜在的可能引发巨大损失的风险，若无有效措施消除或转移该类风险，往往考虑放弃该项计划。

如果仅从处置某些特定风险的角度来看，风险回避无疑是一种最彻底的控制风险的措施，其将损失发生的概率降为零，完全避免了此项风险的发生。例如，企业生产某种产品时，存在着由于顾客受到该产品伤害而导致企业因产品责任向顾客赔偿的可能性，企业则有可能因为此风险隐患而决定不生产该产品。虽然在某些情况下，风险回避是风险管理的唯一选择，但它是一种相对消极的方法，如果经常采用风险回避的方法，企业可能在很多情况下无所作为，从而无法实现最基本的目标。因此，从某种意义上说，风险回避是对付风险的最后一种方法，在其他方法都无效时才考虑使用。

（2）**风险回避的局限性**。风险回避是对可能造成损失的活动采取规避和放弃的态度，这种方式有其优点，即可以从根本上杜绝某种风险的出现，无后顾之忧，但同时也有其局限性，从而限制了这一方式的适用范围。具体来说，其局限性主要体现在以下几个方面：

1）在特定的时间和空间，有些风险是无法规避的，如地震、海啸、暴风等自然灾害。

2）风险的存在往往伴随着收益的可能，放弃了某种风险也意味着放弃了这项风险所带来的收益。当代社会中商品经济相当发达，任何一种经济行为都存在一定的风险，若仅仅为了防止风险的发生而放弃了该项经济行为，则其经济收益也相应付诸东流。

3）在回避一种风险的同时，可能产生另一种新的风险或加强已有的其他风险。例如，人们为回避飞机坠毁的风险而改乘汽车旅行，但从行驶里程的意外事故死亡率来看，乘汽车比乘飞机的风险高得多。不乘飞机，固然能回避飞机坠毁的风险，改乘汽车却产生了汽车发生事故而伤亡的风险，而且是更大的风险。

（3）**风险回避的适用条件**。风险回避一般适用于以下几种情形：损失概率和损失程度都比较大的特定风险；损失概率虽然不大，但后果严重且无法得到补偿的风险；采用其他风险管理措施的经济成本超过了进行该项活动的预期收益。

延伸阅读

泰国普吉岛翻船事故：本可回避的风险

泰国当地时间 2018 年 7 月 5 日下午 5 时 45 分，也就是北京时间 2018 年 7 月 5 日下午 6 时 45 分，在泰国南部普吉府，两艘载有 127 位中国游客的游船在返回普吉岛途中突遇特大暴风雨，分别在珊瑚岛附近和梅通岛附近发生倾覆。此次翻船事故的 127 名中国游客中，已有 78 人获救，16 人失联，33 人死亡（含 16 名尚待最终确认身份的遇难人员）。

两艘游船都是"顶风"出海，也都在返岛途中倾覆；共载有中国游客 127 人；事发地是热门旅游目的地普吉岛……这些非正常的和贴近性的因素，让这起发生在异域的突发事件在国内的关注度不断提高。遇难者三十多人，失踪者也有数十人，这些数字，绝非统计学上的冰冷数据，而是有血有肉的生命。

除祈祷与希冀之外，对事故原因的刨根式追问，也不可或缺。这既关系到事故的责任追究问题，也涉及境外旅游安全防范与风险防控层面存在的问题。

据多方还原，7 月 5 日上午，泰国天气不错，但下午会有暴风雨。"风暴天不宜出海"是安全常识，依照我国的《海上大风预警等级》等标准和各地方相关规定，船舶不得在风力超过自身抗风等级的情况下在海上航行；虽然出海船只风险管理会跟其适航风力等级挂钩，但有的地方明确说明，8 级以上大风所有渔业船舶不得出海。

泰国当地政府在当天已多次发布风浪提醒，但涉事游船依然出海。这里面，究竟是风浪提醒的预警级别不够，跟船务公司之间存在信息传达上的"断链"，还是船务公司或工作人员不守规则、缺乏起码的风险意识，亟待厘清。对游客来说，安全兹事体大。而保障游客的旅游安全，是旅游地和在线旅游平台等多方的责任。遗憾的是，在该事故中，本该可以规避的"游船惊魂"场景，最终还是上演，而那些遭遇不测的中国游客成了风险承担者。对旅游地而言，也会付出相应代价：前端的风控乏力，往往带来的是不菲的事后性补救成本——事发地风高浪急，搜救难度和成本堪称巨大。

这也提醒了许多国内游客：眼下境外游已成时髦的出游选择，但游玩时也要将安全放在首位，对旅游地的安全设施与风险管理情况有所了解，避免将自身安全寄附在"安全防范黑洞"上。这不是说，境外游就得把"安全弦"绷得很紧，遭遇翻船事故只能怪自己不小心，而是说，出门在外在安全方面多注意，这很有必要。希望这类事件，今后能被旅游地、有关企业、游客等多方用风险意识扼杀于萌芽之中。

资料来源：凤凰网文章"普吉岛翻船事故：惊魂之旅何以成行"，文章有删改。

2．损失控制

损失控制是指有意识地采取行动以降低损失频率或损失程度。这种方式主要为了改善企业风险条件，使风险发生的可能性减小，或通过改善风险单位的特性，即使发生损失，后果的严重程度也降至最低限度，从而使企业不丧失获利的机会，因此，它是各类风险管理措施中相对积极主动的技术。

从目标上来看，损失控制一般分为两种：一是在损失发生之前，全面消除损失发生的根源，尽量降低损失发生的概率，这种类型的措施一般称为损失预防；二是在损失发生之后，努力减轻损失的严重程度，这种类型的措施一般称为损失抑制。

损失预防是努力防止损失的出现，或者降低损失发生的可能性，虽然防止所有损失的发生是不可能的，但确实可以起到一定的减少损失发生可能性的作用。例如，禁止酒后或疲劳驾驶，对驾驶员进行驾驶技术考核，颁布安全条例和定期对车辆进行检修等，可以有效降低车祸发生的概率；定期对建筑物的电线电路进行检查，也可以降低因电线短路而引发火灾的概率；对于列车上吸烟可能引起火灾的风险因素，则可以规定车厢内严禁吸烟，划定车厢的连接部位为特定吸烟区域等，这些都属于损失预防的范畴。

损失抑制则不同，这类措施的实施既不能保证风险不发生，也不会降低风险发生的可能性，其作用在于当风险已经发生时，尽可能地让损失最小化。例如，在汽车上安装安全气囊，虽然安装安全气囊不能阻止损失的发生，但如果事故一旦发生，可减少驾驶员可能受到的伤害；又如，在建筑物中安装自动喷淋系统，虽然不能阻止风险的发生，但一旦着火，可及时控制火势。

当然，这两种措施也不是完全独立的，某些损失控制的措施既有损失预防的功效，也有损失抑制的效果。例如，对汽车驾驶员进行安全教育的培训，既从人的方面降低了损失发生的概率，又能在事故发生时，凭借驾驶员的一些自助的方法有效地降低损失程度。

延伸阅读

损失预防的方法

损失预防的方法主要有工程物理法、规章程序法等。这里详细介绍工程物理法。

损失预防的措施如果侧重于风险单位的物质因素，则称为工程物理法。例如，防火结构的设计、防盗系统的设置、机器的安全检查等都属于工程物理法。

按照工程物理法的理论，损失预防所采取的具体措施主要包括以下几个方面。

（1）预防风险因素的产生。例如，造纸厂在堆草垛时，应该严格按照有关方面的规定，使每个草垛的重量、体积及草垛之间的距离等都能满足风险防范的要求，防止某个草垛燃烧，造成其他草垛的损失。

（2）减少已经存在的风险因素。例如，用新的电线替换已经老化、破损的旧电线，可以减少已经存在的风险因素，达到减少损失的目的。又如，通过限制生产车间易燃、易爆物质的存放量，可以预防火灾事故的发生。

（3）防止已经存在的风险因素释放能量。例如，保持汽车刹车系统处于良好状态，以保证其功能不致失效，预防风险事故的发生。又如，在建筑工程中，限制工人登高的人数，可以预防工人摔伤的风险。

（4）改善风险因素的空间分布和限制能量释放的速度。例如，在建筑工程中，安装防护栏，可以防止登高工人摔下来。又如，使用限制能量释放速度的缓冲装置，能量一旦释放出来，就能够采取通风、排气等措施，使能量无法积累到引发风险事故发生的能量下限。

（5）在时间、空间上将风险因素与可能遭受损失的人、财、物隔离。例如，用道路护栏、过街天桥分离行人和机动车辆，可以避免机动车撞人的风险。又如，遇到大雾天气关闭机场和高速公路等，可以将风险因素与可能遭受损失的人、财、物隔离。

（6）借助物质障碍将风险因素与人、财、物隔离。例如，利用防火墙将两栋紧挨的房子分开，其中一栋房子发生火灾时，防火墙可以起到阻止火势蔓延、减少损失的作用；而对于未遭受火灾的房屋而言，防火墙可以起到损失预防的作用。

（7）改变风险因素的基本性质。例如，在容易产生静电的绝缘材料中，加入少量抗静电的添加剂，以增强材料的吸湿性，预防风险事故的发生。又如，在有爆炸性粉尘飞扬的空间，使空间通风、减低粉尘浓度可以预防粉尘爆炸事故的发生。

（8）加强风险单位（或个人）的防护能力。例如，为了防止粉尘危害职工身体健康，要求作业工人佩戴防尘口罩、防尘衣、防尘面罩等，可以预防职业病的发生。又如，为了防止雷电危害，建筑物安装避雷针、避雷线、避雷网、避雷带等，可以预防建筑物遭遇雷击的风险。

（9）救护被损害的风险单位。救护被损害的物质、人员等，可以减少风险事故造成的损失。例如，火灾发生后，抢救受损物资、受伤人员等措施，可以减少风险事故带来的损失。

（10）修理或者复原被损害的风险单位。例如，受伤人员的康复、被损害物品的维修等，都属于修理或者复原风险单位，修理或者复原风险单位可以减少损失。

资料来源：360 百科。

课堂讨论

请以学校的教学楼为例，说明学校教学楼都面临哪些风险？学校采取了哪些措施来应对，其中，哪些属于损失预防，哪些属于损失抑制？

3．风险隔离

风险隔离是把风险单位进行分割或复制，尽量减小经济单位对某种特殊资产、设备或个人的依赖性，以此来降低因个别设备或个别人员遭受意外事故而造成的总体上的损失。从具体实现的途径来区分，主要包括分割风险单位和复制风险单位两种类型。

（1）**分割风险单位**。分割是将面临损失的风险单位分割，将现有资产或活动分散到不同的地点，而不是将它们全部集中在可能毁于一次损失的同一地点，即"化整为零"。保险上所讲究的"不要把鸡蛋放在同一篮子里"就是在描述此过程。例如，公司的核心高层如果必须同时到同一地点出行，尽可能分开搭乘航班，防止因航班事故而导致全军覆没的风险；大型卖场中往往设置防火的卷帘门，预防一处着火而波及其他位置的风险。

课堂讨论

企业老总背负巨债，企业资产未曾隔离

企业老总董某，在外逃了近两年后被警方押解回国。随着董某的回归，其背负 1 亿元外债的前因后果也终于浮出水面。

只有小学文化的董某十几岁起便外出打工，靠着自己吃苦、肯干、爱钻研的品质，30 多岁就在辽宁省一家合资企业做到了中层管理人员的位置。后来，董某凭借多年的工作经验，自立门户开办鞋厂，还获得了原企业老总的大力支持。

2011 年，经招商引资，董某注册成立鞋业有限公司，2013 年，受市场低迷影响，董某鞋厂销量锐减。为了维持企业运行，董某及其家人开始大量举债。

为了增加融资能力，董某一家开始互为担保，向民间借高利贷。由于董家在当地较有名望，为当地做了不少好事，因此没有人对董家的偿债能力产生怀疑。如此反复借贷，最终使其公司负债累累。

由于金融危机，企业经营状况并没有好转，欠下的债务越来越多，最终形成了一个巨大的债务黑洞。

由于担心东窗事发，董某只能举家逃亡印度尼西亚。到了印度尼西亚后，由于语言不通及心理落差巨大，家人间的矛盾不断升级，父子反目，妻子也离家出走不知所踪。而在董某逃亡的这段日子里，其家产也被债主瓜分殆尽。公司也被银行申请财产保全，别墅等其他财产也被银行收回拍卖。

大部分企业主（包括股东身份）在全身心投入到企业的经营管理中时，往往忽略一个重要问题，那就是家庭财富与企业经营之间需要设立一道防火墙，以防企业牵连家庭。文章中的董某，举全家之力为企业融资，连带家人为其做债务担保，最终结果就是家人反目，流离失所。

资料来源：搜狐财经文章"个人、企业资产不隔离！公司债务侵蚀家庭，几乎倾家荡产"，文章有删改。

阅读上述材料，请讨论：

1. 上述文章体现了什么样的风险观念？为什么？

2. 请结合身边的一些与风险隔离相关的事例谈谈自己对当前资产隔离的看法。

（2）**复制风险单位**。与分割风险单位的方法不同，复制风险单位是指增加风险单位的数量，准备备用的生产资产或设备，在使用的资产或设备遭受损失之后才投入使用备用的资产和设备。例如，重要资料进行备份，重要岗位配备后备人员等。

上述两种方法会起到一定风险防范的作用，但会增加企业费用开支，并且由于风险单位数量增加，也会增加一定的损失频率。

4. 控制型非保险转移

风险转移是将自己所面临的风险转移给他人承担的方法，分为保险转移和非保险转移。其中，保险转移是风险转移很重要的一种类型，人们通过购买保险，将风险转嫁给保险公司。由于保险这一方式使用非常广泛，我们将在后文中单独介绍。非保险转移又分为控制型非保险转移和融资型非保险转移，控制型非保险转移是将财产和经营活动本身转移，以消除或减小转让人对受让人损失的责任，并消除转让人承担的对其他人损失的责任。融资型非保险转移是指经济单位将自己可能的风险损失所致的财务负担转移给保险人以外的其他经济单位的一种风险处理手段，其实质是通过风险的财务转移，使转让人得到外来资金，以补偿风险事故所造成的损失。

控制型非保险转移不是通过回避、放弃或分割的方法中止与存在的风险的联系，而是通过经济活动，将生产过程中的风险转移到其他地方，因此它并没有起到真正降低损失概率和损失程度的作用，而是减小了自身的财务负担。控制型非保险转移有以下几种类型：

（1）**转移风险源**。对风险的来源进行分析，主要有两种情况：一是所拥有的财产遭受损失的可能；二是在生产经营活动中造成他人生命财产损失，从而需承担赔偿责任的可能。将这些风险源进行转移，就可以转移风险。

转移风险源可以通过出售承担风险的财产来实现。对于有些财产所有者承担的风险，如火灾、贬值和一些责任方面的风险，通过出售该财产就可以转移风险。例如，一批出口货物从出口商转移到进口商手上后，与这批货物有关的风险（火灾、盗窃、跌价等）也同时转移给了进口商。

同时，企业还可以通过出租财产的方式达到风险源转移的目的。对于必须由财产所有人承担的风险，而财产所有人又不愿意放弃产权的，可以将财产租出，把风险转移给财产使用人。

风险源还可以通过分包或外包合同的方式转移出去。所谓分包是指将带有风险的活动转移出去。在现代经济条件下，社会分工越来越明细化，分包既提高了工作效率，又降低了生产风险。分包多用于建筑工程，建筑承包商对于工程中的原材料和人工方面价格变动的风险，以及施工中发生事故造成人身伤害和财产损失等风险，可以通过把相关工程分包出去把风险转移给分包商；高空作业的工程风险较大，承包商可以将高空作业的工程部分分包给专业的高空作业工程队，从而将与高空作业相关的人身意外伤害风险和第三者责任风险转移出去。而对于专业工程队来说，因为在经验设备、技术等各方面都有所加强，相对来说风险较小。

（2）**签订免除责任协议**。责任风险造成的后果可能是非常严重的，对于这样的风险，应对措施非常有限，而签订免责协议则是比较有效的转移风险的方法。例如，医生、建筑师、律师和会计师等专业人士就常常受到责任风险的困扰，他们可以通过与客户签订免责协议来摆脱这样的困扰。比如医生在做手术之前，通常会要求病人家属签字，一旦手术失败，医生不负责任；律师也可以与委托人签订免除责任协议，如果诉讼失败，律师不承担责任等。

企业产品对他人人身财产造成损害，或者顾客在企业的经营场所受到伤害，企业都可能承担赔偿责任，免除责任的安排有可能使企业免除相关的责任。例如，烟草公司在香烟盒上印上"吸烟有害健康"的警示语，商店在顾客可能摔跤的地方放置"小心滑倒"的告示牌等，这些都是免责的安排。

课堂讨论

某公司自发性户外活动免责协议（节选）

免责条款

1．本活动属于非营利性自助出行活动，当由于意外事故、突发气候变化和急性疾病等不可预测因素造成身体损害时，团队的发起者和同行者有义务尽力救助，但如果造成了不可逆转的损害，团队的其他成员不承担任何责任。团队的任何一名队员都应本着"尽力救助，风险自担"的原则参加活动，活动发起者和组织者亦不承担任何法律和经济责任。

2．凡报名参加者均视为具有完全民事行为能力的人，如在活动中遭受人身损害，团队的发起者和同行者不承担赔偿责任，由被损害人依据法律规定和本声明依法解决，凡报名者均视为接受本声明。

3．由他人代报名者，被代者如在活动中遭受人身损害，组织者、领队不承担任何赔偿责任。

4．由于现在没有与户外活动相应的保险，活动组织者也没有义务代为购买保险；活动组织方不是旅行社，所以也不能购买旅行保险，所以建议大家自行购买商业的人身旅行意外保险。

5．参加活动前，参加者必须事先与自己的家属沟通，取得家属的理解和支持，同时知道并同意该免责声明。参加者签名后视作其家属已知情并同意，否则后果由参加者自负。

6．自驾车活动期间一旦发生交通意外，同车搭乘者认可只在该车已投保的保险范围内接受赔偿，不再另行向该车主人或司机索赔。

7．在参加涉水的活动时，参加者必须事先申明自己能否游泳，让组织者和同行人知道；不会游泳者必须自行携带救生工具并不得单独在水边游玩；无申明者视作能游泳，责任自负。

8．该免责声明必须参加者自己认真阅读认可，代为报名者视作已沟通并被授权，否则代报名者承担后果。

9．如恶意侵犯他人或其他涉及犯罪行为，不在此免责范围内，必须承担相应的法律责任。

10．所有参加活动的参加者应发扬团结互助、助人为乐的精神，在力所能及的范围内尽量给予他人便利和帮助，但任何便利和帮助的给予并不构成法律上的义务，更不构成对其他参加者损失或责任在法律上分担的根据。

11．自驾游的车辆、设施以及有关装备属于参加者自己所有，所产生的一切安全风险及责任由参加者自行承担；搭车人自愿放弃向本车辆所有权人或者驾驶员索取赔偿和追究法律责任的权利，自己负责治疗和处理交通事故带来的伤害。考虑到自驾游有一定的危险性，强烈建议参加者自行购买意外伤害保险。

12．该免责声明目的是向活动发起人、组织者和同行者再次明确自驾游活动的风险，提高自律能力和抗风险能力，避免一些不必要的后果，让自驾游活动更安全、更快乐。

注：谢绝缺乏团队精神的人参加我们组织的骑车活动！

签订人：

年 月 日

请仔细阅读以上文字，并说出这些免责条款分别对哪些风险进行免责。

（3）**利用合同中的转移条款**。在一些经济活动的合同中，可以在合同条款中做出安排，把本来承担的风险转移给另一方。

任务 4.2　融资型风险管理措施及其应用

前面的项目中所介绍的控制型风险管理措施，对于企业或者家庭而言无法完全消除风险，只是尽可能降低损失概率和损失程度。为了应对未来损失，人们应该采取一些融资措施，损失一旦发生，受损失经济单位能获取所需的资金，为其恢复正常的经济活动提供财务基础，这就是风险管理的另一种方法，即融资型风险管理措施。

4.2.1　融资型风险管理措施的含义

融资型风险管理措施又称财务型风险管理措施，是指通过事先的财务计划或者合同安排来筹措资金，以对风险事故造成的经济损失进行补偿的风险处理方法。与控制型风险管理措施不同，这种类型的方法并不试图改变风险，而是在风险导致损失发生时，保证有足够的资金来补偿损失，使企业能够尽快恢复生产。所以，融资型风险管理措施是以财务方法应对风险的，故也称为损失补偿的筹资措施，其关键是要有恰当的筹资方式，保证损失发生后补偿资金的可得性。

4.2.2　融资型风险管理措施的类型

1．风险自留

（1）**风险自留的含义**。风险自留又称风险承担或风险自担，是风险财务安排最为基本的形式，它是指由经济单位自己承担风险，并对风险所导致的一切后果，特别是损失后果负责。和其他财务型风险管理措施一样，它只是在损失后提供财务保障。风险自留和前文所提到的风险回避有一定的共同之处，即在进行某项活动或计划时，就已经意识到某种风险的存在了，但风险回避是以放弃和中止这项活动或计划的方法来处理的，而风险自留则继续实施这项计划，只是在财务上做好安排，一旦发生损失，有相应的资金安排做保障。例如，某投资人需在某地建造某工厂，由于选址不慎而将厂址选在河谷中，极易受到洪水的影响，若提前得知且可以变更决定，则该投资人可以变更修建地址，用风险回避的方式来规避风险；若变更地址的成本过高，并且保险公司又不愿为其承担保险责任，该投资人只好承担全部风险，但可以提前做好相应的资金安排，如建立专用风险基金等，这就是风险自留。

任何一种风险管理技术都不是万能的，都有其局限性和适用范围。对于企业的某些风险，可能其他风险管理技术均不适用，或实施成本很高，此时只能选择风险自留。另外，由于经济和自然环境的复杂性，人们无法事先掌握所有风险的发生规律，也无法事先对所有风险损失进行安排，那些被遗漏的风险也只能由企业承担，故风险自留在风险管理技术中常被视为一种处理剩余风险的技术。当然，这并不意味着风险自留是一种消极的技术，相反，在一定条件下，它与保险等其他的技术结合使用，可以取得积极有效的效果。

（2）**风险自留的种类**。从性质来看，风险自留可分为主动风险自留和被动风险自留。

所谓主动风险自留是指风险管理人员识别了风险的存在并对其损失后果有了较为准确的评价和比较了各种管理措施的利弊后，有意识地决定不转移有关的潜在损失风险，而由自己承担。

被动风险自留一般有以下两种情况：一是没有意识到风险存在而导致风险的无意识自留；二是虽然意识到风险的存在，但低估了风险的损失程度，或对其严重性认识不足，怀着侥幸心理而自留了风险，从而最终由经济单位自己承担风险损失。

按风险自留的程度可将风险自留分为全部风险自留和部分风险自留。损失概率高而损失程度小的风险最宜于主动采取全部风险自留，而部分风险自留应当与其他方法一起运用。例如，购买带有免赔额的保险等。

（3）**风险自留的资金来源**。在采用风险自留的方式后，最为重要的是必须对风险的损失后果采取恰当的应对措施。这些应对措施是以资金准备为主的，即在损失发生时有足够的资金对损失进行补偿，所以，解决补偿资金的来源问题最为关键。风险自留的资金一般来源于以下几个方面：

1）现收现付。对损失频率较高而损失程度较低的风险，一旦损失发生，企业可以用现有的现金流量或当前财产加以补偿，而无须有专门的财务安排。这种看似无所作为的损失补偿方法称为现收现付法。当然，采用这种方法并不真的无所作为，风险管理人员必须在对风险加以准确识别和评价后，才能确定这种方法是否适用。

2）提取准备金。

① 非基金制的意外损失准备金。因为无法预测风险何时发生，并且一旦发生损失程度较大的风险，用现收现付方法无法提供足够的资金补偿，企业可以在会计年度预提一笔意外损失准备金，以备不时之需。企业每年能够拨出多少资金用作意外损失准备金，要以历年损失资料为依据，以企业的年净现金流量情况为决定因素。财务实力和管理者的主观判断也会影响准备金提存的数量。

建立意外损失准备金这种方式有其优点，即可以节省附加保险费、促进企业稳定经营、获取投资收益、降低道德风险等。同样也有其缺点：如其效力的发挥往往受限于基金的规模；如果在基金积累期间发生的损失超过了基金累积的数额，则需要动用企业其他资金来源予以弥补，从而可能造成企业财务周转困难；同时，也难以享受免税或递延纳税的优惠。

② 专用基金。企业可以为不同的用途建立专用基金，如设备更新改造基金、坏账备抵等。采取建立专用基金的方法，企业能够积聚较多的资金储备，因而能自留更多

的风险。同时，企业在利润较高的年份提存较多的专用基金，来应付未来的巨额损失风险，以平稳度过损失较多的年份。专用基金即通常所说的"自保基金"，其最大的不足之处在于，在许多国家这种基金是需要纳税的，而交给保险公司的保险费则是税前列支的。

3）借入资金。当意外损失发生后，企业又无法从内部筹资到足够的资金度过财务危机时，一种可行的选择是从外部借入资金，如建立信用额度或筹集外部资金。

① 建立信用额度。未发生损失时，企业与金融机构就未来可能发生的损失达成贷款条件的协议，金融机构承诺一旦发生风险将按约定利率融通约定金额的借款。信用额度能缓解现金需求的压力，而借款必须如期偿还，支付损失的负担最终还是由企业股东来承担。此外，银行对企业做出借贷资金（尤其当资金量较大时）的保证，可能收取一个相对较高的利率。

② 筹集外部资金。它是在较大的损失事故发生后所采取的临时借贷行为，可以解企业燃眉之急。受损后，企业资产价值严重贬值，经营状况不稳定，信誉下降，这给借贷带来一定的困难。即使借贷成功，由于需求的迫切，也将导致贷款利率提高或附加其他苛刻的贷款条件。尽管如此，筹集外部资金仍不失为一种有效的手段，因为保证企业生存和业务正常进行是最重要的目的。

4）专业自保公司。专业自保公司是那些由非保险企业母公司拥有的，主要业务对象即被保险人为其母公司或其子公司的保险公司。人们发现，保险费可以作为企业经营的必要成本从应税所得中扣除，而作为应对风险的损失预算资金或专用资金一般是不能免税的。因此，人们希望能有一种机制，使风险管理经理在风险管理中既能保持风险自担的好处，又能使风险管理的成本获得税收上的利益，专业自保公司就是一种这样的机制。

延伸阅读

专业自保公司

专业自保公司是一种由其组织上隶属的母公司紧密控制的，专为其母公司提供保险服务的组织机构。母公司直接影响并支配着该专业自保公司的运营。专业自保公司是决定风险自留的企业避免不合理税收的技术性产物，也是企业利用内部基金进行风险融资的高级形式。

专业自保公司在19世纪中期就出现了，当时由于投保人发现传统的保险险种和保险费率无法满足他们的保险需求，因而创建了自己的保险机构。例如，在19世纪40年代，美国的一些船东不满意伦敦劳合社承保人提供的海上保险服务，于是创办了 Atlantic Mutual；1845年，伦敦的一些货栈主因为无法从保险人那里获得所需的保险保障，于是创办了 Royal Insurance Company 来满足其承保要求。然而，这只是一些相互独立的事件，只能看作专业自保公司的萌芽和雏形。直到20世纪60年代初，专业自保公司才开始真正发展起来,现在已成为国际保险市场上一支十分重要的力量。早在 2005 年年底,全球范围内专业自保公司的数量已超过 5 000 家,总保险费收入接近 260 亿美元,总投资已逾 1 400 亿美元。国际上越来越多的企业拥有了自己的专业自保公司,据统计,目前在世界财富 500 强企业中有超过 70% 的企业设立了专业自保公司。

一、专业自保公司的分类

专业自保公司根据其所有权、经营范围、运作功能和注册地点的不同而有所差别。因此,可将专业自保公司分为以下几类:

1. 按所有权划分

专业自保公司既可以由一家独立的企业拥有,也可以代表多个彼此并不相关企业的利益。前者被称为单亲专业自保公司,占了全球专业自保公司总数量的 75%,后者被称为多亲专业自保公司,各参与公司共出保险费、共担风险,这种方式在美国十分流行。另外,还有一种专业自保公司协会,其组织框架和经营目的方面同多亲专业自保公司相似,区别仅在于专业自保公司协会是由专业组织、贸易协会和其他类似机构组建的。

2. 按经营范围划分

专业自保公司可以分为纯粹专业自保公司和开放市场专业自保公司。前者是仅仅承保其母公司业务的专业自保公司,大多数专业自保公司建立在这一基础之上。后者除了承保其母公司的业务,还承保其他公司的风险,即承保所谓"非相关业务"。

3. 按运作功能划分

一家专业自保公司既可以在直接基础上经营也可以在再保险的基础上经营。基于直接方式运作的专业自保公司直接向客户签发保单;而基于再保险方式运作的专业自保公司将通过公司出面与保险人签发保单。由于许多国家对于部分或全部业务仅允许那些被授权或那些因符合法律中的地域要求而得到批准的保险公司来经营,所以直接专业自保公司在业务上受到了限制。

4. 按注册地点划分

由于某些原因(如税率低和管制松等),许多专业自保公司都设立在"离岸"地区。百慕大地区聚集了全球 1/3 以上的专业自保公司,这是因为该地除无所得税和外汇管制外,还有发达的证券交易系统、稳定的政治环境、完备的商业法律体系、高度发达的司法和专业人才结构、便利的海空交通和高度发达的保险业等强大优势。除了百慕大,专业自保公司的聚集中心还有开曼群岛、佛蒙特、巴巴多斯、卢森堡、新加坡、中国香港等地。然而,由于法律框架和政治方面等原因,一些专业自保公司还是在国内组建。

5. 按经营方式划分

按经营方式划分,自保公司可以分成单一自保公司、联合自保公司、风险自留集团、公共机构集团和租借式自保公司 5 类。

二、专业自保公司的主要作用

1．税收考虑

企业在购买保险时，所支付的保险费作为企业经营所必要的成本，可以从应税所得中扣除。但是，风险自担的成本一般是无法从应税所得中扣除的。即使是在风险自担时所发生的损失，由于其每年的变化很大，也可能无法享受税收方面的优惠。因此，人们很自然地会想到寻找一种方式，使企业既可以得到自担风险的好处，又能得到税收方面的利益。设立专业自保公司似乎就是一种这样的方式，因为企业这时支付的是保险费。当然，在很多情况下，企业支付给专业自保公司的保险费并不能作为经营成本从应税所得中扣除。所以，现在从税收方面考虑建立专业自保公司的情况很少，但税收考虑确实是早期人们建立专业自保公司的一个动机。

2．满足保险需求

早期人们设立专业自保公司在很大程度上是由于传统的保险使人们无法得到某些保障才不得已而为之。人们利用传统保险时在以下三个层次上可能遇到困难：①有些情况下可能无法得到保险。在有些情况下企业想购买保险而又无法买到，特别是承保责任风险的保险，如产品责任，包括医疗责任、建筑师责任和工程师责任、会计师责任、污染责任等。②传统保险成本太高。在有些情况下，虽然可以购买传统的保险，但这些保险的价格高昂。③有些风险从来就没有保险。对于一些风险，传统的保险市场根本就没有提供过任何的保险，或者不存在具有合理规模的市场，包括罢工保险、产品保证保险、产品召回风险保险和其他被人们认为不能保险的风险。

3．降低保险成本

尽管人们设立专业自保公司的最初动机是因为保险市场产品有限制和希望享受税收方面的优惠，但是，在过去30年里组建的大部分专业自保公司都是基于简单的愿望，那就是降低保险费用。

随着工业资本价值的不断增长和风险成本的持续上升，要求各大企业寻找一些方法来降低这些成本的压力。这些压力的不断增加和人们对风险管理理解的不断深化，使得专业自保公司作为节省保险成本的途径而受到人们的重视。

专业自保公司对保险成本可以起到一定的节省作用，同时可以减轻商业保险公司的社会负担。

专业自保公司对保险成本的降低还体现在它直接参与再保险市场来节省超额风险的管理成本。我们已经知道，一般的风险自担措施必须与保险结合起来应用，其中，购买超额风险的保险是比较常见的做法。一些采用风险自担策略的企业一般只能在保险的零售市场上购买超额风险的保险，很少能直接进入再保险市场，因为许多再保险公司只与保险公司做交易，而不同非保险公司打交道。而同样的企业，在建立专业自保公司后，保险的选择范围就宽得多了。

4．改善现金流量的愿望

保险公司从收取保险费到出险并对损失做出赔偿之间，一般需要相当长的时间，这使得保险购买者总觉得保险公司在这段时间内享有现金流量的好处。所以在近30年，保险公司所享有的这种现金流量上的好处成了一些保险购买者建立专业自保公司的动机。这些保险购买者的主要想法就是通过建立专业自保公司获取其保险费的潜在投资收益。

5．新的利润中心

上百家专业自保公司已经发展成为保险公司和再保险公司，向其他企业提供保险业务，成为新的利润增长点。尽管把对外提供业务以获取利润作为设立这些专业自保公司的主要动机很牵强，但这对企业来说确实是一种利益，可以认为是对专业自保公司形成的其他原因的一种支持。值得一提的是，虽然一些专业自保公司通过对外提供保险业务为母公司创造了利润，但也有的走了歪路，导致破产。

6．帮助资金在国际市场转移

一些国家对外汇管制相当严格，资金流出国门非常困难。建立专业自保公司有可能成为企业资金转移的一种途径。

三、专业自保公司的优势

1．对保险成本的分析

首先，由于传统商业保险市场上的"逆选择"问题使投保的一部分低风险企业不得不承担一个较合理费率更高的平均费率。由于信息是不对称的，即投保企业比保险公司更清楚自己可能遭遇的损失赔偿风险，因此这些低风险的公司以建立自己的专业自保公司作为一种新的风险融资安排，从而改变在传统保险市场中所处的不利地位。从这个意义上讲，专业自保公司的建立暗含一个前提，就是它所提供的保险服务的对象——被保险企业的潜在损失风险较小，这也决定了专业自保公司的保险费率比较低。

其次，专业自保公司作为企业的一种风险融资工具，可以减少或者避免许多在传统商业保险市场上的花费，如佣金、保险费的赋税等，从而为企业节约了大笔的保险费支出。

再次，专业自保公司这种机制可以降低传统商业保险中产生的道德风险，通过减少损失来降低企业的保险成本。传统的商业保险在一定程度上降低了被保险企业防范损失和减少损失的积极性，因为企业知道自己的损失会得到保险公司的赔偿。这种情况使得实际的损失往往超过本来的水平，从而也造成了现实生活中高额的保险费率。而建立专业自保公司的企业会继续保持原有防范、减少损失的积极性，督促风险控制工作的进行，加强风险控制的力度，因此从客观上降低了企业的保险成本。

2．对机会成本的分析

传统的商业保险公司提供的企业保险一般以一年为期限，要求投保企业在保单年度初始就缴纳保险费，而保险公司支付损失赔偿金往往滞后一段时间，这就使企业丧失了可用现金流在这段时间内的投资收益，造成了很高的机会成本。当面临高收益的投资机会并对投资回报有良好的预期时，专业自保公司能够在最大限度内降低母公司的保险费现金流出，允许母公司自由灵活地支付保险费，有的甚至允许母公司在灾害事故发生后再支付保险费。专业自保公司所提供的优惠的保险费支付安排能够优化企业的现金流管理，有利于增加企业的投资收益，降低投保的机会成本。

3．对税收待遇的分析

如前所述，建立专业自保公司作为企业风险自留的一种特殊形式，其产生之初的一个很重要的动机在于获得税收方面的优惠。相对于企业风险自留的其他融资形式，专业自保公司被税收部门归于保险公司一类，不但可以在已决赔款和费用中享受税收减让，而且能够在报告赔款和发生未报赔款准备金中获得税收减免。另外，专业自保公司还可以享受离岸注册地给予的税收优惠待遇。

4．对承保能力的分析

专业自保公司提供的承保服务较传统的商业保险在承保范围和灵活性方面均有所突破。

从承保范围的角度来看，在传统的商业保险中，企业和保险公司经常就什么风险可以承保、什么风险不能承保争论不已，以至常常妨碍正常保险业务的办理，有时还会动用诉讼来解决争议。而专业自保公司的立足点是为企业提供充分的保险保障，可以为其不断变化着的、特定的投保需求提供承保范围更宽的保险服务。这一优势在风险形式千变万化的当今社会尤为重要。

从承保灵活性的角度来看，专业自保公司可以为企业提供更具个性化的承保服务。一方面，它既可以根据企业自身的需要提供较传统商业保险更高金额、更长期限的保险产品，也可以为企业量身定做不同的保险产品组合，即将企业面临的不同种类的风险"打包"承保；另一方面，专业自保公司能够根据母公司旗下各子公司的风险水平和特定需求来确定相应的、不同的保险费率、承保金额和自留额度等保险条款，具有很强的针对性和灵活性。

资料来源：选自360百科文章"专业自保公司"。

2．保险

在融资型风险管理措施中，保险是一种非常常见的方法，在风险管理中的应用非常广泛。

（1）**保险的含义**。保险是企业或个人通过缴纳保险费，将自身面临的风险负担转移给保险公司的过程，即以小额的固定成本（保险费）替代大额不确定损失。

从经济学的角度来看，保险是分摊风险事故损失的一种财务安排。保险人通过集中大量同质风险，依靠大数法则来较准确地预估损失发生的概率和金额，并据此制定保险费率，同时通过向所有投保人收取保险费来补偿少数成员遭受的损失。因此，它体现的是"一人为众，众为一人"，少数人的损失由大多数人来共同承担的原则。

从法律的角度来看，保险是一种合同行为，即通过签订保险合同，明确双方当事人的权利与义务，以客户缴纳保险费为条件获取保险合同规定范围内的赔偿，保险人则有收取保险费的权利和提供赔偿的义务。这正体现了民事法律关系的内容、主体之间的权利和义务关系。

仅从保险最纯粹的意义来看，保险并没有降低事故发生的损失概率和损失程度，而是事先做好财务安排，当风险事故发生时，企业和个人能从保险公司那里获得资金来弥补损失，从而消除损失发生后企业和个人经济负担的不确定性。

（2）保险的作用。

1）经济保障。保障功能是保险业的立业之本，最能体现保险业的特色和竞争力。保险保障功能具体体现为财产保险的补偿功能和人身保险的给付功能。

① 财产保险的补偿功能。保险的功能在于损失的补偿。在保险期限内，当保险合同中约定的保险事故发生时，保险人将在合同约定的责任范围及保险金额内，按实际损失金额给予补偿。虽然企业和个人的社会财富因灾害事故的发生，在价值上得以减少，但通过保险赔偿，使其在使用价值上得以恢复，保证社会再生过程的继续进行。保险的这种补偿既包括对被保险人因自然灾害或意外事故造成的经济损失的补偿，也包括对被保险人依法应对第三者承担的经济赔偿责任的经济补偿，还包括对商业信用中违约行为造成的经济损失的补偿等。

② 人身保险的给付功能。由于人的生命是无价的，所以，人身保险的保险金额是由投保人根据被保险人对人身保险的需要程度和投保人的缴费能力，在法律允许的范围和条件下与保险人双方协商约定后确定的。因此，在保险合同约定的保险事故发生，或者约定的年龄到达，或者约定的期限届满时，保险人按照约定进行保险金的给付。

2）资金融通。资金融通是保险的衍生功能。保险人为了使保险经营稳定，必须保证保险资金的保值和增值，这就要求保险人对资金进行运用。一方面，保险费收入与赔付支出之间存在时间差，这为保险人进行资金的融通提供了可能；另一方面，保险事故的发生也不都是同时的，保险人收取的保险费不可能一次性全部赔偿出去，也就是保险人收取的保险费与赔付支出之间存在数量差，这也为保险人进行保险资金的融通提供了可能。当然，保险资金的融通应以保证保险的赔偿与给付为前提，同时也要坚持合法性、安全性、流动性和效益性的原则。

3）社会管理。保险的社会管理功能是在保险业逐步发展成熟，并在社会发展中的地位不断提高之后的衍生功能。社会保障被称为"社会减震器"，是保持社会稳定的重要条件，而商业保险作为社会保障体系的重要组成部分，在完善社会保障体系方面发挥着重要的作用。一方面，商业保险可以为城镇职工、个体工商户、农民和机关事业单位等没有参加社会基本保险制度的劳动者提供保险保障，有利于扩大社会保障的覆盖面。另一方面，商业保险具有产品灵活多样、选择范围广等特点，可以为社会提供多层次的保障服务，提高社会保障水平，减轻政府在社会保障方面的压力。

同时，保险在社会管理中还能起到一定的防灾防损的作用。保险公司是职业的风险承担者，其日常一切业务都与风险有关。保险公司拥有大量风险事故的数据，具备如何对这些数据进行分析以及如何进行防灾防损的技术与手段，在风险管理方面具有专业性。保险公司为企业提供防灾防损服务，不仅有技术上的优势，而且对保险公司最终降低索赔成本、通过降低风险进而降低保险费来吸引消费者、获得良好的声誉与形象等方面都有极大的帮助。

（3）**可保风险的理想条件**。保险是一种处理风险的有效方法，但为了起到更好分摊风险的效果，保证自身财力和经济效益，保险公司在选择风险时会非常慎重，并不是所有风险都愿意接受的。可保风险是指符合保险人承保条件的特定风险，理想的可保风险一般应具备以下几个条件：

1）风险应该是纯粹风险。如果把投机性风险列入可保风险范围，那么保险公司赔款的可能性会很大，因为对于投保人来说，盈利归自己，亏损由保险公司承担，所以他会积极冒险，但不会积极采取风险防范措施。

2）损失的发生具有偶然性。公司承保的风险必须只包含发生损失的可能性，而不是确定性，也就是说损失的发生具有偶然性。之所以要求损失的发生具有偶然性，原因之一，是为了防止被保险人的道德风险和心理风险的发生；原因之二，是保险经营的基础是大数法则，而大数法则的应用是以随机（偶然）事件为前提的。

3）风险须使大量保险标的均存在遭受损失的可能性，但又不能使大多数标的同时发生损失。

同一种风险，如果存在大量的保险标的，就意味着可能有更多的企业和个人缴纳保险费，有利于积累足够的保险基金，使受灾单位获得十足的保障；也会使风险事故发生的次数和损失值以较高的概率集中在一个较小的波动范围内，这有利于提高预测的准确性，稳定保险公司的经营。一般的法则是：预测的风险事故发生的概率与实际发生概率之间的偏差越大，就要求有越多的保险标的。

但是，又不能使大多数标的同时发生损失。假如某一种风险列入了可保范围，投保该种风险的所有投保人同时发生了风险事故，大家都有损失，那就会出现保险公司支付不起赔偿金的情况。因为保险的奥妙在于多数人投保、少数人发生损失，少数人的损失由多数人分摊，通过保险公司收取保险费和支付保险金的方式来实现损失分摊。

4）风险应有导致重大损失的可能。对于损失不大的风险，保险公司认为没有必要由保险公司承保，由受灾者自己承担损失即可。所谓损失不大，是指损失在损失承受者的承受能力范围以内。然而，企业和个人的承受能力各不相同，而且每个企业和个人的承受能力在不同的时期有不同的变化。所以，"重大损失的可能"只能作为一项原则，具体标准应该由保险公司在市场调查和预测的基础上，根据成本效益原则和竞争的需要来确定哪些风险可保、哪些风险不可保。

5）损失是可以确定和衡量的。一方面，损失是可以在发生时间、发生地点和损失程度上进行确定和衡量的。损失在时间、地点上可以被确定是一项基本标准，因为只有这样才能确定此项损失是否为保险公司承保能力范围之内的损失。而损失程度必须可以用货币来衡量，只有这样，保险人才能对损失进行补偿。因此，从保险经营的角度来看，可保风险造成的损失一定是可以确定和衡量的。

另一方面，可保风险造成的损失的概率分布是可以被确定的。保险风险的前提是可以确定一个合理的保险费率，而保险费率的确定是建立在预期损失的基础上的，如果一种风险是可保的，它的预期损失必须是可以计算的，预期损失是根据损失的概率分布计算出来的。如果风险造成的损失的概率分布可以确定在一个合理的范围内，则这项风险就是可保的。

3. 融资型非保险转移

（1）**融资型非保险转移的定义**。前文提到，控制型非保险转移主要通过转移财产和经营活动本身来转移风险，同时消除转让人承担的对其他人损失的责任。而融资型转移往往不会涉及财产和经营活动的变更，而是将经济单位可能的风险损失所致的财务负担转移给其他经济单位，它只涉及损失发生后的经济责任，或者说转让人是通过外部资金来吸纳其损失的。如果这些资金来自保险人，此时的"转移"就是前面所提到的保险转移；若资金来自非保险人的其他经济单位，则此时的"转移"就是一种非保险转移。

（2）**融资型非保险转移的主要方式**。

1）通过衍生金融工具进行套期保值交易。通过衍生金融工具进行套期保值交易是一种很重要的融资型非保险转移方法，它是将损失机会与获利机会进行平衡，通常用于处理投机风险。这种方式的使用通常需要借助专门的金融衍生工具来实现，如远期合约、期货合约和期权合约等。

远期合约是指交易双方约定在未来的某一确定时点，以确定的价格买卖一定数量的某种金融资产的合约。合约规定交易的标的物、有效期和交割时的执行价格等内容，是一种保值工具，是必须履行的协议。

期货合约是指买方同意在一段指定时间之后按特定价格接收某种资产，卖方同意在一段指定时间之后按特定价格交付某种资产的协议。

期权合约是指在特定时间内以特定价格买卖一定数量交易品种的权利。合约买入者或持有者以支付保证金——期权费的方式拥有权利；合约卖出者或立权者收取期权费，在买入者希望行使权利时，卖出者必须履行义务。

这些金融工具在应对投机风险时使用很广泛，例如，某公司投资的股票市场，为了应对因股票下调而蒙受亏损的风险，公司可以选择在同一时期购入认沽期权，当股价下跌时，公司可以以特定的价格将其股票出售，以保障公司的投资价值。

延伸阅读

利用衍生金融工具进行套期保值

一、相关概念

衍生金融工具指的是远期合约、期货、期权。衍生金融工具是一种新型的投资工具。由于衍生金融工具的特殊性，我们可以利用衍生金融工具进行套期保值，规避风险，获取投资收益。

二、套期保值

（一）远期合约的套期保值

远期合约的套期保值是指利用远期外汇市场，通过签订抵消性远期合约来消除外汇风险，达到保值的目的。

美国出口商于 2016 年 12 月 1 日向英国进口商销售一批商品，货款按英镑结算计 10 000 英镑，偿付期为 60 天，当日即期汇率为 1.630 美元/1 英镑。美国出口商为了规避汇率变动风险，于同日与外汇经纪银行签了一份按 60 天期远期汇率 1.638 美元/1 英镑把 10 000 英镑兑换为 16 380 美元的外汇远期合约。2016 年 12 月 31 日的即期汇率为 1.640 美元/1 英镑，2017 年 1 月 30 日（结算日）的即期汇率为 1.645 美元/1 英镑，2016 年 12 月 31 日的 30 天期远期汇率为 1.643 美元/1 英镑。

上面这个案例就是一个远期合约的套期保值，企业通过签订一份外汇的远期合约，避免了 60 天后英镑的贬值给企业带来的损失。远期合约的套期保值，相对来说是比较简单的。

（二）期货的套期保值

期货的套期保值是指把期货市场当作转移价格风险的场所，利用期货合约作为将来在现货市场上买卖商品的临时替代物，对现在买进准备以后售出的商品的价格或将来需要买进的商品的价格进行保险的交易活动。例如，一个农民为了减少收获时农作物价格降低的风险，在收获之前就以固定价格出售未来收获的农作物。

期货套期保值的基本特征是：在现货市场和期货市场对同一种类的商品同时进行数量相等但方向相反的买卖活动，即在买进或卖出实货的同时，在期货市场上卖出或买进同等数量的期货，经过一段时间，当价格变动使现货在买卖上出现盈亏时，可由期货交易上的亏盈进行抵消或弥补。从而在"现"与"期"之间、近期和远期之间建立一种对冲机制，以使价格风险降低到最低限度。企业利用期货市场进行套期保值交易实际上是一种以规避现货交易风险为目的的风险投资行为，是结合现货交易的操作。

1．大豆套期保值案例

（1）卖出套期保值实例：7 月，大豆的现货价格为每吨 2 010 元，某农场对该价格比较满意，但是大豆 9 月才能出售，该单位担心到时现货价格可能下跌，导致收益减少。

为了避免将来价格下跌带来的风险，该农场决定在大连商品交易所进行大豆期货交易。大豆交易情况 1 如表 4-1 所示：

表 4-1 大豆交易情况 1

现货市场	期货市场
7 月 大豆价格 2 010 元/吨	卖出 10 手 9 月大豆合约：价格为 2 050 元/吨
9 月 卖出 100 吨大豆：价格为 1 980 元/吨	买入 10 手 9 月大豆合约：价格为 2 020 元/吨

注：1 手=10 吨

　　套利结果 亏损 30 元/吨 盈利 30 元/吨

　　最终结果 净获利 100×30-100×30=0（元）

从该例可以看出：第一，完整的卖出套期保值实际上涉及两笔期货交易。第一笔为卖出期货合约，第二笔为在现货市场卖出现货的同时，在期货市场买进原先持有的头寸。第二，因为在期货市场上的交易顺序是先卖后买，所以该例属于卖出套期保值。第三，通过这一套期保值交易，虽然现货市场价格出现了对该农场不利的变动，每吨价格下跌了 30 元，因而少收入了 3 000 元；但是在期货市场上的交易盈利了 3 000 元，从而消除了价格变动带来的不利影响。

（2）买入套期保值实例：9 月，某油厂预计 11 月需要 100 吨大豆作为原料。当时大豆的现货价格为每吨 2 010 元，该油厂对该价格比较满意。据预测，11 月大豆价格可能上涨，因此，该油厂为了避免由于将来价格上涨，导致原材料成本上升的风险，决定在大连商品交易所进行大豆套期保值交易。大豆交易情况 2 如表 4-2 所示：

表 4-2 大豆交易情况 2

现货市场	期货市场
9 月 大豆价格 2 010 元/吨	买入 10 手 11 月大豆合约：价格为 2 090 元/吨
11 月 买入 100 吨大豆：价格为 2 050 元/吨	卖出 10 手 11 月大豆合约：价格为 2 130 元/吨

注：套利结果 亏损 40 元/吨 盈利 40 元/吨

　　最终结果 净获利 40×100-40×100=0（元）

从该例可以看出：第一，完整的买入套期保值同样涉及两笔期货交易。第一笔为买入期货合约，第二笔为在现货市场买入现货的同时，在期货市场上卖出对冲原先持有的头寸。第二，因为在期货市场上的交易顺序是先买后卖，所以该例属于买入套期保值。第三，通过这一套期保值交易，虽然现货市场价格出现了对该油厂不利的变动，每吨价格上涨了 40 元，原材料成本提高了 4 000 元，但是其在期货市场上的交易盈利了 4 000元，从而消除了价格变动带来的不利影响。如果该油厂不做套期保值交易，现货市场价格下跌，该油厂可以得到更便宜的原料，但是一旦现货市场价格上升，该油厂就必须承担由此造成的损失。相反，该油厂在期货市场上做了套期保值交易，虽然失去了获取现货市场价格有利变动的盈利的机会，可也避免了现货市场价格不利变动的损失。因此，买入套期保值规避了现货市场价格变动的风险。

2．股指期货的套期保值

（1）卖出股指期货：如果投资者拥有股票，并预测股市会下跌，即可利用卖出股指期货合约进行套期保值来减少损失。

某投资机构拥有股票投资组合，价值为 120 万元，此时深证成指（深圳证券交易所编制的一种成份股指数）期货价格为 10 000 点，为了避免股市下跌带来损失，该机构卖出一张 3 个月期的深证成指期货合约进行套期保值。一段时间后，股市下跌，该投资机构拥有的股票投资组合价值下降到 108 万元，深证成指期货价格为 9 000 点，投资机构买入一张深证成指期货合约进行平仓。这样：

股票市场上损失：12 万元

期货市场上盈利：10 万元 ＝（10 000 － 9 000）点×100 元/点（假设深证成指期货合约乘数为 100 元，下同）

该投资机构的最终实际损失：2 万元

由上例可见，股指期货合约降低了投资机构单纯投资股票组合的损失。

（2）买入股指期货：如果投资者计划在一段时间之后买入股票，但又预测股市会在近期上涨，即可以通过买入股指期货合约锁定股票未来的买入成本。

预计 2 个月之后某基金管理公司的一个机构客户将对某基金进行一次申购。如果目前以该资金买入一股票投资组合，该组合的价值为 95 万元，此时深证成指期货价格为 10 000 点。该基金此时买入一张 2 个月期的深证成指期货合约来锁定成本。一段时间后，股市上涨，基金计划买入的股票投资组合价值上升到 106 万元，深证成指期货价格为 11 500 点，投资者卖出深证成指期货合约进行平仓。因此：

股票市场上损失：11 万元（买入成本比 2 个月之前高）

期货市场上盈利为 15 万元 ＝（11 500 － 10 000）点×100 元/点

投资者最终盈利：4 万元

由上例可见，股指期货锁定了投资者一段时间后买入股票的成本。

（三）期权的套期保值

国内市场最常用的套期保值策略通常利用期货进行，即按一定比例在期货市场进行与现货市场相反方向的操作以对冲风险。利用期货进行套期保值虽然避险成本相对较低，但是在外汇和商品价格处于历史高位时很容易将成本锁定在高位，从而丧失当套保标的价格发生有利变动时可能产生的收益，这对公司较为不利。然而，利用期权进行避险可以有效解决这一问题。一般而言，投资者可以从套期保值方向、头寸比例、投资和对冲策略及期权溢价率等方面进行期权避险策略的分析。

三、结论

通过上面对远期合约、期货和期权的套期保值的介绍，我们发现，很多时候策略的选择取决于人们的判断。远期合约的套期保值相对来说比较简单，就是签订一个远期合约来规避利率变动的风险。期货的套期保值是人们常用的一种策略，人们通常说的套期保值暗指期货的套期保值，由于对期货的套期保值研究比较多，这方面的理论有很多。但是期权相对于期货的套期保值更容易操作，风险更小。所以，究竟选择什么样的套期保值方法，取决个人偏好和心理承受能力，以及资金成本等。

资料来源：道客巴巴文档"利用衍生金融工具进行套期保值"，文章有删改。

2）保证书。保证书是一种书面合同，在履行过程中包括保证人、被保证人和权利人三方。当被保证人因其行为不忠实或不愿意履行某种明确的义务而导致权利人遭受损失时，则由保证人对权利人的损失予以补偿。借助保证书，权利人可将被保证人违约的风险转移给保证人。

保证书所涵盖的内容比较广，常用的项目主要包括清偿债务、在规定时间内提供特定数量的某种产品、在限定日期内完成某项工程等。按照合同的约定，若被保证人未能履行相应义务，则保证人必须自己履行这项义务，或者按保证书的规定支付一定的罚金。一般来说，事后保证人可以向被保证人追偿其损失，因此有的时候，为了保证自身的利益，保证人在签订保证书时，往往要求被保证人提供担保品，如现金或政府债券等。在某些特殊情况下，即使被保证人得不到任何保障，也要签订保证书，因为某些贷款合同或建筑合同只有在有保证书的情况下才予以订立。

3）公司化。有的企业通过发行公司股票，将企业经营的风险转移给多数股东承担。

（3）融资型非保险转移的优劣势。

1）融资型非保险转移的优势。

① 融资型非保险转移措施的覆盖面很广，既包括纯粹风险也包括投机风险，既有可保风险，也有不可保风险。

② 融资型非保险转移的运作过程灵活多样。经济和社会环境的复杂性、风险的多变性决定了我们在选择风险管理措施时不能一成不变。保险合同的订立往往是制式化的，而风险管理经理在运用融资型非保险转移时，可采取多种知识和技能，通过使用金融工具、订立合同等多种方式来实现风险转移。

③ 融资型非保险转移的直接成本较低。购买保险，除了要支付纯保险费，还需要支付附加保险费；采用其他的风险控制手段，既要支出费用，又要将一些工作安排付诸行动；而采用融资型非保险转移，工作重点则在于合同条款，一旦合同签订成功，风险即可成功转移。

④ 有利于全社会更好的防灾防损。随着社会分工的明细化，每个个体或单位往往有其擅长的领域，如果把潜在损失转移给更专业的个体和单位，既会降低损失概率和损失程度，也会促进损失接受者更严格、慎重地从事风险活动。

2）融资型非保险转移的劣势。

① 由于转让人对条款的理解和解释不同，融资型非保险转移有时无法完全有效，或

者仅能转移一部分风险。

② 不是所有的受让人都具有有效的风险控制手段和足以承担损失的经济能力，一旦缺失，对受让人的经济打击不可忽视。

③ 在某些情况下，因条款效力问题或受让人的财务状况使转让人实际上不能完全依赖这类转移，而且也不一定能节省保险费支出。

④ 在融资型非保险转移中，风险在由转让人向受让人方向转移时，往往伴随一定的经济代价。此外，转让人可能还有其他费用支出，如损失发生后，为解决争议可能需要支付一笔可观的诉讼费，有时甚至可能超过损失本身的经济价值。

（4）融资型非保险转移的适用条件。

融资型非保险转移的优势很明显，但其劣势也不容小觑，因此，在采用此类措施时，风险管理者要充分考虑其适用性。一般来说，融资型非保险转移主要适用于以下几种情形：

① 损失要能在转让人和受让人之间明确划分，这就对订立合同时双方要转移的潜在损失的区分措施提出了一定的要求。

② 受让人应当有能力并愿意承受适当的财务责任。受让人在订立合同时，要准确地理解可能产生的损失，并能对自己的风险承受能力做出符合实际的评估，从而做出符合自身条件的承诺。

③ 融资型非保险转移应有益于双方，这种利益可以是直接的，也可以是间接的。如果采用这种方法仅对一方有利，则另一方一般是不会接受的，除非不了解情况而盲目接受。

重要概念

1．控制型风险管理措施是指在风险识别和风险评估的基础上，针对经济单位所存在的风险因素，积极采取控制措施，以消除、减少风险因素或减少风险因素危险性的风险处理方法。

2．融资型风险管理措施，是指通过事先的财务计划或者合同安排来筹措资金，以便对风险事故造成的经济损失进行补偿的风险处理方法。

3．风险回避是指考虑到风险损失的存在或风险有可能发生，主动放弃和拒绝实施某项可能引起风险损失的方案，从而避免出现与该方案相联系的风险，以免除可能产生风险损失的一种控制型风险措施。

4．损失控制是指有意识地采取行动以降低损失概率或损失程度。

5．风险隔离是把风险单位进行分割或复制，尽量减少经济单位对某种特殊资产、设备或个人的依赖性，以此来降低因个别设备或个别人员遭受意外事故而造成的总体上的损失。

6．控制型非保险转移是将财产和经营活动本身转移，以消除或减小转让人对受让人损失的责任，并消除转让人承担的对其他人损失的责任。

7．风险自留是指由经济单位自己承担风险，并对风险所导致的一切后果，特别是损失后果负责。

8．保险是企业或个人通过缴纳保险费，将自身面临的风险负担转移给保险公司的过程，即以小额固定成本（保险费）替代大额不确定损失。

9．融资型非保险转移是指将经济单位可能的风险损失所致的财务负担转移给其他经济单位，它只涉及损失发生后的经济责任，或者说转让人是通过外部资金来吸纳其损失的。

能力拓展

1．列举出日常生活中常用的风险管理措施，并阐述各种风险管理措施适用于什么情况和条件。

2．以学校的教学楼为例，阐述学校为了防止风险的发生，都采取了哪些措施。

3．某建筑物，建造时间为 20 世纪 70 年代，周边地质及人员环境比较复杂，目前，该建筑物被某企业当作仓库使用，存放的是易燃材料。请根据所学的知识，分析该企业应采用哪些风险管理措施来应对这栋建筑物所存在的风险。

项目 5

风险管理决策

教学目标

- 熟悉风险管理决策的含义及意义
- 熟练掌握损失期望值决策法
- 熟练掌握效用期望值决策法
- 能运用损失期望值决策法进行风险管理决策
- 能运用效用期望值决策法进行风险管理决策

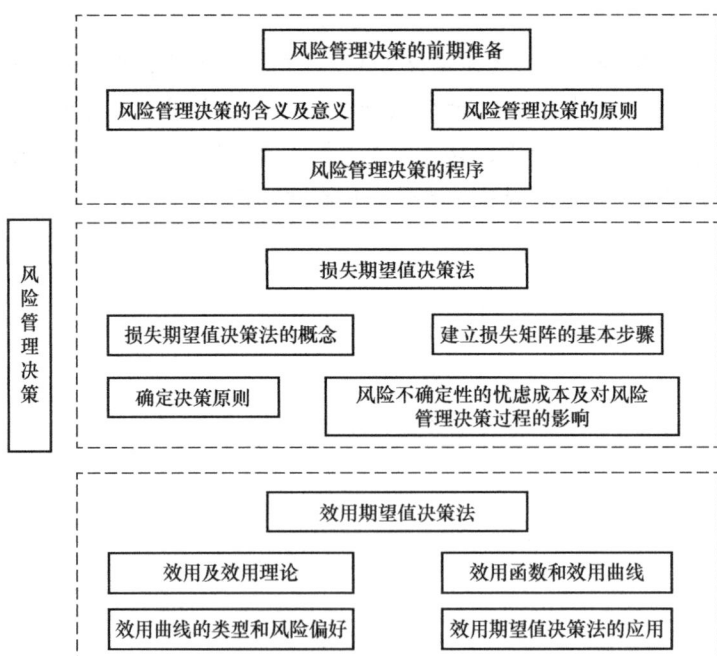

风险管理决策

风险管理决策的前期准备

风险管理决策的含义及意义   风险管理决策的原则

风险管理决策的程序

损失期望值决策法

损失期望值决策法的概念   建立损失矩阵的基本步骤

确定决策原则   风险不确定性的忧虑成本及对风险管理决策过程的影响

效用期望值决策法

效用及效用理论   效用函数和效用曲线

效用曲线的类型和风险偏好   效用期望值决策法的应用

案例导入

安平公司安装自动灭火装置的成本收益分析

安平公司是一家专为各大企业、事业单位和家庭提供环境检测的企业。该企业有一个大型仓库，里面存放着大量货物，并且很多是易燃物品，一旦遇到火灾，将给企业带来无法弥补的损失，因此，安平公司需对其进行相应处理。具体的处理措施有很多种，安装自动灭火装置是其中一种。

自动灭火装置主要由探测器（热能探测器、火焰探测器、烟感探测器）、灭火器（二氧化碳扑灭装置）、数字化温度控制报警器和数字通信模块四部分组成。通过装置内的数字通信模块，针对防火区域内的实时温度变化、警报状态及灭火器信息进行远程监测和控制，不仅可以远程监视自动灭火装置的各种状态，而且可以掌握防火区域内的实时变化，火灾发生时能够最大限度地降低人身和财产损失。

一旦发生火灾，损失则可能包括人身损失和财产损失，此处为简单起见，我们假设不涉及雇员和其他人员的伤害，只关注与财产损失有关的成本和收益。

安装自动灭火装置的主要收益来源包括以下两个方面：

（1）若安装此装置，降低了直接财产损失和营业中断损失的火灾保险费。

（2）降低了当每次发生火灾的损失额小于火灾安全保险免赔额和可能的营业中断损失额超过保险金额上限时的期望损失。

安平公司可以从保险经纪人那里获得保险费节省比例的较为精确的估计，还可以通过假设保险费的增长率来估计节省的保险费额度。安平公司可以通过对企业自身或行业的历史分析来估计未投保损失的减少额，或者通过对如果该企业购买更多的完全保险所需要增加的保险费进行分析来估计未投保损失的减少额。

安装自动灭火装置的主要成本来源包括以下两个方面：

（1）自动灭火装置的成本和安装费用。

（2）该装置的日常折旧和维护维修费用。

购买和安装装置的直接成本是已知的，而且日常维护和维修成本可以依据与卖方的讨论得出合理的估计。和许多损失控制决策或其他商业投资决策一样，安装灭火装置是一项非常大的初始投资。在灭火装置的使用寿命期内，将逐步实现保险费支出和未投保损失的减少，当然，也要考虑灭火装置维护和维修成本的支出。为了判断投资于灭火装置是否能增加企业的价值，安平公司需要通过使用一个适当的资本成本来对期望净现金流折现，并对期望收益和损失进行权衡。

资料来源：道客巴巴文章"安平公司安装自动灭火装置的成本收益分析"，文章有删改。

每个风险单位面临的风险都是纷繁复杂的，而针对某一特定风险可供选择的风险管理措施又是多样的，因此，在面临风险环境时，风险管理经理需要在众多可供选择的风险管理方案中，选择相对而言最优的那个方案，也就是说，需要进行风险管理决策。风险管理的前期工作都是为决策工作提供必要的信息资料和决策依据，以帮助风险管理经理科学、合理地制定风险管理决策。因此，风险管理决策在整个风险管理过程中是非常重要的一环。

具体来说，常见的风险管理决策的方法有两种，分别是损失期望值决策法和效用期望值决策法。

任务 5.1　风险管理决策的前期准备

5.1.1　风险管理决策的含义及意义

1．风险管理决策的含义

任何一种管理活动实际上都是制定决策和实施决策的过程，科学合理的决策对实现管理活动的目标具有至关重要的作用。在风险管理中，因为风险环境的多变性，使得某一种单一的风险管理方法往往无法达到其预定目的，这就使得风险管理经理必须在所有的风险管理措施中进行选择。确切地说，风险管理决策就是根据风险管理的目标，在风险识别和风险评估的基础上，对各种风险管理方法进行合理的选择和组合，并制订出风险管理的总体方案。

2．风险管理决策的意义

风险管理决策是整个风险管理环节中相当重要的一个环节，如果不能进行科学的决策，就无法实现风险管理的目标。风险管理决策的意义有以下两点：

（1）风险管理的目标是以最小的成本获得最大的安全保障，而风险管理决策是实现风险管理目标的保障和基础。

（2）风险管理决策是对各种风险管理措施的优化组合和综合运用，要想达到风险管理的目标，需多方位了解和分析各种可供选择方法的利弊和成本，从而做出综合的评价。

5.1.2　风险管理决策的原则

1．全面周到原则

企业和个人在经营过程中所面临的经济环境是千差万别的，风险也各有不同，要应对不同的风险，实现不同的目标，就必须采取多种措施。而每种措施都有其适用范围和劣势，这就需要把所有可以采取的措施进行优化组合，形成各种方案，再利用不同的选择方法对这些方案进行比较，寻找最佳组合方案。

2．成本效益原则

在正常情况下，企业和个人所获得的安全保障和对风险管理方面的投入往往成正相关关系，即随着对风险管理方面投入的增加，企业和个人所获得的安全保障变得更全面。但也要考虑经济效益，风险管理的目标是以最小的成本获得最大的安全保障，因此，在决策过程中要权衡成本与效益，在获得同样安全保障的前提下，尽可能选择成本较小的决策方案。

3．量力而行原则

作为经济单位与各种损失风险斗争的有力武器，风险管理决策毫无疑问是要付出代价的。而各经济单位的财务实力有差别，同样的风险管理成本对不同经济单位所产生的影响也不同，哪怕同一经济单位，在其不同的发展阶段对风险管理的成本的反应也有差别。故经济单位应当参照自身的不同发展阶段的经济实力来选择切实可行的对策。

例如，很多企业是以盈利为重要参照指标的，刚开始，随着风险管理成本的增加，企业的盈利也随之增加；但如果一味地增加风险管理成本，企业盈利就会随风险管理成本的增加而减少。因此，风险管理人员需要尽可能地把握好这个平衡点，才能做出最优选择。

4．注重商业保险，也应重视其他方法

保险是一种非常重要的转移风险的工具，特别是在处理那些难以预测、发生概率较小但损失程度较大的风险时，保险可以说是举足轻重的。因此，很多企业将购买保险作为风险管理的首选方案。

除了保险，还有很多其他的方法，例如，在损失发生前可以采取安装预警系统、加装安全设备、建立人员培训制度等措施，既可以降低灾害事故发生的概率，又能降低损失程度；为了减少附加保险带来的经济影响，经济单位可将风险自留与保险相结合，以达到风险管理的目标。

5.1.3 风险管理决策的程序

1．确定风险管理的目标

风险管理的总目标是以最小的成本获得最大的安全保障，而在具体的实施过程中，风险管理经理需要根据经济单位自身的经济状况、面临风险的类型、企业所处的经济阶段等各项因素来确定风险管理具体细化的目标。

2．列出最佳保险组合表

首先对经济单位的保险保障进行分类，一般可分为：

（1）必需的保障，这里主要是指除了依据我国法律法规必须投保的各种强制保险，还包括那些为预期损失程度极高的风险所提供的各类保险保障等。如各类社会保险、机动车辆三责险以及抵押合同要求的财产保险等。

（2）需要的保障，这里主要保障那些一旦发生虽不至于致使企业倒闭或破产，但可能对企业的生产经营和财务状况造成严重影响的风险。

（3）可利用的保障，它所处理的是那些虽然影响程度不一定很严重，但会给企业的生产经营带来不利影响的损失风险。

找出以上类型后，就可从保险的角度出发，列出一份全面和充分的最佳保险组合表，为尽可能多的风险提供保障。当然，不是所有风险都是可保或足额投保的，这需要采取保险以外的其他措施。

3．设计风险管理方案

每种风险管理措施都有局限性，单独使用，风险管理的效果不会很理想，需要以有机组合的形式实施，某些特定的风险管理措施只有在某些特定的条件和环境下才能发挥其最大的功效。离开了特定的条件和环境，空谈风险管理是没有任何意义的。在设计风险管理方案时，保险是很重要的一种转移方式，但由于经济成本的限制，我们还需要考虑是否能够利用其他的非保险对策，用较低的成本来获得足够的保障。在实际操作中，各种情况都有可能出现，如风险以低于保险费的价格转移给非保险人的其他机构和单位，或者措施的实施使得风险的损失程度降至企业可接受的程度，又或者预测的准确性增强等，这些情况使得其风险自留的成本低于购买保险的成本。对于某些风险而言，购买保险，并同时自留部分风险，既可节约成本，又可获得足够的保障。

4．选择风险管理最优方案

设计了各种可供选择的风险管理方案后，接下来的程序就是对其进行选择，以寻求最优方案了。风险管理者要对企业生产经营中主要和次要的风险管理措施进行比较和分析，考虑每种措施的优缺点，同时考虑成本效益原则来进行决策。随着风险管理这门学科的不断发展，更多的数理方法和手段被应用于风险管理决策中。尽管在收集数据时会有误差或不够完整，或者在决策过程中专业性比较强，但是在实用方面，数理方法依然具有重要的价值。即使数据不够完整，风险管理经理依然可以借助数理方法做出一些重要的风险管理决策，使这些方法中隐含的假设和决策原则明确化，从而加深人们对决策方案的理解，也使应用变得更容易。

任务 5.2　损失期望值决策法

当有多种风险管理措施可供选择时，风险管理者需要从长期的角度对这些方案进行比较，要么比较各方案给经济单位带来的损失期望值，要么比较各方案的实施对经济单位所产生的效用期望值。其中，比较损失期望值的风险管理决策方法称为损失期望值决策法。

5.2.1　损失期望值决策法的概念

期望值又称数学期望或期望，是指在一个离散性随机变量试验中每次可能结果的概率乘以其结果的总和。损失期望值决策法以每种风险管理方案的损失期望值作为决策依据，即选取损失期望值最小的风险管理方案。在这种方法中，首先要分析和衡量该方案的损失概率和损失程度，分别列出每种方案的损失矩阵，然后将二者相乘求出该方案风险的损失（或收益）期望值，并使用损失期望值（或收益期望值）去度量风险。

延伸阅读

期望值

在概率论和统计学中，期望值（也称期望或数学期望，物理学中称为期待值）是指在一个离散性随机变量试验中每次可能结果的概率乘以其结果的总和，它是随机试验在同样的机会下重复多次的结果计算出的等同"期望"的平均值。在概率论和统计学中，一个随机变量的期望值是变量的输出值乘以其概率的总和，换句话说，期望值是该变量输出值的平均数。

例如，美国赌场中经常用的轮盘上有 38 个数字，每个数字被选中的概率都是相等的。赌注一般压在其中某个数字上，如果轮盘的输出值和这个数字相等，那么下注者可以获得相当于赌注 35 倍的奖金，若输出值和这个数字不同，赌注就输掉了。因此，如果赌注是 1 美元的话，这场赌博的期望值是：$-1 \times \frac{37}{38} + 35 \times \frac{1}{38} = -0.526$，也就是说，平均起来，每赌一次就会输掉 5.3 美分。

5.2.2　建立损失矩阵的基本步骤

损失矩阵是用来反映特定风险在多种处理方案下的损失额和费用额的一种矩形数据表。构建损失矩阵通常需要以下几个基本步骤：

（1）列出各种备选的风险管理方案，如自留、自留加损失预防、购买保险等。

（2）列出每种方案的各种可能情况，如全损、无损失、部分损失等情形，并用概率来描述各种结果。

（3）列出每种方案的每种结果可能带来的损失后果，即不同情况下所产生的直接损失、间接损失及费用方面的支出等，结果以货币金额表示。

（4）在矩阵图形中将上述因素一一呈现，形成损失矩阵。

5.2.3 确定决策原则

仅仅建立风险损失矩阵，风险管理决策过程尚未完成，风险管理经理还需要根据不同的决策原则来选择风险管理方案。由于在现实生活中，损失概率的确定有一定困难，故根据损失概率是否已知，将决策原则分为两类：一类是损失概率未知时的决策原则；另一类是损失概率已知时的决策原则。

1．损失概率未知时的决策原则

若损失概率未知，可依据两种不同的原则确定决策方案，即最大损失最小化原则和最小损失最小化原则。

（1）**最大损失最小化原则，又称大中取小原则**。当损失概率未知时，最大损失通常指风险事件发生时带来的最坏的损失后果，此时，风险管理经理可以比较各种方案在最坏的情况发生时的最大损失额，从而选择损失最小的方案。这种原则的运用是为了预防可能的最坏损失，当然，这种原则相对而言是比较保守的，由于保险费相对总损失来说仅仅是很小的一部分，因此，如果按照此原则，决策者往往选择购买足额保险。故这种原则常被称为悲观主义原则。

（2）**最小损失最小化原则，又称为小中取小原则**。当损失概率未知时，最小损失通常指损失事故不发生的前提下经济单位的经济后果，此时，风险管理经理可以比较各种方案在最好情况发生时的最大损失额，从而选择损失最小的方案。需要指出的是，完全采用最小损失最小化原则进行决策的风险管理经理属于乐观主义者，他们常倾向于选择最能节约费用支出和最能减轻风险负担的方案，因而风险自留方案往往被选用。

上述两种原则，均只考虑了极端的情形，要么只考虑最大程度损失发生的情况，要么只考虑风险事故不发生的情况，都存在着致命的缺陷。而在实际生活中，出现更多的往往是介于二者之间的情况，这在很大程度上限制了这两种原则的实践运用。

2．损失概率已知时的决策原则

若损失概率已知，则可将损失金额与其相应的损失概率相结合进行考虑。其中最常见的就是损失期望值最小化原则。这种方法是指综合考虑每种方案在每种情形下的损失概率和损失程度，计算出损失的数学期望值，选择损失期望值最小的方案作为最优方案，这种决策方法通常称为损失期望值决策法。

例题 5-1

某企业花费 100 万元购买一套机器设备，其面临的火灾风险为：全损，概率为 1%；无损失，概率为 99%。对此，企业拟定了四种风险处理方案，具体如下：

方案 1：风险自留。

方案 2：风险自留与损失控制相结合，需花费 4 000 元安装损失控制系统，全损概率变为 0.5%。

方案 3：购买保险，保险费为 7 000 元。

方案 4：购买保险与风险自留相结合，购买自负额为 5 万元的保险，保险费为 5 000 元。

请问风险管理经理该如何做出最佳风险管理决策？

根据前面所学内容，可列出每种方案在每种情况下的损失矩阵，如表 5-1 所示。

表 5-1 损失矩阵

方 案	火灾发生时的损失与费用（1%）	火灾不发生时的费用（99%）
风险自留	直接损失：100 万元 合计：100 万元	0
风险自留与损失控制相结合	直接损失：100 万元 预防设备损失：0.4 万元 合计：100.4 万元	预防设备折旧：0.4 万元 合计：0.4 万元
购买保险	保险费：0.7 万元 合计：0.7 万元	保险费：0.7 万元 合计：0.7 万元
购买保险与风险自留相结合	可保损失：5 万元 保险费：0.5 万元 合计：5.5 万元	保险费：0.5 万元 合计：0.5 万元

如果损失概率未知，则需考虑最大损失最小化原则或者最小损失最小化原则。

若按最大损失最小化原则，只需要比较四种方案最坏情况发生时的损失额即可。四种方案最坏情况一定是在全损发生时出现。全损发生时四种方案的损失额分别是 100 万元、100.4 万元、0.7 万元、5.5 万元，按此原则，选择损失额最小的方案即方案 3 购买保险为最优方案。

若按最小损失最小化原则，在不发生损失事故的前提下，四种方案的经济后果分别为 0 元、0.4 万元、0.7 万元和 0.5 万元，按此原则，选择最小的方案，即方案 1 风险自留为最优方案。

如果损失概率是已知的，根据我们刚才建立的风险损失矩阵，计算出这四种方案的期望损失额分别为：

方案 1：$100×1\%+0×99\%=1$（万元）

方案 2：$100.4×0.5\%+0.4×99.5\%=0.9$（万元）

方案 3：$0.7×1\%+0.7×99\%=0.7$（万元）

方案 4：$5.5×1\%+0.5×99\%=0.55$（万元）

从计算结果看，方案 4 的损失期望值最小，按照损失期望值最小化的原则，应选择方案 4 作为风险管理决策方案。

课堂实作

某企业仓库存放价值 80 万元的货物,其面临的火灾风险为:全损,概率为 0.5%;无损失,概率为 99.5%。对此企业拟定了四种风险处理方案,具体如下:

方案 1:完全风险自留。

方案 2:风险自留与损失控制相结合,需花费 3 000 元安装损失控制系统,全损概率变为 0.3%。

方案 3:购买保险,保险金额为 80 万元,保险费 4 000 元。

方案 4:购买保险与风险自留相结合,购买自负额为 4 万元的保险,保险费为 3 500 元。

请问:分别考虑损失概率未知和已知的情况,并做出相应的决策。

5.2.4 风险不确定性的忧虑成本对风险管理决策过程的影响

在前面的例题中,损失期望值最小的是购买一定自负额的保险,而在实际操作中,即使风险自留的损失期望值小于购买保险,很多经济单位依然会选择以保险作为风险管理决策方案,原因就在于一项隐性因素——忧虑成本的存在。

1. 忧虑成本的内涵

任何一项风险管理方案,都存在着不确定性,既可能发生风险事件,也可能不发生。风险管理经理永远担心最坏结果会出现,这种担心无论未来风险事件是否发生,都将存在于运用数理方法选择风险管理决策的过程中,需要用某个货币价值代之以忧虑因素的影响,从而产生了风险管理方案的忧虑成本。简单地说,忧虑成本就是人们对某个结果担忧的货币体现,对某件事情越担心,忧虑成本越高,越不担心,忧虑成本越低。

2. 影响忧虑成本的因素

由于忧虑成本是一项非常主观的因素,所以要确定忧虑成本是非常困难的。我们仅仅能从分析影响忧虑成本的因素入手,寻求估计忧虑成本的可行途径。

(1)损失的概率分布。程度严重和发生概率高的损失对风险管理经理的心理反应有直接的影响,一般来说,风险事件损失程度越严重、损失概率越高,风险管理经理的忧虑成本越高,反之越低。

(2)风险管理人员对未来损失的**不确定性的把握程度**。风险管理人员若对自己的未来损失预测足够自信,并且采取了相应措施,则其忧虑心理往往可以得到缓解;反之,如果风险管理人员不够自信,即使采取了相应措施,也难以缓解忧虑。

(3)**风险管理目标和战略**。风险管理目标和战略有助于确定企业对各类损失所能承受的最大限度,并反映了企业的风险态度。对同一个管理方案而言,风险管理目标及战略不同会产生不同的忧虑成本。

3．忧虑成本对决策过程的影响

由于各方案性质不同，其忧虑成本也不同，一般来说，加入了忧虑成本，或多或少会增加各种风险管理方案的损失期望值。如果企业采取全部或部分风险自留，即使采取了必要的安全措施，也只能减少而无法完全消除忧虑成本；但对于购买足额保险方案而言，将不固定的损失支出转化为固定的保险费支出，能够在最大限度内缓解风险管理人员的忧虑心理，因此，忧虑成本一般为零。

课堂讨论

在损失期望值决策法中，为什么要考虑忧虑成本？如果不考虑忧虑成本，对风险管理决策会有哪些影响？

可采用调查问卷的方法确定忧虑成本，询问风险管理人员愿意付出多大经济代价来消除由于损失的不确定性而造成的忧虑心理。以前文例题 5-1 的背景为例，每种方案加入忧虑成本后，其损失矩阵调整后如表 5-2 所示。

表 5-2　调整后的损失矩阵

方案	火灾发生时的损失与费用（1%）	火灾不发生情形的费用（99%）
风险自留	直接损失：100 万元 忧虑成本：2 万元 合计：102 万元	直接损失：0 元 忧虑成本：2 万元 合计：2 万元
风险自留与损失控制相结合	直接损失：100 万元 预防设备损失：0.4 万元 忧虑成本：1.5 万元 合计：101.9 万元	预防设备折旧：0.4 万元 忧虑成本：1.5 万元 合计：1.9 万元
购买保险	保险费：0.7 万元 合计：0.7 万元	保险费：0.7 万元 合计：0.7 万元
购买保险与风险自留相结合	可保损失：5 万元 保险费：0.5 万元 忧虑成本：0.1 万元 合计：5.6 万元	保险费：0.5 万元 忧虑成本：0.1 万元 合计：0.6 万元

若损失概率未知：

（1）按最大损失最小化原则，应选方案 3 购买保险。

（2）按最小损失最小化原则，应选择方案 4 购买保险与风险自留相结合。

若损失概率已知，则需计算各方案的损失期望值。

方案 1：102×1%+2×99%=3（万元）

方案 2：101.9×0.5%+1.9×99.5%=2.4（万元）

方案 3：0.7×1%+0.7×99%=0.7（万元）

方案 4：5.6×1%+0.6×99%=0.65（万元）

根据损失期望值最小化的原则，方案 4 购买保险与风险自留相结合是最优方案。

显然，忧虑成本估计值的大小，直接影响最优方案的选择，这就使人们有可能怀疑风险决策的合理性。事实上，由于考虑忧虑成本后，某方案的损失期望值等于不考虑忧虑成本时该方案的损失期望值加上该方案的忧虑成本，人们在比较两种方案的优劣时，可以不以一个确定的数值表示忧虑成本，而只估计忧虑成本的取值范围，从而增强决策的合理性。

在上述例题中，不考虑忧虑成本时，四种方案的损失期望值分别为 $E_1=1$ 万元；$E_2=0.9$ 万元；$E_3=0.7$ 万元；$E_4=0.55$ 万元。假设这四种方案的忧虑成本分别为 W_1、W_2、W_3、W_4，那么加入忧虑成本后，四种方案的损失期望值变为：

$$E'_1 = E_1 + W_1 = 1万 + W_1$$
$$E'_2 = E_2 + W_2 = 0.9万 + W_2$$
$$E'_3 = E_3 + W_3 = 0.7万 + W_3$$
$$E'_4 = E_4 + W_4 = 0.55万 + W_4$$

由于方案 3 购买保险的忧虑成本 $W_3 = 0$，因此，无论 W_1 和 W_2 为多少，方案 3 一定优于方案 2 和方案 1。再比较方案 3 和方案 4，只要方案 4 的忧虑成本 $W_4 > 0.15$ 万元，就可以确定方案 3 是最优方案了，反之，方案 4 是最优方案。这种方法也扩大了忧虑成本在风险管理决策中的适用范围。

在上述例题中，我们仅仅考虑了两种极端情况，即全损和无损失，而在实际操作中，常见的情形往往是部分损失，此时的情形比上述情形要复杂一些。以例题 5-2 为例说明。

例题 5-2

某建筑物面临火灾风险，从各方面收集的资料信息如表 5-3 所示。

表 5-3　是否安装自动灭火装置的概率

损失金额（元）	概率	
	未安装自动灭火装置	安装自动灭火装置
0	0.75	0.75
3 000	0.20	0.20
30 000	0.04	0.04
100 000	0.006	0.008
300 000	0.003	0.002
500 000	0.001	0.000

若未采用购买保险的方式，当企业发生直接损失过高时，会导致支出相应的间接损失（如信贷成本上升等），表 5-4 列明了企业所承担的直接损失与间接损失的情况。

表 5-4　直接损失与间接损失

企业所承担的直接损失（元）	相关的间接损失（元）	企业所承担的直接损失（元）	相关的间接损失（元）
0	0	200 000	4 000
3 000	0	300 000	6 000
30 000	0	400 000	8 000
100 000	2 000	500 000	10 000

以下提供了 6 种风险管理方案：

方案 1：完全风险自留，不安装任何自动灭火装置。

方案 2：完全风险自留，并安装自动灭火装置。该装置的成本为 12 000 元，使用年限为 30 年，平均年折旧为 400 元，为了维护该装置，每年还需为其支付维修费用 300 元。

方案 3：购买不足额保险，保险金额为 100 000 元，保险费支出为 3 000 元。

方案 4：在方案 3 的基础上安装自动灭火装置，保险费支出为 2 500 元。

方案 5：购买带有 3 000 元免赔额的保险，保险金额为 500 000 元，保险费为 3 500 元。

方案 6：购买保险金额为 500 000 元的保险，保险费为 4 000 元。

请风险管理经理比较以上 6 种方案，并依照损失期望值决策法选择最优方案。

为了比较各种方案的损失期望值，可以分别列出以下表格（见表 5-5～表 5-10）：

表 5-5　方案 1：风险自留

损失金额（元）	0	3 000	30 000	100 000	300 000	500 000
损失概率	0.75	0.2	0.04	0.006	0.003	0.001
直接损失（元）	0	3 000	30 000	100 000	300 000	500 000
间接损失（元）	0	0	0	2 000	6 000	10 000
忧虑成本	W_1	W_1	W_1	W_1	W_1	W_1
合计	W_1	$3\,000+W_1$	$30\,000+W_1$	$102\,000+W_1$	$306\,000+W_1$	$510\,000+W_1$

表 5-6　方案 2：风险自留+自动灭火装置

损失金额（元）	0	3 000	30 000	100 000	300 000	500 000
损失概率	0.75	0.2	0.04	0.008	0.002	0.000
直接损失（元）	0	3 000	30 000	100 000	300 000	500 000
间接损失（元）	0	0	0	2 000	6 000	10 000
维修折旧（元）	700	700	700	700	700	700
忧虑成本	W_2	W_2	W_2	W_2	W_2	W_2
合计	$700+W_2$	$3\,700+W_2$	$30\,700+W_2$	$102\,700+W_2$	$306\,700+W_2$	$510\,700+W_2$

表 5-7　方案 3：购买不足额保险

损失金额（元）	0	3 000	30 000	100 000	300 000	500 000
损失概率	0.75	0.2	0.04	0.006	0.003	0.001
直接损失（元）	0	0	0	0	200 000	400 000
间接损失（元）	0	0	0	0	4 000	8 000
保险费支出（元）	3 000	3 000	3 000	3 000	3 000	3 000
忧虑成本	W_3	W_3	W_3	W_3	W_3	W_3
合计	$3\,000+W_3$	$3\,000+W_3$	$3\,000+W_3$	$3\,000+W_3$	$207\,000+W_3$	$411\,000+W_3$

表 5-8　方案 4：购买不足额保险+自动灭火装置

损失金额（元）	0	3 000	30 000	100 000	300 000	500 000
损失概率	0.75	0.2	0.04	0.008	0.002	0.000
直接损失（元）	0	0	0	0	200 000	400 000
间接损失（元）	0	0	0	0	4 000	8 000
保险费支出（元）	2 500	2 500	2 500	2 500	2 500	2 500
维修折旧（元）	700	700	700	700	700	700
忧虑成本	W_4	W_4	W_4	W_4	W_4	W_4
合计	$3\,200+W_4$	$3\,200+W_4$	$3\,200+W_4$	$3\,200+W_4$	$207\,200+W_4$	$411\,200+W_4$

表 5-9　方案 5：购买带有免赔额的保险

损失金额（元）	0	3 000	30 000	100 000	300 000	500 000
损失概率	0.75	0.2	0.04	0.006	0.003	0.001
直接损失（元）	0	3 000	3 000	3 000	3 000	3 000
间接损失（元）	0	0	0	0	0	0
保险费支出（元）	3 500	3 500	3 500	3 500	3 500	3 500
忧虑成本	W_5	W_5	W_5	W_5	W_5	W_5
合计	$3\,500+W_5$	$6\,500+W_5$	$6\,500+W_5$	$6\,500+W_5$	$6\,500+W_5$	$6\,500+W_5$

表 5-10　方案 6：购买足额保险

损失金额（元）	0	3 000	30 000	100 000	300 000	500 000
损失概率	0.75	0.2	0.04	0.006	0.003	0.001
直接损失（元）	0	0	0	0	0	0
间接损失（元）	0	0	0	0	0	0
保险费支出（元）	4 000	4 000	4 000	4 000	4 000	4 000
忧虑成本	W_6	W_6	W_6	W_6	W_6	W_6
合计	$4\,000+W_6$	$4\,000+W_6$	$4\,000+W_6$	$4\,000+W_6$	$4\,000+W_6$	$4\,000+W_6$

根据以上 6 个表，可计算出每种方案的损失期望值：

方案 1：$3\,840+W_1$

方案 2：$3\,928+W_2$

方案 3：$4\,020+W_3$

方案 4：$3\,608+W_4$

方案 5：$4\,250+W_5$

方案 6：$4\,000+W_6$

若不考虑忧虑成本的影响，则只需选择损失期望值最小的方案，即方案 4。

若考虑忧虑成本，则需分别判断。对于方案 6，足额投保可不考虑忧虑成本的影响，故 W_6 可视为 0，因此无论方案 3 和方案 5 的忧虑成本为多少，只要大于 0，方案 6 一定优于方案 3 和方案 5。另外，还要比较方案 1、方案 2、方案 4 和方案 6，以方案 1 和方案 6 为例子，若 $W_1>160$ 元（$4\,000$ 元$-3\,840$ 元）时，则方案 6 优于方案 1，同理，若 $W_2>72$ 元（$4\,000$ 元$-3\,928$ 元）时，则方案 6 优于方案 2。按照同样的道理，通过比较不同方案的忧虑成本的各自取值范围，能够在众多的方案中确定一个损失期望值最小的方案作为最优方案。

假设通过调查询问的方法，得到每个方案的忧虑成本为：$W_1=800$，$W_2=700$，$W_3=550$，$W_4=400$，$W_5=100$，这时可以选择方案 6 作为风险管理的最优方案。

任务 5.3　效用期望值决策法

在实际生活中，损失期望值因其计算简便、思路清晰而得到广泛应用，但这种方法也有一些局限性，即没有考虑到同样金额的损失对不同经济单位的影响程度会有差别。例如，同样 100 万元的损失对于一家大型企业而言可能不算什么，但足以令一家小型企业破产。不同的经济单位对同一损失采取的态度可能有很大差异，这种主观反应的差异可以用效用来描述。

5.3.1　效用及效用理论

效用，是经济学中最常用的概念之一，一般而言，它是指对消费者通过消费或者享受闲暇等使自己的需求、欲望等得到的满足的一个度量，也可以解释为人们由于拥有或使用某物而产生的心理上的满意或满足程度。效用这一指标是非常主观的，其产生的效果因人而异，甚至在不同时期对同一个人产生的效果也会不同。例如，一杯水对口渴的人来说，效用很大，而对不口渴的人来说，效用很小。在经济社会中，同等数额的损失对经济能力较差的人所带来的影响远大于经济能力较强的人。因此，在风险条件下所做出的风险管理决策必然与经济单位的经济实力和风险反应有着密切的关系。

效用理论是风险管理经理进行方案选择时采用的一种理论，它为不确定条件下的决策提供了一种定量分析的工具。效用理论认为，人们的经济行为的目的是从增加的货币数量中取得最大的满足，而不仅仅是为了得到最大的货币数量。

5.3.2　效用函数和效用曲线

前面提到效用是非常主观的，要想运用效用期望值决策法来选择最优风险管理方案，第一步就是构建针对决策者的效用函数。

效用函数是指反映效用度与收益（或损失）金额之间关系的函数。效用度是决策者对不同金额货币所具有的满足程度在数值方面的体现，为方便起见，常将其界定在 0～100。效用曲线则是用图形把效用度和金额联系起来。

延伸阅读

效用函数的确定

由于效用函数是一种主观判断，因此，要确定针对某一决策者的效用函数，需要通过测定这个人对某些金额的反应来完成。常用的方法有调查问卷、个性测试等，通过描点法来确定决策者的效用曲线。

这里先假设某人对 0 元财产的效用度为 0，100 万元财产的效用度为 100。实验的基本方法是询问被调查者愿意付出多大的代价（M）参加有两种可能结果的赌博，设两种可能结果发生的概率都是 0.5。

第一次询问：如果猜对可获 100 万元，猜错将一无所有，问愿意付出的赌注（M_1）是多少？对此人而言，拥有 M_1 而不参加赌博的期望效用为 U_1，而以 M_1 为代价参加赌博的期望效用为：

$$0.5×100+0.5×0=50$$

如果被调查者选择 M_1=40 万元，并且认为这时两个方案对他的影响是一样的，则对他而言拥有 40 万元的效用度 U_1=50。所以，第一次询问得到的是效用度为 50 的价值点。

第二次询问：如果猜对可获 M_1 元，猜错将一无所有，问愿意付出的赌注 M_2 是多少？此次回答的价值 M_2 的效用度是 25。

第三次询问：猜对得 100 万元，猜错得 M_1 元，问愿意支付的代价 M_3 又是多少？此时 M_3 相应的效用度为 75。

按照这种方法可以确定效用曲线上的若干点，把它们连起来就形成了被调查者的效用线。

5.3.3　效用曲线的类型和风险偏好

不同类型的人有着不同的风险偏好，这些风险偏好在效用曲线上有不同的体现。从人们对损失的态度来看，大体可分为三种类型：风险偏好型（也称冒险型）、风险中立型

（也称稳健型）和风险厌恶型（也称保守型）。

在效用曲线中，①、②、③三条曲线分别代表了三种风险偏好。效用曲线的形状与决策者的风险偏好有着紧密的联系。图 5-1 给出了最典型的三种效用曲线类型，曲线①、曲线②和曲线③分别代表了三种不同风险偏好的决策者。其中，曲线①代表风险厌恶型，曲线②代表风险中立型，曲线③代表风险偏好型。

曲线①表示的是风险厌恶型的决策者。这条效用曲线呈凸形，意味着随着损益值的递增，决策者所增加的效用度越来越少，增加速度越来越慢，从经济学的角度来说即边际效用递减规律。这种类型的决策者相对于收益的快速增加而言，其对收入的减少或损失的增加会更敏感，在投资过程中通常求稳妥，会比较谨慎小心。同时，曲线凸得越明显，意味着决策者保守的程度越高，商业保险的主要客户群往往就是这种类型的人群。

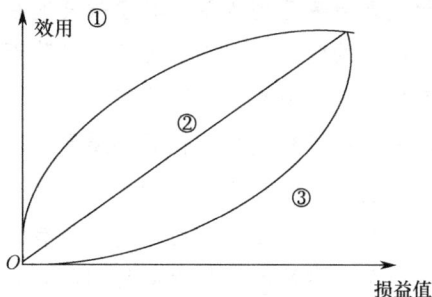

图 5-1　效用曲线

曲线②表示的是风险中立型的决策者，这也是一种介于保守型和冒险型之间的一种决策者类型。在图形上用一条直线表示，即随着损益值的递增，决策者所增加的效用度是恒定的，呈线性函数，从经济学的角度来说即边际效用恒定。这种类型的决策者认为效用值的大小与损益值大小一致，既不保守也不冒险。因此，在这种类型下，效用期望值决策法的最优方案往往也是损失期望值最优方案。

曲线③表示的是风险偏好型的决策者。这条效用曲线呈凹形，即随着损益值的递增，决策者所增加的效用度越来越多，增加速度越来越快，从经济学的角度来说即呈现出边际效用递增规律。相对于小额损失而言，这种类型的决策者，对大额收益的反应会比较敏感，在投资过程中通常希望谋求高额收益，敢担风险。同时曲线凹得越明显，意味着决策者冒险的程度越高，这种类型的决策者通常不太愿意购买保险。

延伸阅读

投资者风险偏好的分类

在进行个人理财规划时发现：不同的人由于家庭财力、学识、投资时机、个人投资取向等因素的不同，其投资风险承受能力不同；同一个人也可能在不同的时期、不同的年龄阶段及其他因素的变化而表现出对投资风险承受能力的不同。因此，风险承受能力是个人理财规划中一个重要的依据。

按照风险承受能力不同，投资者一般分为五大类：保守型投资者、中庸保守型投资者、中庸型投资者、中庸进取型投资者、进取型投资者。其中，保守型、中庸保守型我们统称为风险厌恶型，中庸型又称为风险中立型，中庸进取型和进取型我们统称为风险偏好型。

其各自具有的特点如下：

保守型投资者：保护本金不受损失和保持资产的流动性是首要目标。对投资的态度是希望投资收益极度稳定，不愿用高风险来换取收益，通常不太在意资金是否有较大增值。在个性上，本能地抗拒冒险，不抱碰运气的侥幸心理，通常不愿意承受投资波动对心理的煎熬，追求稳定。

中庸保守型投资者：稳定是重要考虑因素，希望投资能在保证本金安全的基础上有一些增值收入。希望投资有一定的收益，但常常因回避风险而最终不会采取任何行动。在个性上，不会很明显地害怕冒险，但承受风险的能力有限。

中庸型投资者：渴望有较高的投资收益，但又不愿承受较大的风险；可以承受一定的投资波动，但是希望自己的投资风险小于市场的整体风险，因此希望投资收益长期、稳步地增长。在个性上，有较高的追求目标，而且对风险有清醒的认识，但通常不会采取激进的办法去达成目标，而是在事情的两极之间找到相对妥协、均衡的方法，因而通常能缓慢但稳定地进步。

中庸进取型投资者：专注于投资的长期增值。常常为提高投资收益而采取一些行动，并愿意为此承受较大的风险。在个性上，通常很有信心，具有很强的商业创造技能，知道自己要什么并敢于冒风险去追求，但是通常不会忘记给自己留条后路。

进取型投资者：高度追求资金的增值，愿意接受可能出现的大幅波动，以换取资金高成长的可能性。为了最大限度地获得资金增值，常常将大部分资金投入风险较高的产品品种。在个性上，非常自信，追求极度的成功，常常不留后路以激励自己前进，不惜冒失败的风险。

资料来源：会计网文章"投资者风险偏好的五大分类"，文章有删改。

5.3.4 效用期望值决策法的应用

在前面所提到的损失期望值决策法中，是对各方案的损失期望值进行比较，而此处所讲的效用期望值，则是对各方案的效用值进行比较，计算出各方案的效用期望值，从而选择最优方案。

例题 5-3

吴先生现有财产 10 万元，他现在面临两个选择：方案 A 使他有 40%的机会再获得 6

万元, 有 60% 的机会收益为零; 方案 B 使他有 10% 的机会再获得 3 万元, 40% 的机会再获得 5 万元, 有 50% 的机会收益为 0。其拥有的财产与其效用度的关系如表 5-11 所示。

表 5-11　拥有的财产与效用度对应表

拥有的财产（元）	100 000	130 000	150 000	160 000	200 000
效用度	50	70	80	90	100

请分别用损失期望值决策法和效用期望值决策法对两种方案进行选择。

按照损失期望值的计算方法:

方案 A 的期望收益: 60 000×40%+0×60%=24 000（元）

方案 B 的期望收益: 30 000×10%+50 000×40%+0×50%=23 000（元）

按照损失期望值决策法, 应选择期望收益较高的, 故方案 A 优于方案 B。

若用效用期望值决策法来计算:

此人原有财产 10 万元, 方案 A 使他有 40% 的机会再获得 6 万元, 即其财产从 10 万元变为 16 万元, 其效用度为从 50 增加至 90, 增加了 40 点的效用度; 另有 60% 的机会收益为零, 财产不变, 效用度变为零。

因此, 方案 A 的效用期望值应为: 40×40%+0×60%=16

再看方案 B, 有 10% 的机会让此人财产增加 3 万元, 即其财产从 10 万元变为 13 万元, 其效用度从 50 增至 70, 增加了 20 点的效用度; 有 40% 的机会财产增加 5 万元, 即其财产从 10 万元变为 15 万元, 其效用度从 50 增至 80, 增加了 30 点的效用度; 另有 50% 的机会财产不变, 其效用度的增加也为零。

因此, 方案 B 的效用期望值应为: 20×10%+30×40%+0×50%=14

根据效用期望值决策法的原则, 应选择效用期望值更高的方案, 故方案 A 优于方案 B。

例题 5-3 考虑了增加收益, 并且比较简单, 下面举一个相对复杂的例子。

例题 5-4

某企业仓库面临火灾风险, 从各方面收集的资料信息如表 5-12 所示。

表 5-12　损失金额与损失概率

损失金额（元）	0	2 000	20 000	50 000	100 000	200 000
损失概率	0.77	0.18	0.035	0.009	0.005	0.001

若未采用购买保险的方式, 当企业发生直接损失过高时, 会导致支出相应的间接损失（如信贷成本上升等）, 表 5-13 列明了企业所承担的直接损失与间接损失的情况:

表 5-13　直接损失与间接损失

企业所承担的直接损失（元）	企业所承担的间接损失（元）
0	0
2 000	0
20 000	0
50 000	2 000
100 000	4 000
150 000	6 000
200 000	8 000

以下提供了 6 种风险管理方案：

方案 1：完全风险自留。

方案 2：购买保险金额为 200 000 元的保险，保险费为 4 000 元。

方案 3：购买不足额保险，保险金额为 50 000 元，保险费支出为 2 200 元。

方案 4：购买带有 2 000 元免赔额的保险，保险金额为 200 000 元，保险费为 3 100 元。

方案 5：自留 50 000 元及以下的损失风险，将 100 000 元和 200 000 元的损失风险转移给保险人，需缴纳保险费 1 000 元。

方案 6：自留 20 000 元及以下的损失风险，将 50 000 元、100 000 元和 200 000 元的损失风险转移给保险人，需缴纳保险费 1 500 元。

假设通过调查分析的方法，风险管理经理得到该企业损失金额和相应效用度的关系，如表 5-14 所示。

表 5-14　损失金额与效用度对应表

损失金额（千元）	损失的效用度	损失金额（千元）	损失的效用度
200	100	20	1.6
180	80	15	0.8
130	55	10	0.5
100	25	6	0.3
75	13	2	0.1
50	6.2	0	0
30	3.2		

请风险管理经理比较以上 6 种方案，并依照效用期望值决策法选择最优方案。

请注意，参照上面的损失金额和效用度表格，可以找出一部分损失金额对应的效用度，若不是表格中所列的数字，也可通过线性插值法来计算。假设我们已知坐标 (x_0, y_0) 与 (x_1, y_1)，要得到 $[x_0, x_1]$ 区间内某一位置 x 在直线上的 y 值，可用以下线性插值公式计算：

$$\frac{y - y_0}{y_1 - y_0} = \frac{x - x_0}{x_1 - x_0}$$

如损失额为 27 000 元，它落在 20 000 元和 30 000 元之间，相应的效用损失 Y 也必然落在 1.6 和 3.2 之间，通过线性插值法可得：

$$\frac{Y-1.6}{3.2-1.6} = \frac{27-20}{30-20}，从而可得 Y = 2.72$$

根据题干，可列出各方案的损失矩阵和效用矩阵。

方案 1：完全风险自留，可得表 5-15。

表 5-15　方案 1：风险自留

损失金额（元）	0	2 000	20 000	50 000	100 000	200 000
损失概率	0.77	0.18	0.035	0.009	0.005	0.001
直接损失（元）	0	2 000	20 000	50 000	100 000	200 000
间接损失（元）	0	0	0	2 000	4 000	8 000
合计（元）	0	2 000	20 000	52 000	104 000	208 000
效用损失	0	0.1	1.6	6.744	29	100

注：损失金额为 208 000 元时，效用损失应稍大于 100，但用 100 计算不影响决策。

方案 2：购买保险金额为 200 000 元的保险，保险费支出为 4 000 元，效用损失为 0.2。

方案 3：购买不足额保险，保险金额为 50 000 元，保险费支出为 2 200 元，可得表 5-16。

表 5-16　方案 3：购买不足额保险

损失金额（元）	0	2 000	20 000	50 000	100 000	200 000
损失概率	0.77	0.18	0.035	0.009	0.005	0.001
直接损失（元）	0	0	0	0	50 000	150 000
间接损失（元）	0	0	0	0	2 000	6 000
保险费支出（元）	2 200	2 200	2 200	2 200	2 200	2 200
合计（元）	2 200	2 200	2 200	2 200	54 200	158 200
效用损失	0.11	0.11	0.11	0.11	7.342 4	69.1

方案 4：购买带有 2 000 元免赔额的保险，保险金额为 200 000 元，保险费支出为 3 100 元，可得表 5-17。

表 5-17　方案 4：购买免赔额保险

损失金额（元）	0	2 000	20 000	50 000	100 000	200 000
损失概率	0.77	0.18	0.035	0.009	0.005	0.001
直接损失（元）	0	2 000	2 000	2 000	2 000	2 000
间接损失（元）	0	0	0	0	0	0
保险费支出（元）	3 100	3 100	3 100	3 100	3 100	3 100
合计（元）	3 100	5 100	5 100	5 100	5 100	5 100
效用损失	0.155	0.255	0.255	0.255	0.255	0.255

方案 5：自留 50 000 元及以下的损失风险，将 100 000 元和 200 000 元的损失风险转移给保险人，需缴纳保险费 1 000 元，可得表 5-18。

表 5-18　方案 5：自留部分风险，转移部分风险

损失金额（元）	0	2 000	20 000	50 000	100 000	200 000
损失概率	0.77	0.18	0.035	0.009	0.005	0.001
直接损失（元）	0	2 000	20 000	50 000	0	0
间接损失（元）	0	0	0	2 000	0	0
保险费支出（元）	1 000	1 000	1 000	1 000	1 000	1 000
合计（元）	1 000	3 000	21 000	53 000	1 000	1 000
效用损失	0.05	0.15	1.76	7.016	0.05	0.05

方案 6：自留 20 000 元及以下的损失风险，将 50 000 元、100 000 元和 200 000 元的损失风险转移给保险人，需缴纳保险费 1 500 元，可得表 5-19。

表 5-19　方案 6：自留部分风险，转移部分风险

损失金额（元）	0	2 000	20 000	50 000	100 000	200 000
损失概率	0.77	0.18	0.035	0.009	0.005	0.001
直接损失（元）	0	2 000	20 000	0	0	0
间接损失（元）	0	0	0	0	0	0
保险费支出（元）	1 500	1 500	1 500	1 500	1 500	1 500
合计（元）	1 500	3 500	21 500	1 500	1 500	1 500
效用损失	0.075	0.175	1.84	0.075	0.075	0.075

综合以上表格，可计算每种方案的效用期望值：

方案 1：$0×0.77+0.1×0.18+1.6×0.035+6.744×0.009+29×0.005+100×0.001=0.38$

方案 2：0.2

方案 3：$0.11×0.77+0.11×0.18+0.11×0.035+0.11×0.009+7.342\ 4×0.005+69.1×0.001=0.215$

方案 4：$0.155×0.77+0.255×0.18+0.255×0.035+0.255×0.009+0.255×0.005+0.255×0.001=0.178$

方案 5：$0.05×0.77+0.15×0.18+1.76×0.035+7.016×0.009+0.05×0.005+0.05×0.001=0.19$

方案 6：$0.075×0.77+0.175×0.18+1.84×0.035+0.075×0.009+0.075×0.005+0.075×0.001=0.155$

由上面的计算结果可知，方案 6 的效用期望值最小，故方案 6 应为此时的最优方案。

课堂实作

某企业货物价值 40 万元，其面临的火灾风险损失金额与损失概率如表 5-20 所示。

表 5-20　损失金额与损失概率

损失金额（万元）	0	3	15	30	40
损失概率	0.78	0.12	0.09	0.009	0.001

风险管理经理得到该企业损失金额与效用度的关系，如表 5-21 所示。

表 5-21　损失金额与效用度

损失金额（万元）	0	3	15	30	40
效用度	0	12	35	75	100

对此企业拟定了 3 种风险处理方案，具体如下：

方案 1：风险自留。

方案 2：购买保险，保险金额为 40 万元，保险费支出为 4 000 元。

方案 3：购买保险金额为 30 万元的保险，保险费支出为 3 000 元。

请用效用期望值决策法进行方案选择。

重要概念

1．期望值，又称数学期望或期望，是指在一个离散性随机变量试验中每次可能结果的概率乘以其结果的总和。

2．损失期望值决策法，是指以每种风险管理方案的损失期望值作为决策的依据，即选取损失期望值最小的风险管理方案。在这种方法中，首先要分析和衡量该方案的损失概率和损失程度，分别列出每种方案的损失矩阵，然后将二者相乘求出该方案风险的损失（或收益）期望值，并使用损失期望值（或收益）去度量风险。

3．效用期望值，是指对各方案的效用值进行比较，计算出各方案的效用期望值，从而选择最优方案。

4．效用，是指对消费者通过消费或者享受闲暇等使自己的需求、欲望等得到的满足的一个度量，也可以解释为人们由于拥有或使用某物而产生的心理上的满意或满足程度。

能力拓展

某企业的仓库存放价值 50 万元的货物，其面临的火灾风险损失金额与损失概率如表 5-22 所示。

表 5-22　损失金额与损失概率

损失金额（万元）	0	2	10	25	50
损失概率	0.8	0.1	0.09	0.009	0.001

风险管理经理得到该企业损失金额与效用度的关系，如表 5-23 所示。

表 5-23 损失金额与效用度

损失金额（万元）	0	2	10	25	50
效用度	0	10	30	70	100

对此企业拟定了 3 种风险处理方案，具体如下：

方案 1：风险自留。

方案 2：购买保险，保险金额为 50 万元，保险费支出为 6 000 元。

方案 3：购买自负额为 2 万元的保险，保险费支出为 5 000 元。

请问风险管理经理该如何做出最优风险管理决策？

第二篇

实务篇

企业风险管理

教学目标

- 识别企业风险中的财产损失风险、责任损失风险、人身损失风险
- 评估企业的财产风险损失、责任风险损失、人身风险损失
- 熟悉企业应对风险的常用方法
- 了解财产保险、人身保险和责任保险的主要分类

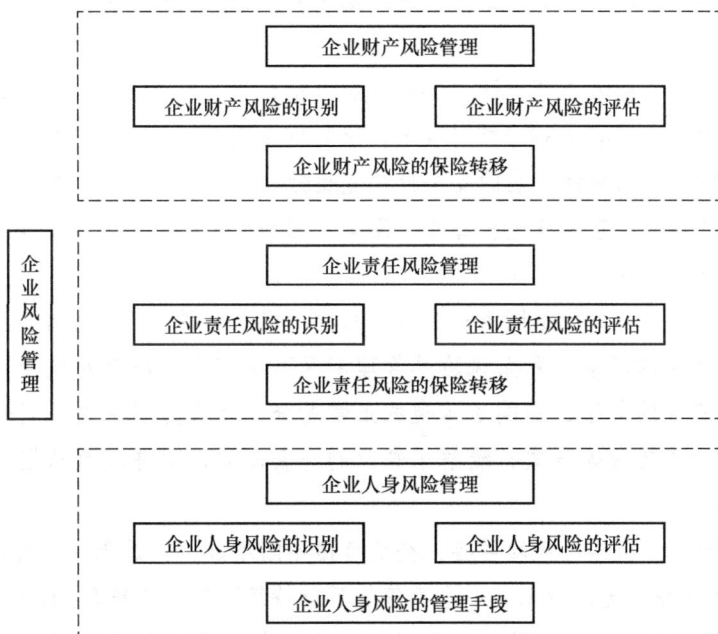

	企业财产风险管理	
	企业财产风险的识别 — 企业财产风险的评估	
	企业财产风险的保险转移	
企业风险管理	企业责任风险管理	
	企业责任风险的识别 — 企业责任风险的评估	
	企业责任风险的保险转移	
	企业人身风险管理	
	企业人身风险的识别 — 企业人身风险的评估	
	企业人身风险的管理手段	

案例导入

乐视信息技术（北京）股份有限公司（简称乐视）成立于 2004 年，通过"平台+内容+终端+应用"的经营模式，建设了 7 个互不关联的垂直业务，再通过业务整合，形成独特的乐视"生态圈"。随着乐视的不断发展，2010 年 8 月，乐视在我国创业板上市，其业务版图不断扩张，在 2014 年业务总收入达 100 亿元，2016 年业绩报告显示其实现营业收入 219.87 亿元。看似一片欣欣向荣的背后，却隐藏着巨大的财务危机。乐视大量融资的同时拖欠手机供应商款项高达 150 亿元，超过 60%的版权费未能支付。2017 年 7 月 7 日董事长贾跃亭辞职，公司的五大重量级高管也陆续离职，乐视股价一路下跌，面临退市风险。

乐视在目标设立方面，确定了其战略目标。但是，乐视生态模式的提出，并没有使乐视提升到新的高度，这遭到外界多方的质疑。专家分析，这根本就是顶层设计的错误导致的。在经营的有效性上，乐视的业绩和盈利都没有得到提升反而不断负向发展。这就表明乐视的经营目标在制定的过程中出现纰漏，未能合理预估企业可能承受的风险。乐视在公司资金紧缺的情况下，仍然吞并其他企业，企业发展战略明显不契合公司的发展水平。

乐视的外部融资能力不断下降，其偿债能力指标几乎接近上限，企业的资产负债比率高，而流动性比率只有 1.39，相对较低，比同行业低了两倍多。公司偿债风险上升且资金使用效率低，难以确保资金的安全性和完整性。文化市场竞争日益激烈，需求趋于多元化，而贾跃亭的经营风格比较冒险，没有巩固和深化原有的市场，反而利用可周转的资金激进扩张其他的业务范围。

乐视所面临的固有风险是国家出台的一系列严格的互联网视频内容监管政策，这是同行业都必须面对的风险。剩余风险是管理者采取了相应措施应对风险后仍然存在的风险。关联方资金的紧张，影响了乐视的正常融资，乐视为解决这一问题，通过与金融机构合作以及债转股等方式，缓解了暂时的资金压力，但并没有从根本上解决融资问题。

乐视自上市后，机遇与风险并存，企业负债不断增加，但是乐视没有建立风险识别系统。168 亿元巨额资金的流入仅一个涨停板后就持续下跌。在停牌、诊股、亏损 16.516 亿元前，乐视并没有建立有效的风险识别系统，面对巨额亏损没有采取任何控制措施。乐视公司并没有在风险应对方面建立完善的风险识别系统，没有及时收集风险及与风险变化相关的各种信息，导致乐视在面对一系列的危机时难以抵抗。

资料来源：知行部落（博客）。

任务 6.1　企业财产风险管理

6.1.1　企业财产风险的识别

财产面临的实物形态的损毁、灭失或价值形态贬值的不确定性，我们称为财产风险。

1．企业财产与权益

根据我国法律，财产所有权是指所有人依法对自己的财产享有占有、使用、收益和处分的权利。

广义上，企业财产包含有形财产和无形财产。有形财产指具有实物形态的财产，如房屋建筑、机器设备等；无形财产指诸如发明权、版权、名誉权等不具有实物形态的财产。本文主要讨论企业的有形财产。企业的有形财产根据其能否移动可分为不动产与动产，不动产指土地以及在其上生长、建立或固定的任何附属物，移动会损害其价值或功能。例如，建筑物及其附属物，土地及在其上生长的庄稼和其他植物。动产指除不动产之外的，不依附于土地的，可移动的并且移动不会造成其价值或功能损害的非货币性资产。动产还可以进一步分为有形资产和无形资产。前者如机器、模具、家具、固定设备、原材料、生产流程中的未成品、成品、待售商品、汽车、衣服、收音机、电脑、游艇、飞机、课本及动物等，后者如商誉、版权、专利权、商标、土地使用权、特许权、商业机密等。

2．财产损失的原因

财产损失的原因分为自然原因、人为原因和经济原因三大类。

（1）自然原因是指自然界的变动导致的风险给财产带来的损失，包括地震、台风、暴风雨、山崩、塌方等。

（2）人为原因是指人的过失或故意行为导致的风险给财产带来的损失，包括纵火、污染、盗窃、欺诈、故意破坏等。

（3）经济原因是指由经济变动导致的风险给财产带来的损失，包括通货膨胀、利率变动、汇率变动、技术进步、经济衰退等。

3．财产损失形态

企业财产风险可能导致的损失形态，根据不同的分类标准做如下分类。

（1）按财产性质分类，可分动产损失和不动产损失。

（2）按损失原因分类，可分为火灾损失、爆炸损失、飓风损失、盗窃损失、地震损失、洪水损失等。

（3）根据损失是直接的还是间接的，可分为直接损失与间接损失。直接损失往往是财产实物形态的损毁，造成其经济价值直接减少，如机器设备的损毁。间接损失指因其他财产的直接损失而造成的间接财产损失、收入损失、费用损失等。其中，如雷电击坏企业供电设备，企业冷冻保存的货物因停电而受损等属于间接财产损失。还有一种间接财产损失情况，是由于财产关系的一部分受损，破坏了此财产的完整性，影响到其余部分价值的实现，如成套的瓷质餐具在运输过程中由于颠簸而部分受损，那么每套餐具剩余完好的部分必须折价销售。收入损失指由于财产受损，生产经营受到影响而导致收益的减少。费用损失指因财产受损而额外发生的费用支出，如企业向外界租赁替代受损财产的设备以维持生产经营而支付的租赁费用。

（4）按财产权益的性质分类，可分为所有权权益损失、抵押权权益损失、质权权益损失、留置权权益损失、租赁合同权益损失、委任合同权益损失等。

（5）根据财产损失是否可通过保险得到补偿，可分为可保损失和不可保损失。因为保险是企业风险管理经理处理风险的重要手段，分清哪些损失可以通过事先的保险来得到补偿，是风险管理经理决定是否运用保险的基础。

6.1.2　企业财产风险的评估

损失价值评估是对损失大小的具体量化，是风险衡量的基础。财产损失价值评估是对财产现有损失价值的评定和估算。这里介绍财产直接损失金额和间接损失金额的评估。

1．财产直接损失金额的评估

在评价财产直接损失风险的经济后果时，风险管理经理必须注意选择适当的估价标准。可以选择的标准有以下几种：

（1）原始成本。原始成本（或原值）是购置某项财产时所付的价格。会计报表中使用原始成本显示大多数资产的价值。由于通货膨胀、技术变化和其他因素，使用原始成本记录会产生一些问题。例如，如果建筑物用原始成本来估价，就没有考虑到以后对建筑物进行装修的费用。

（2）账面价值。账面价值或净值是用资产的原始成本减去累计的折旧金额得出的，因此，一项长期资产的账面价值一般都比其原始成本低。财产的折旧方法因会计假设的折旧率和税法规定的不同而不同。一般分为两种方法：直线折旧法和加速折旧法。政府支持的产业一般采用加速折旧法，以减轻其税负。账面价值的计算公式为：

账面价值＝资产的原始成本－累计的折旧金额

（3）重置成本。重置成本是指按照当前市场条件，重新取得同样一项资产所需支付的现金。从风险管理角度来看，重置成本是衡量财产损失最有用的估价标准之一。但从会计角度看，由于重置成本与财务报表中报告的价值不直接有关而显得意义不大。

（4）复制成本。不动产和动产的复制成本是使用相同的材料和技艺复制原物的成本，较之其他估价标准，其成本更高，一般适用于对历史文物、艺术品和重要文件的估价。

（5）功能重置成本。财产的功能重置成本是与置换财产不相同的重置成本，但在置换后能以同等效率执行相同的功能。这一估价标准注重功能的价值，而不是财产本身的价值，最适用于对处于技术迅速发展年代的财产的估价。例如，数年前购买的计算机，如今已经过时，而且厂家已不再生产此种型号的计算机，以功能重置成本来衡量其价值，需要参照与原有的计算机功能相同的计算机价格，这一功能重置成本很可能比原有的计算机的原始成本低。

（6）市价。资产的市价是某项资产在其专门市场上的购买价格或销售价格，如谷物、铜铁矿、石油一类的商品最宜用市价来估价，它们都在交易所内交易，每天都有一个可以确定的市价。

（7）经济或使用价值。对用于生产的财产项目估价的另一种标准是其经济或使用价值。例如，一台生产金属产品的钻床每年可以带来 5 万元的净收益，如果它的预期剩余使用年限还有 10 年，那么它的经济或使用价值是以后每年 5 万元的现值。从风险管理角度来看，经济或使用价值这一估价标准在衡量财产损失对企业将来净收入的影响时是恰当的。

2. 财产间接损失金额的评估

企业财产的直接损失往往是有形的，且在一定限额之内，其带来的间接损失却因其"无形"不易被人重视，并且损失金额可能非常巨大，风险管理经理应当注意。下面对两种主要的间接损失进行分析。

（1）收益减少。当企业财产遭受损失时，企业就部分或全部丧失了对财产的使用，收益减少。

① 营业中断损失。营业中断损失是指企业财产遭受直接损失后不能继续正常的生产经营，在恢复正常经营之前所蒙受的收入损失。对于商业企业来说，主要是不能营业造成利润损失；对于生产企业来说，主要是产量下降导致利润下降。

营业中断的损失包括以下两部分：第一，企业的生产经营没有中断的情况下本可获得的净利润；第二，营业中断后，仍继续发生的费用，如员工工资、贷款利息等。但因营业中断而免于开支的费用，应从营业中断损失中扣除。

营业中断时间长短取决于受损财产的性质与受损程度、修复速度。营业中断时间还必须包括经营恢复到正常水平所需的时间，如果营业中断时间过长，在评估损失时还要考虑经济发展趋势。

② 连带营业中断损失。如果企业的生产经营过多依赖于一个或若干原料供应商或客户，那么，一旦这些原料供应商或客户发生某些意外，导致正常的生产经营受阻，将连带影响企业的生产或销售。

因此，企业风险管理经理应检查本企业的生产经营是否过多依赖于某个原料供应商或客户，如果这样，应及时采取措施，以免出现"一损俱损"的被动局面。

③ 产成品利润损失。如果企业的产成品在风险事故中遭受损失，直接损失是产品的成本，间接损失是企业销售掉这些产成品可以获得的利润。商业企业则与生产企业不同，其待售商品受损而导致的利润损失，已包含在营业中断损失中，其可能的间接损失是指营业中断期间，资金周转受阻，实际损失中超过商品成本加一次销售的利润的那部分损失。

④ 应收账款减少损失。企业意外事故的发生，可能使一些应收账款的会计记录与重要凭证损毁，导致企业收款困难，甚至根本收不回贷款。应收账款减少损失包括：债务人拒绝偿还的贷款；应收账款延迟收回情况下企业的贷款利息；重建记录费用与增加的收账费用。

⑤ 租金收入。企业出租的房屋因损毁而无法继续出租时，企业承受租金收入损失，即使在租约中规定预付租金，也只能减少有限租期内的部分损失。

（2）额外费用增加。企业财产损毁后，为恢复正常的生产经营，必定要发生一些额外费用或支出，主要有：

① 租赁价值损失。房屋受损后，企业在重建期间要另租房屋，所付租金为租赁价值，其损失金额还须减去租赁期间所不必支付的费用。

如果企业原本就租用房屋，此房屋受损后，企业是否有损失及损失的大小取决于租赁合同的约定。如果合同中约定房屋受损时，企业仍需付一定期限的租金，那么，企业损失这部分租金；如果合同中无此规定，企业是否发生损失取决于另租房屋的租金是否超出原先所租房屋的租金，如果超出，企业损失即这部分差额。

② 租权利益损失。租权利益指因承租人租赁期间租赁价值的上涨，超出租金的那部分价值的利益。如果房屋发生损毁，这部分利益就丧失了。

③ 超额费用。某些特殊企业一旦发生意外事故，使生产经营中断，会使客户纷纷转向他处，即使恢复了生产经营，也难以达到损失前的水平，因此导致比营业中断更大的损失；或者企业出于维护自身形象或保持良好信誉的考虑，会不惜一切代价保持继续经营，因此会产生一些超额费用，包括迁往临时经营场所和从临时经营场所迁回的费用，因临时租用而支付的较高租金，匆忙采购产生的采购费和雇用产生的劳务费等。对于这些可能发生的超额费用，风险管理经理可通过事先计划的事故对策做好安排，做到有备无患。

6.1.3　企业财产风险的保险转移

企业财产风险的种类有很多种，不同的风险可以采用不同的风险应对策略。风险管理的手段已在项目四中详细介绍，本部分主要介绍企业财产风险的保险转移方式。

财产保险的主要业务种类如下：

1．火灾保险

火灾保险简称火险，是指以存放在固定场所并处于相对静止状态的财产物资为保险标的，由保险人承担被保险财产遭受保险事故损失的经济赔偿责任的一种财产保险。

传统的火灾保险只承保火灾等少数风险，随着社会经济的发展，物质财富不断丰富，面临的其他风险也日渐扩大，加之保险经营技术的进步，使得火灾保险不断发展，保险人开始将火灾保险单承保的责任扩展到更多的自然灾害和意外事故，承保的标的也扩展到各种动产和不动产。我国企业财产保险、家庭财产保险和涉外财产保险就是在火灾保险的基础上，为适应企业转嫁财产风险、保障生产的需要，扩展保险责任演变而来的。在此我们仅介绍企业财产保险。

企业财产保险在承保内容上，可分为承保直接物质损失的财产保险和承保间接损失的利润损失保险。企业财产保险包括财产基本险、综合险和一切险三个类别，主要承保火灾以及自然灾害和意外事故造成的财产的直接损失。

2．海洋运输保险

海洋运输保险是指保险人对船舶及其运输货物因特定的损失原因，如恶劣气候、碰撞、沉没、搁浅、投弃、船长或船员的恶意行为所造成的损失负赔偿责任，它还包括运输保险和责任保险。海上运输保险被认为是一种古老的险种。

3．内陆运输保险

内陆运输保险是随着海洋运输保险的发展而产生的，各国对内陆运输的含义有不同的解释。美国的解释为，内陆运输保险承保国内所有运输业装运的货物，包括陆上卡车、铁路运输、沿海船舶运输和航空运输，以及运输设施，如桥梁、隧道、管道，并包括受托人责任保险。日本的解释为，内陆运输保险仅指陆上货物运输保险。

4．盗窃保险

盗窃保险是指保险人赔偿因抢劫和偷窃所造成的财产破坏或失踪的损失，包括货币和证券损失。盗窃保险现在一般包括在"一揽子"保险单中。盗窃保险可分为商业盗窃保险、银行盗窃保险和个人盗窃保险，有零售商店盗窃、保险箱盗窃、抢劫等多种保险单。盗窃保险还包括伪造保险，如伪造货币和信用卡、涂改支票的姓名和金额。

5．忠诚保证保险

忠诚保证保险是为雇主因雇员的不诚实行为（如贪污、挪用、诈骗）所遭受的损失提供保障。

6．确实保证保险

确实保证保险是承保合同一方（被保险人）没有履约造成另一方产生经济损失时，

由保险人负责赔偿的一种保险。确实保证保险种类繁多，最常用的是履约保证保险，保证被保险人履行所有合同责任。如果一栋建筑物没有按时完工，保险人要对项目完成和雇用另一个承包商的额外费用负责。许可证保证、政府官员保证、司法保证等也属于确实保证保险。

7. 锅炉和机器保险

锅炉和机器保险承保的是锅炉和其他一些机械装置因爆炸和机器故障等原因对企业财产造成的直接损失和间接损失。企业购买锅炉和机器保险的一个重要原因是取得保险公司提供的防损服务，如委派安全工程师定期检查锅炉和其他机械上的缺陷。

8. 玻璃保险

由于建筑和装饰的需要，建筑玻璃的使用量剧增，综合的玻璃保险单以一切险为原则补偿玻璃破损，只有少数几个损失原因除外，如火灾、战争、核辐射等。这种保险一般以实物补偿为特征，由保险公司负责更换破损玻璃。

9. 电子数据处理保险

由于企业广泛使用电子数据处理设备，保险公司开办了电子数据处理保险这一保险业务。这种保险专门承保计算机设备损失、磁带损失、卡片损失和作为媒体的磁鼓损失，以及损失发生后的额外费用支出和操作中断的经济损失，以一切险为补偿原则。

10. 地震保险

地震保险是指保险人对地震灾害对被保险人所造成的生命财产损失进行赔付的行为。日本的地震保险由私营保险公司经营，但政府提供再保险。我国的财产保险已把地震作为除外责任之一，正在研究单独开办地震保险的可行性。

11. 农作物保险

农作物保险承保的是雹灾和其他自然灾害造成的农作物损失，如冰冻、旱涝、病虫害等。各种农作物保险的共同特征是，保险责任在农作物出土后生效，保险责任限额以每单位农田面积表示，保险金额一般等于生产成本，有时也包括部分预期利润。在国外，农作物保险一般都能得到政府资助，或由政府部门直接经营。

12. 信用保险

信用保险是以被保险人的信用为保险标的的一种保险，承保债权人因债务人不偿付债务而遭受的损失，如承保出口商因收不到进口商的货款而遭受的损失。

13. 政治风险保险

政治风险保险又称投资保险，承保投资者在国外的投资因政治变动、内战、暴乱、政府没收、汇兑限制等因素而遭受的经济损失，但也规定了不少除外责任。美国进出口银行和一些大的私营保险公司、英国劳合社均办理这项保险业务。为适应对外开放需要，中国人民保险公司也开办了这项业务。

上述险种属于广义的财产保险，它包括了一些属于意外保险的险种，如盗窃保险、玻璃保险、锅炉和机器保险。有些是与火灾保险有关的险种，如地震保险。

典型案例

诺基亚与爱立信的胜败抉择

2000年3月17日晚上8时，美国新墨西哥州大雨滂沱，电闪雷鸣。雷电引起电压陡然增高，不知从哪里迸出的火花点燃了飞利浦公司第22号芯片厂的车间。工人们虽然奋力扑灭了大火，火灾仍然带来了巨大的损失：塑料晶体格被扔得满地都是；足够生产数千个手机的8排晶元被烧得黏在电炉上；车间里烟雾弥漫，烟尘落到了要求非常严格的净化间，破坏了正在准备生产的数百万个芯片。芯片是移动电话的核心部件，突然间的一场大火使处理无线电信号的RPC芯片一下子失去了信号来源。面对如此重大的事故，飞利浦需要花几周的时间才能使工厂恢复到正常生产水平。为了满足客户的芯片需要，恢复生产的速度是关键。飞利浦的主管决定最先满足大客户诺基亚和爱立信的需求。诺基亚和爱立信一起购买的芯片数量占这家工厂生产的总芯片数量的40%，此外，还有30多家小厂也从这家芯片厂订货。

在火灾发生后的几天内，诺基亚的官员在芬兰就发现订货数量无法增加，似乎感到事情有一点不对劲。3月20日，诺基亚公司接到来自飞利浦方面的通知，飞利浦方面只是简单地说火灾引起某些晶元出了问题，只要一个星期就能恢复生产。这个消息传到高亨（负责诺基亚零部件供应的管理者）那里，高亨决定派两位诺基亚工程师到飞利浦的工厂去看看。但是飞利浦公司怕造成误会，婉言拒绝了诺基亚的要求。高亨随即把飞利浦公司供应的这几种芯片列在了特别需要监控的名单上，这种情况在诺基亚公司每年会出现十几次，当时也没有人太在意。在随后的一个星期里，诺基亚开始每天询问飞利浦公司工厂生产恢复的情况，而得到的答复都含糊其辞。此情况迅速反映到了诺基亚公司高层那里，诺基亚手机分部总裁马蒂·奥拉库塔在赫尔辛基会见飞利浦方面有关管理者的时候，把原来的议题抛在一边，专门谈火灾问题。他还特别强调："现在是我们需要下很大的决心来处理这个问题的时候了。"一位曾经在场的飞利浦公司管理者回忆说，可以很明显地看出来，诺基亚方面非常生气，这种感觉就好像在"生死之间做选择一样"。

3月31日，也就是火灾发生两个星期以后，飞利浦公司正式通知诺基亚公司，可能需要更多的时间才能恢复生产。高亨听到这个消息后，就不停地用计算器算来算去：他发现，这可能影响到诺基亚400万部手机的生产，这个数字足以影响整个诺基亚公司5%的销售额，而且当时手机市场的需求非常旺盛。高亨发现由飞利浦公司生产的5种芯片中，有一种在世界各地都能找到供应商，但是其他 4 种芯片只有飞利浦公司和飞利浦公司的一家承包商生产。在得到这个坏消息几小时之后，高亨召集了中国、芬兰和美国诺基亚分公司负责采购的服务工程师、芯片设计师和高层经理共同商讨怎样处理这个棘手的问题。

高亨专门飞到飞利浦公司总部，十分激动地对飞利浦公司的 CEO 科尔·本斯特说："诺基亚非常非常需要那些芯片，诺基亚公司不能接受目前的这种状况，即使掘地三尺也要找出一个方案来。"经过高亨的不懈努力，他们找到了日本和美国的供应商，承担了生产几百万个芯片的任务，从接单到生产只有 5 天准备时间。诺基亚还要求飞利浦公司把工厂的生产计划全部拿出来，尽一切努力挖掘潜力，并要求飞利浦公司改变生产计划。飞利浦公司迅速见缝插针，安排了 1 000 万个 ASIC 芯片。生产芯片的飞利浦工厂一家在荷兰，一家在上海。为了应急，诺基亚还迅速改变了芯片的设计，以便寻找其他的芯片制造厂生产。诺基亚公司还专门设计了一个快速生产方案，准备一旦飞利浦新墨西哥州的工厂恢复正常生产以后，就可快速地生产芯片，把火灾造成的 200 万个芯片的损失补回来。

与诺基亚形成鲜明对比的是，爱立信的反应要迟缓得多，表现出对问题的发生准备不足。爱立信公司几乎是和诺基亚公司同时收到火灾消息的，当火灾发生的时候，很多爱立信的高级经理们刚刚坐上新的位置，还不熟悉火灾会造成多大的影响，也没有什么应急措施。

2000 年 7 月，爱立信第一次公布火灾带来的损失时，股价在几小时内跌了 14%。此后，股价继续下跌。

爱立信公司突然发现，生产跟不上了，几个非常重要的零件一下子断了来源。火灾后遗症在 2001 年 1 月 26 日爆发，飞利浦公司的官员说："实在没有办法生产爱立信所急需的芯片，已经尽了最大努力。"而在 20 世纪 90 年代中期，爱立信公司为了节省成本简化了供应链，基本上排除了后备供应商。当时，爱立信只有飞利浦一家供应商提供这种无线电频率芯片，没有其他公司生产可替代的芯片。在市场需求最旺盛的时候，爱立信公司由于短缺数百万个芯片，一种非常重要的新型手机无法推出，眼睁睁地失去了市场。面对如此局面，爱立信公司只能宣布退出移动电话生产市场。

诺基亚的努力没有白费，手机生产赶上了市场需求的高潮，生产按期完成。利用火灾给爱立信公司带来的困难，诺基亚公司奠定了在欧洲市场的主导地位，扩大了在全球手机市场的市场份额。当时，诺基亚的市场份额已经达到 30%，一年以前还只是 27%；爱立信的市场份额为 9%，一年以前则是 17%。从一定意义上讲，正是这场危机使诺基亚从爱立信的手中抢夺了 3% 的市场份额。

2001 年 4 月 1 日，爱立信公司宣布停止生产手机，并将手机业务外包给了一家新加坡的制造公司 Flextronics。消息传出，全世界为之震惊。一家生产了 100 多年电话机的企业，竟然不再制造手机了。

诺基亚公司和爱立信公司都是这家飞利浦公司芯片生产厂的客户，面对移动电话销售火爆的情况，核心元件的缺位无疑是致命的。面对这场危机，诺基亚和爱立信两家公司的反应形成了鲜明的对比，其结果也有天壤之别。火灾成全了诺基亚，害苦了爱立信。

资料来源：平川. 危机管理[M]. 北京：当代世界出版社，2005.

任务 6.2　企业责任风险管理

6.2.1　企业责任风险的识别

1. 责任风险的含义与类型

责任风险是指个人或企业因为疏忽或者过失，造成他人财产损失或人身伤害，依法应当承担法律责任的风险。根据责任发生的原因，责任通常可分为合同责任、侵权责任。企业对由于自身过失、故意的行为而造成他人财产损失、人身伤害应负法律责任。法律责任又可分为刑事责任与民事责任两部分，企业对刑事责任当然要注意避免，但作为可以用货币衡量的经济损失，民事责任才是风险管理经理必须关注的主要对象。以下有关责任的讨论仅限于民法范围内，而不涉及刑法。

（1）合同责任。根据合同所产生的法律责任有以下两种：

① 违约。合同是当事人达成的具有法律约束力的协议。每一方都具有履约的义务，如果一方不履约，就构成违约，并由此可以对违约方提出损害赔偿要求，或者提出其他法律补救办法。违约责任指当事人因违反合同或协议而引起的民事责任，因此，当他方对企业就违约责任起诉时，必须证明企业有明示或暗示的合同责任存在，并且只能在合同范围内提出索赔。法院判决侧重于补偿损失，因此，风险管理经理可以通过对企业内合同与协议的订立、履行进行监督管理，实现对违约责任风险的有效管理。

② 转移责任协议。许多合同都会订立转移责任协议。例如，房屋或汽车租赁合同、电梯维修合同、建筑合同、订单、租船合同。根据转移责任协议，合同一方当事人甲承诺对另一方当事人乙所遭受的特定损失予以赔偿。

（2）侵权责任。侵权是指侵害他人合法权利的违法行为。如果这种违法行为给他人造成损害，则受害人可依据法律提出诉讼以获得赔偿。侵权的构成要素为：受害人享有合法权利；行为人侵害了这种合法权利；损害和侵害行为之间存在近因关系。侵权的一方被称为侵权人或侵权行为人。如果侵权的一方涉及两个或两个以上的人，他们则被称为共同侵权行为人。侵权可分为故意侵权、过失侵权、无过失侵权三类。

① 故意侵权。故意侵权指行为人能够预见自己的违法行为会对他人造成损害，而放任这种结果的发生。例如，企业未经有关部门的许可，任意排放污水、废气，影响了周围环境与居民生活。对于此类由于故意侵权而造成的民事责任，风险管理经理只要给予适当的注意就可以避免。

② 过失侵权。过失侵权指行为人应该预见或可以预见自己的违法行为可能给他人造成损害，而没有预见或已预见但轻信可以避免，以致损害的发生。简而言之，就是没有做一个谨慎的人应该做的事，或者做了谨慎的人不会做的事。在理论上，风险管理经理只要给予足够的重视，处处谨慎行事，还是可以避免因过失而产生的民事责任的。

③ 无过失侵权。无过失侵权指即使没有过失也必须承担赔偿责任。例如，企业的产品责任，只要消费者能证明产品存在缺陷，并且此缺陷是引起损失的近因，企业就必须承担民事赔偿责任，无论有无过失。

从以上三类侵权可以看出，企业在侵权行为产生并导致民事责任前，与受害人之间并不存在民事法律关系，只有当损害发生时两者才发生权利和义务关系，因而，企业面临的侵权民事责任风险比违约责任风险更具有确定性。每一侵权行为的产生，必定包括以下三个条件：

① 行为的违法性。如企业乱排污水污染环境，违反了国家有关环境保护的法律法规。企业在举行庆典时，违反有关规定燃放烟花爆竹，伤害了围观者。两者都是对他方合法权利的侵犯，有些行为虽然侵犯了他方的权利，却是合法的，如正当防卫、紧急避险等。

② 损害事实的发生。他方必须有财产、人身或权利上的损害事实存在，才能就责任事故中企业的侵权行为主张赔偿。损害可分为有形的损害和无形的损害，有形的损害指可以较为客观地确定其金额的损失，如财产损失，人身伤害中的医疗费、丧葬费等；无形的损害指那些难以较客观地确定金额的损失，如肖像权、名誉权的损害，特别是人身伤害造成的精神痛苦，其赔偿额的确定缺乏依据，法院判决过程中主观因素作用较大。

③ 违法行为与损害事实之间的因果关系。除了无过失侵权，损害事实必须是由企业的违法行为引起的，否则企业对损害事实不负责任。但往往损害事实的发生是错综复杂的，风险管理经理难以简单地判断本企业在某一次责任事故中所起的作用、应负的责任，需要专业技术人员与法律顾问的配合，来确定本企业的责任，以避免纠纷，并总结其中教训。

2. 企业常见的责任风险

（1）雇主责任风险。雇主需对雇员在代表雇主行动时的疏忽行为负责。因此，如果长途运输公司的驾驶员在运货途中由于疏忽大意撞到路边的行人，或者建筑公司的建筑工人在高空作业时不慎坠楼等，雇主就需要承担责任。

当然，雇主对雇员的疏忽行为只有在下列两个条件满足时才需负责：①工作人员的法律地位必须是雇员。一个人只有得到公司关于如何去做一项工作的详细指导，具有由雇主提供的工具，并且获得定期支付的薪水时，他通常才能被认为是雇员。②当疏忽行为发生时，雇员必须是在雇佣活动范围内行动。因此，如果商场的店员在销售产品过程中与顾客发生冲突，并大打出手使其中一位顾客致残的行为所造成的责任损失并不需要由雇主来承担。

（2）产品责任风险。产品责任风险是指制造商、批发商和零售商因产品缺陷使顾客受到人身伤害或财产损失而负的法律责任。由于产品设计不合理、装配不当，制造商等没有测试和检查产品，没有对产品固有的危险性做出警告，做了欺骗性广告以及没有预见到可能发生的顾客对产品的滥用或误用，产品的制造商或销售商要承担责任。

（3）职业责任风险。同有形的产品必须保证顾客使用安全一样，专业人员为顾客提供劳务也要做到不损害他们的正当权益。通常所说的专业人员包括建筑师、工程师、律师、会计师等，他们都面临特定的责任风险。例如，医生可能因疏忽发生医疗事故给病人造成伤害而负有经济赔偿责任。职业责任保险主要承保医生、律师、会计师等职业者因工作过失而造成他人人身伤亡和财产损失的赔偿责任。

（4）公众责任风险。公众责任风险是指致害人在公众活动场所的错误行为致使他人的人身或财产遭受损害，依法应由致害人承担的对受害人的经济赔偿责任。公众责任的构成，以在法律上负有经济赔偿责任为前提，其法律依据是各国的民法及各种有关的法规制度。此外，在一些并非公众活动的场所，如果公众在该场所遭受了应当由致害人负责的损害，亦可归属于公众责任。因此，各种公共设施场所，如工厂、办公楼、学校、医院、商店、展览馆、动物园、宾馆、旅店、影剧院、运动场所，以及工程建设工地等，均存在公众责任事故风险。

（5）交通工具责任风险。车主等要对自己因驾驶不当和不负责任的行为造成他人财产损失和人身伤害负责。在这里要区分下列三种情形：一是驾驶人责任；二是车主对其他驾车人的过失行为负责，例如，车主将车借给他人使用造成第三者伤害；三是雇主责任，即使雇主不是车主，雇主也要对其下属或代理人在使用汽车从事雇主的业务时所造成的损失负责。由交通工具引起的责任事故正在变得越来越频繁，企业也要重视这类风险。

6.2.2 企业责任风险的评估

责任损害赔偿可以分为有形损害赔偿、无形损害赔偿和惩罚性损害赔偿三种。

（1）有形损害赔偿包括医疗费用、误工损失、财产损失和身体伤害造成的机体价值丧失等。这类损失金额往往可以较为客观地衡量出来，而且可以通过一些法规或估计方法来确定损失，因此有时也称为经济损失。

（2）无形损害赔偿包括人们因伤害遭受的疼痛或痛苦、情绪焦虑以及失去配偶所遭受的精神创伤等。对于这类损失，很难用金钱来衡量；而且即便能够衡量，这种衡量也只能是主观性的，因此这类损失有时称为非经济损失。有形损害赔偿和无形损害赔偿均是对受害一方进行补偿，所以又称为补偿性损害赔偿。

（3）惩罚性损害赔偿是指对原告的赔偿并不是对原告的实际损失进行补偿，而是对被告的损害行为进行惩罚，并威慑将来可能发生的类似行为。原则上，惩罚性损害赔偿的金额要体现出对被告进行惩罚的目的，它依赖于被告行为的性质和对原告造成伤害的严重程度。

责任风险价值的评估是项非常艰巨的任务，这不仅指责任损害的类型众多，还在于责任损害赔偿本身具有复杂性。首先，随着法律责任的不断变动和扩展，对于原先并不在责任范围内的行为造成的损失，当事人可能会承担新的损失赔偿责任。其次，无形损害赔偿的主观性以及惩罚性赔偿的不确定性，均使责任风险损失的价值估计难以实现。

6.2.3　企业责任风险的保险转移

责任保险是以被保险人对第三者依法应负的赔偿责任作为保险标的的保险。它承保被保险人由于过失等行为造成他人的财产损失或人身伤亡，根据法律或合同的规定，应对受害者承担的赔偿责任。责任保险是随着财产保险的发展而产生的，我国的责任保险包括产品责任保险、雇主责任保险、公众责任保险和职业责任保险。

1．产品责任保险

在保险有效期内，由于被保险人所生产、出售的产品或商品在承保区域内发生事故，造成使用、消费或操作该产品或商品的人或其他人人身伤害或财产损失，依法应由被保险人负责时，保险公司根据保险单的规定，在约定的赔偿限额内负责赔偿。

对被保险人应付索赔人的诉讼费用以及经保险公司书面同意负责的诉讼及其他费用，保险公司亦负责赔偿，但该项费用与责任赔偿金额之和以保险单明细表中列明的责任限额为限。

2．雇主责任保险

雇主责任保险是指被保险人所雇用的员工在受雇过程中从事与保险单所载明的与被保险人业务有关的工作而遭受意外或患与业务有关的国家规定的职业性疾病，被保险人根据《中华人民共和国劳动法》及劳动合同应承担的医药费用及经济赔偿责任，包括应支出的诉讼费用，由保险人在规定的赔偿限额内负责赔偿的一种保险。三资企业、私人企业、股份制公司、国有企业等各类企业都可为其所聘用的员工投保雇主责任保险。随着劳动法的实施及我国劳动合同制度的不断完善，雇主责任保险将是企事业单位及个人转嫁上述风险的重要途径。

3．公众责任保险

公众责任保险主要承保被保险人在其经营的地域范围内从事生产、经营或其他活动时，因发生意外事故而造成他人（第三者）人身伤害和财产损失，依法应由被保险人承担的经济赔偿责任。公众责任保险正是为适应上述风险的需要而产生的。公众责任保险可适用于企事业单位、社会团体、个体工商户、其他经济组织及自然人经营的工厂、旅馆、住宅、商店、医院、学校、影剧院、展览馆等各种公众活动的场所。

4．职业责任保险

职业责任保险是指从事各种专业技术工作的单位或个人在履行自己的责任时，因过失行为而给他人造成的财产损失或人身伤害，依法应承担赔偿责任的保险，又称职业赔偿保险或业务过失责任保险。

任务 6.3　企业人身风险管理

6.3.1　企业人身风险的识别

企业的生存、发展，依赖于诸多生产要素的共同作用，如劳动力、资本、土地、技术等，其中，劳动力是决定性因素。一个企业的劳动力是否能够恪尽职守、发挥主观能动性、充分施展专业技能与个人才华，与企业的兴衰成败息息相关。然而，劳动力作为自然人，难免要面临疾病、伤残、死亡等人身风险，一旦风险事故发生，势必影响到企业正常的生产经营，造成企业损失。企业人身风险的损失形态主要有死亡、疾病、工伤、年老和失业。

1．死亡

影响员工死亡的风险因素有很多，风险管理经理可以从以下几个风险因素着手研究员工死亡的概率：年龄；性别；身高和体重；生理状况，如血压脉搏等；职位；个人嗜好；个人病史与家族病史等。由于家庭结构的小型化发展，某员工的死亡较其他损失形态而言，对其家庭打击最大，企业无论是出于自身责任还是社会责任，都要对其负责。

2．疾病

与其他损失形态相比，员工遇上疾病损失的可能性最大，可以说难以避免，而且损失的个体差异较大。每个员工生病的原因、种类、严重程度、治疗方法都可能不一样，因此，医疗费用差异很大，不可能实行定额补偿，只能实报实销，所以，某些员工的重大疾病可能成为一个难以填补的"无底洞"，风险管理经理若不能妥善处理此类风险，那么，此类风险将成为企业一个很大的隐患。

3．工伤

工伤是员工在工作时间内因发生各种意外或因职业病造成的人身伤害事故的总称。尽管科技的进步为劳动者的安全防护提供了可能性，许多国家也早就颁布了各种有关安全生产的法律法规，但工伤事故仍频频发生，究其原因，主要有：

（1）人的因素，包括员工违章操作，缺乏岗位技能，注意力不集中等。

（2）物的因素，包括机械设备的缺陷、设计缺陷、安装不当等。

（3）环境因素，包括工作环境的温度、湿度不合规，光线不足，或者噪声太大，员工听不到警告，通风不良使有毒气体聚集等。

（4）管理因素，如安全生产制度不健全，安全教育指导不力或制度执行不严格等。

统计资料显示，人的因素引起的工伤事故在所有工伤事故中占较大比例。由此可见，风险管理经理可以通过积极有效的工作使工伤事故发生概率降下来。

4．年老

与其他人身风险损失相比，年老更具可预见性，其对企业的威胁也并不像其他人身风险那样明显，但如果风险管理经理对之掉以轻心，那么随着时间的推移，员工的养老问题将成为企业的一个沉重包袱，并且员工队伍的老化会促使企业老化，使企业丧失生产经营的活力，竞争力下降，最终威胁企业生存。

5．失业

失业是因环境或自身的变化而发生的人身风险。不能找到工作或失去已有的一份工作，对个人和家庭无疑是一种损失，对企业也存在对新职工进行技术培训和重新招收职工而增加开支的风险。

以上五种人身风险损失形态的阐述，是在企业内部展开的，然而在企业外部，同样存在可能导致企业损失的人身风险。例如，企业的某位分期付款顾客或贷款户发生不幸，导致死亡或丧失工作能力，将影响他们的未付款项与贷款的支付。又如，企业主要的原料供应商或产品购买商发生人身损失，其正常的生产经营受到影响，那么，企业与其的业务往来也会受到不同程度的影响，导致企业生产经营计划不能顺利实施。

6.3.2 企业人身风险的评估

人身风险损失包括直接损失和间接损失。

1．直接人身损失的评估

企业员工的直接人身损失大致可以分为两类：

（1）收入能力损失。这里讨论的收入能力以员工的收入为限，而不考虑他对企业的贡献。风险管理经理计算收入能力损失，就是对员工将来的收入进行折现。可以用1924年美国保险学教育之父所罗门博士首创的生命价值学说来评估一个人发生人身风险时收入能力的损失。

（2）额外费用损失。额外费用损失包括丧葬费、医疗费等，是指因人身风险事故而实际发生的费用开支。影响额外费用损失的因素较复杂，也较难控制，比如对于医疗费，企业风险经理是难以决定其金额的。额外费用的支出也是风险管理实务中值得研究的问题。

2．间接人身损失的评估

企业风险管理经理除关注个别员工人身损失以外，还应注意下列三种主要的企业间接人身损失：重要人员损失、信用损失以及业务清算损失。

（1）重要人员损失。所谓企业的重要人员，是指具有特殊技能和知识的职员，若其死亡或全部工作能力丧失，将导致企业经营业绩减少，增加不必要的成本，企业信用因此大打折扣。对于企业因此种重要人员所蒙受的损失，风险管理经理在进行风险管理时要做科学的评估。

（2）信用损失。有些企业会面临顾客因死亡或全部工作能力丧失所致的信用损失。这也属于起源于人身风险的企业损失。例如，企业贷款给客户或为客户办理分期付款等信用交易，若该客户死亡或工作能力丧失将影响未付款项的支付，此种潜在的可能损失，也应引起注意。

（3）业务清算损失。当企业经营失败时，不管任何组织均需要清算债务，都需要一笔清算费用，并且其信誉将因资产的变卖而丧失价值，而员工的品行也会受企业业务失败的影响。这些均属于企业业务清算方面的损失。

6.3.3　企业人身风险的管理手段

员工福利是指企业基于雇佣关系，依据国家的强制性法令及相关规定，以企业自身的支付能力为依托，向员工所提供的、以改善其本人和家庭生活质量的各种以非货币工资和延期支付形式为主的补充性报酬和服务。员工福利是企业处理人身风险的常用手段。员工福利分为法定员工福利和企业自定员工福利两个部分。

1．法定员工福利

法定员工福利是国家通过立法强制实施的员工福利，包括社会保险和各类休假制度。其中，社会保险旨在保障劳动者因遭遇年老、生病、伤残、失业、生育或死亡等风险事故，暂时或永久性地失去劳动能力或劳动机会，从而全部或部分丧失生活来源的情况下，能够享受国家或社会给予的物质帮助，维持其基本生活的水平。

在我国，法定员工福利主要包括基本养老保险、基本医疗保险、失业保险、工伤保险、生育保险及其他法定福利保障制度。

（1）基本养老保险。基本养老保险制度又称老年社会保险制度，是指国家根据一定的法律法规对达到法定退休年龄并从事某种劳动达到规定年限的劳动者，由国家或企业依法给予帮助，以维持老年人基本生活的社会保险制度。

（2）基本医疗保险。基本医疗保险制度是为补偿劳动者因疾病风险造成的经济损失而建立的一项社会保险制度。基本医疗保险制度可以有效地帮助患病的劳动者从"因病致贫"或"因贫致病""贫困交加"的困境中解脱出来。

（3）失业保险。失业保险是国家以立法的形式，集中建立的失业保险基金，在一定时间内为因失业而暂时中断收入的劳动者提供基本生活保障的社会保险制度。

（4）工伤保险。工伤保险是国家以立法的形式建立的，对在经济生活中因工伤致残，或因从事有损健康的工作患职业病而丧失劳动能力的劳动者，以及对职工因工伤死亡后无生活来源的遗属提供物质帮助的社会保险制度。

（5）生育保险。生育保险是国家通过立法，筹集保险基金，给予生育子女期间暂时丧失劳动能力的职业妇女一定的经济补偿、医疗服务和生育休假的社会保险制度。

2．企业自定员工福利

企业自定员工福利是企业根据自身经济状况、发展规划、竞争力等因素，自愿为员工设立的福利项目。企业自定员工福利和法定员工福利的本质区别是，企业自定员工福利是自愿实施的，不存在国家法律、政策强制实施的问题。其比法定福利种类更多，也更加灵活。

按照企业自定员工福利的功能划分，可将其分为五种：企业安全和健康福利、企业设施性福利、企业文化性福利、企业培训性福利、企业服务性福利。

（1）企业安全和健康福利。企业安全和健康福利是由企业提供的旨在防范员工安全和健康风险的福利，具有分散风险的保障功能，包括企业年金、人寿保险、健康保险、住房援助计划等。

① 企业年金。企业年金又称企业补充养老保险，是企业或行业自主发起的员工养老金制度。它作为老年收入的一个补充来源，已经成为养老保险体系的一个重要支柱。企业年金一般由企业雇主负责缴费（也有由雇主和雇员共同缴费建立的保险基金），经过长期积累和运营作为退休雇员的补充养老金收入。国家为了鼓励企业开展企业年金计划，通过税收优惠政策吸引企业为职工建立补充养老保险。

②人寿保险。由雇主为雇员提供的保险福利项目，是市场经济国家比较常见的一种员工福利，通常以团体保险的形式建立。

③ 健康保险。在发达国家，企业健康保险已经成为企业一项常见的福利措施。在我国，由于城镇职工基本医疗保险制度的局限，也有一些企业为职工建立了补充医疗保险计划。这些计划基本上都是针对基本医疗保险费支付封顶线（社会评级工资的六倍）设计的补充保险计划，负担封顶线以上的医疗费用开支。在我国，比较典型的做法有商业保险公司经营的补充保险、工会组织主办的补充保险和社会保险经办机构举办的补充保险。

④ 住房援助计划。住房援助计划包括住房贷款利息给付计划和住房补贴。前者是针对购房员工而言的，指企业根据其内部薪酬级别及职务级别来确定每个人的贷款额度，在银行的授信额度和贷款年限内，贷款部分的利息由企业逐月支付，也就是说，员工的服务时间越长，所获企业的利息支付就越多；后者则指无论员工购房与否，企业每月按照一定的标准向员工支付一定额度的现金，作为员工住房费用补贴。

（2）企业设施性福利。企业设施性福利是指企业为了满足员工的日常需要而提供的福利，包括员工餐厅、浴室、阅览室、交通车（班车）、托儿所等。企业在公司内部建立的食堂，一般是非营利性的，以低于成本的价格为雇员服务，有些食堂甚至是免费就餐的。而没有食堂的公司，会统一安排员工的工作餐，如通过外卖的方式定购。提供饮水或自动售货机服务就更加普遍了。一些雇主也会为雇员提供上下班的班车，或者提供交通补贴。

（3）企业文化性福利。企业为促进员工的身心健康，丰富员工的精神和文化生活而提供的福利叫企业文化性福利。例如，在一些企业，雇主为雇员提供健身房和各种健身器械，还为员工举办健康教育讲座。

（4）企业培训性福利。通过一定的教育或培训手段提高员工素质和能力的福利计划，分为内部培训计划和外部培训计划。前者主要是在企业内部进行培训，开设一些大学课程，如 MBA 课程，并聘请大学教授、大企业经营管理的专家来企业授课。后者是给予到社会上的机构（如大学或其他培训组织）接受培训的员工适当补偿的福利（如学费）。

（5）企业服务性福利。除了以上福利，企业还为员工或者员工家庭提供旨在帮助员工克服生活困难和支持员工事业发展的直接服务的福利形式。主要包括以下内容：

①雇员援助计划。这是一种治疗性福利措施，针对员工酗酒、赌博、吸毒、家庭暴力或其他疾病造成的心理压抑等问题提供咨询和帮助的服务计划。

②雇员咨询计划。类似于雇员援助计划，雇主从一个组织中为其雇员购买"一揽子"咨询时间，可由雇员匿名使用，雇员可以得到包括解决夫妻矛盾和家庭冲突等的服务。

③家庭援助计划。企业向雇员提供的照顾家庭成员的福利，主要是照顾老人和儿童。

④家庭生活安排计划。企业安排专门的部门帮助员工照料生活中的各种杂务等，类似于后勤服务。

典型案例

川菜馆失火，员工烧伤，老板贱卖家产筹钱治病

川味人家是宁波市的一家川菜馆，老板小殷经过十多年的辛苦打拼，开了三家加盟店，一家直营店。其中一家加盟店位于宁波市奉化区金钟广场。2018 年 4 月 11 日下午 4 时多，一场大火意外降临了这家川菜馆，10 多名在饭店工作的厨师、服务员，不同程度地被大火烧伤，住进了医院，等待救治。作为老板，小殷没有逃避，而是低价卖掉了价值 600 万元的豪宅和 70 万元的宝马牌汽车，自己和家人住进了 70 平方米的出租房内，把钱用作受伤员工的医药费。

然而，当自己在医院看望受伤的员工时，他发现，这些钱远远不够。仅仅烧伤的前期处理，起码也要一百多万元，后续包括植皮、整形等治疗，他算了下，一千万元都不够。

在病房里，面对受伤家属，老板承诺："只要我活着，只要他们还没出院，哪怕我倾家荡产，哪怕在广场跪着，也要把钱'跪'出来。"

面对伤者，老板说："不管五年、十年、十五年，我会一直坚持，直到你们都能治好。"

面对记者，他说："一方面是自己多年辛勤攒下的家业，最终拱手让人；另一方面是受伤员工的医药费暂时不用担心了，心里松了口气。"

本次事件中，不是每个员工都上了社保，更不要说任何的商业保险了。面对这种极端事件，一旦发生，即使再有钱的老板，也可能一下子返贫。

知错能改，善莫大焉，这位老板在火灾第二天，就叮嘱助手把所有人的社保都补齐了，还为员工购买了意外伤害险。这份风险意识，要是能放在事前，该有多好。

案例来源：搜狐新闻。

延伸阅读

宾馆和饭店风险分析

一、关于宾馆和饭店

宾馆和饭店是专供国内外宾客和旅游者住宿、就餐、休息、举行宴会的场所，根据不同需要可分为以下几种类型：

（1）综合性宾馆和饭店（四星级以上）：除提供住宿及就餐外，还设有咖啡厅、酒廊、报刊柜、礼品店、美容院、健身室、洗衣房、停车场、大小宴会厅、商务中心等。

（2）小型宾馆和饭店（三星级以下宾馆）：提供的服务比综合性宾馆和饭店少。

（3）旅馆和招待所：仅提供住宿。

（4）公寓式宾馆和饭店：提供管房服务，也提供烹饪工具，客人可在房间内做饭。

（5）度假性宾馆和饭店：一般受季节影响较大，除可提供与综合性宾馆和饭店一样的服务外，还可提供不同类型的活动场地，如高尔夫球场、健身室、泳池、水上乐园等。

（6）大型会议展览宾馆：房间总数一般在四百间以上，主要负责为大型展览及会议活动提供场地等服务。大型会议展览宾馆一般由接待处、客房、厨房、餐厅、娱乐场所、小卖部、商务中心等组成，并且设有各种物品储存仓库、电子计算机中心、电话机房、洗衣房、锅炉房、空调机房、配电室、发电机房、维修车间等附属设施，其宾馆的入住率达60%才能盈利。

二、火灾风险因素

（1）可燃物多。现在大部分宾馆和饭店的建筑都采用钢筋混凝土或钢结构，但内部装饰材料大量采用可燃木料和塑料制品，室内陈设的家具、卧具、地毯以及窗帘等大部分是可燃物质，一旦发生火灾，这些材料就会猛烈燃烧并迅速蔓延，同时，塑胶燃烧时会产生高温、浓烟及有毒气体，加大救火难度。

（2）空调设备多，管道、竖井多。这些将造成火势快速蔓延。现在宾馆和饭店都安装了空调，而空调管道会穿过楼板和墙壁，破坏原有的防火阻隔，加上电梯井、垃圾井、电缆井等，贯穿全部楼层，一旦发生火灾，火势将沿着这些管道和竖井迅速向上蔓延，危及全楼。

（3）出入口少，疏散困难。宾馆和饭店通道狭窄，出入口少，旅客对内部通道又不熟悉，发生火灾时，往往惊慌失措，迷失方向，拥塞在通道上造成混乱，给疏散及施救带来很大困难，更甚者，一些宾馆为防止盗窃，往往将这些逃生路径锁死，所以一旦发生火灾，会造成非常严重的人身伤亡及财产损失。

（4）客流量大，火灾危险因素多。宾馆和饭店的住客复杂且流动性大，特别是低档次的旅馆及招待所，住客防火安全意识不强，随处遗下火种（如烟头、火柴等），这些均增大了宾馆和饭店的火灾危险性。

（5）维修施工多。高档次宾馆为了维护声誉及满足客户要求，客房及餐厅等必须经常进行内部装修和设备维修，在装修或设备维修时，要使用易燃液体稀释油漆或用易燃的化学黏结剂粘贴地面和墙面的装饰材料，这些液体及化学品会产生易燃蒸气，如遇到明火，会马上燃烧，在维修安装设备动用明火时，因管道传热或火星掉落在可燃物上以及缝隙、夹层、垃圾井中，也会引起火灾，并且不易被发现。

（6）厨房用火不慎易引起火灾。厨房用火多，若可燃气体的管道漏气，操作不当或烹调菜肴、油炸食品时不小心，都容易引起火灾。在中式的厨房中，这种现象比较普遍，油污积在抽油烟机罩上及排气管内，当炉灶的火焰上升过高，触及这些油污时，便会马上引起火灾，并迅速蔓延到整个排风系统。从国内外饭店火灾的实例来看，乱丢烟头、火柴，厨房用火不慎等是引发火灾的主要原因，而客房、厨房、餐厅则是主要的失火场所。

三、调查事项

1. 实地勘察事项

（1）饭店、宾馆建筑结构，使用情况、楼龄。

（2）垂直及平面门洞开口，扶梯、电梯、楼梯及各种竖井的保护情况。

（3）通风、空调管道的布置情况。

（4）吊顶、阁楼、天井。

（5）建筑物内是否有防火分区？防火墙有否因装修而破坏？

（6）防火门的位置，是否设有自动关闭装置？

（7）防排烟设施。

（8）建筑物是否以个体出现？相邻之间是否有延烧危险？

（9）变配电所、备用电源、空调系统及锅炉等装置是否独立置于防火分区内？

（10）有否大量应用微机或视听器材？

（11）电气设备及线路装置是否合乎电力设计规范及消防法律法规的规定？

（12）电气设备的种类，使用情况。

（13）屋内墙面、地面的装饰，窗帘、床褥等有否采用难燃或阻燃材料？

（14）饭店、宾馆是否跟工地相连接？

（15）消防喷淋、消防水源、消防水泵等情况。

（16）火灾自动报警系统的类型及安装位置。

（17）消火栓箱是否有明显标志和设在取用方便的地点？

（18）消火栓箱内是否设有水枪、小口径水枪、消火栓、小口径消火栓、水带、报警按钮、报警电话、指示灯等？

（19）有否为员工提供独立吸烟间及放置足够多的烟灰缸？

（20）油抹布及纱头等是否置于有盖铁桶内？

（21）店内是否提供洗衣服务？

（22）干洗种类，使用情况。

（23）污衣井门是否适当维护，自动关闭？

（24）易燃液体及可燃物品是否储存在空气流通及阴凉地点？储存方法是否符合消防法律法规的规定？

（25）餐厅是否有防火墙？厨房和餐厅之间是否有防火分隔？

（26）煮食厨具的使用情况；炉灶及油锅是否安装固定灭火系统？

2．调查及了解事项

（1）消防管理规章制度（包括各人职责）。

（2）自设消防队：保安及检修人员；值班人员；培训及演练。

（3）灭火器：正确使用方法；维护保养。

（4）定期防火安全检查。

（5）保安人员巡逻。

（6）距离最近的消防队。

（7）消防供水是否足够？

（8）火警警报系统是否直接连接消防队？

（9）火警警报主控机是否安装在饭店的消防控制室内，室内是否全天有人值班？

（10）邻接危险。

（11）禁止吸烟条例的实施情况。

（12）垃圾清除时间表。

（13）干洗机：定期维护；操作守则；蒸馏箱内油污物及烘干机内废物清理。

（14）厨房、炉灶或排油烟系统是否定期清洁及检查。

（15）入住率：实时数字及过去五年的记录。

（16）饭店管理人员经验。

（17）饭店是否在地震带或台风影响地区，过去是否有灾害情况？

四、防护对策

1．建筑防火要求

（1）主体建筑物的耐火等级不应低于二级。

（2）通过楼板的竖井，其外壁应采用不耐火极限为1小时以上的耐火材料。

（3）管道井和电缆井内，应在每层楼板对应位置，用相当于楼板耐火等级的非燃烧材料进行分隔。

（4）通风、空调系统的送风、回风管通过楼板或防火墙时应设防火闸。

（5）所有紧急通道应有带方向性的安全疏散指示标志及通道上应设紧急照明系统。

（6）内部应划分防排烟分区。

2．电气防火要求

（1）饭店内普通的配电线路一般要求穿管布线。

（2）所有消防配电线路不应敷设在建筑物吊顶内，并且应和普通配电线路一样，设置短路保护、过负荷保护、过压保护等保护设施。

（3）消防配电线路应穿金属管保护。

（4）火灾报警装置，自动灭火装置，紧急照明系统等消防设施应设备用电源。

（5）主要电气设备、移动电器、避雷装置及其他设施的接地装置每年至少进行一次绝缘及接地电阻的测试，接地电阻须低于10欧。

3．消防给水及自动防火设施

（1）室外消防给水和消火栓。高层饭店、宾馆如在城市消防管网的保护范围内，即可采用市政府消防管网作为建筑室外消火栓，如果不在此范围内，则应采用天然河湖或室外水池作为消防水源。

（2）室内消防火栓给水系统。建筑物内各层均应设置消火栓，该系统一般由消防水池、消防泵、管通和消栓组成，室内消火栓应符合以下要求：

A．室内消防栓水枪满足规范要求，即水枪充实水柱高应达7米。

B．室内消火栓保护范围应符合要求，即建筑物内任何一点都应在两支水枪水柱的保护范围内。

C．在建筑物底层室外，紧靠交通道路位置应设连接室内给水管网的接驳。

（3）自动喷淋系统。自动喷淋系统是一种十分有效的灭火设施，在高层饭店及高级饭店的公共娱乐服务场所、走道、厨房、客房等应设置自动喷淋系统。

（4）火灾探测及报警系统：在没有自动喷淋系统的地区应设置火灾探测器，在各层消火栓附近设手动报警警钟。

4．各类房间及附层建筑防护

（1）客房。

A．房内的墙面、地面的装饰材料应尽可能地选用非燃烧材料或难燃材料，窗帘等丝棉制品最好经过阻燃处理。

B．房内电气设备的安装应安全可靠，插座不宜安装在靠近窗帘的地方。

C．在饭店的厅堂、各楼层服务台、各客房内应张贴疏散路线图及注意事项。

D．在客房内最好设置逃生防烟面具。

（2）餐厅。

A．餐厅内不得乱拉临时电气线路，如需增添照明设备以及彩灯之类的装饰灯具，应按规定安装。

B．餐厅应根据用餐的人数合理摆放餐桌，留出足够的通道；楼梯及出入口必须保持畅通，不得堵塞或占用；举行宴会和酒会时，人员不应超出原设计的容量。

C．餐厅内需点蜡烛增加气氛时，必须把蜡烛放置在烛台上，没有烛台时应固定在非燃烧材料的物体上，并不得靠近可燃物。

D．供应火锅的餐厅必须加强火炉的管理，非用于火锅的火炉应禁止使用。

E．慎用酒精炉，使用酒精炉时严禁在火焰未熄灭前添加酒精，因火未熄灭添加酒精引起火灾事故的事例不少，使用酒精炉时，最好使用固体酒精燃料。

F．餐厅内应在多处放置烟灰缸、痰盂，以方便宾客丢弃烟头和火柴梗。

G．使用易燃气体做燃料的厨房，必须定期检查易燃气体管道、法兰接头、仪表、阀门，防止泄漏；检查泄漏时，一般采用抹肥皂水的方法，严禁用明火试漏，发现易燃气体泄漏时，先要关闭阀门，及时通风，并严禁使用明火和开、关电气设备。

H．燃气炉灶点火时，必须按照"先点火，后开气"的顺序；如一次未点着时，应立即关闭阀门，稍等片刻，待燃气扩散后，再重新点火，防止燃气扩散发生事故。

I．厨房内使用燃气炉灶不要离人，以免油锅加热时间太长，油温超过自燃点引起火灾事故，或者锅烧开后，锅内液体溢出熄灭火焰，使燃气扩散发生事故。

J．油炸食品时，锅内的油不要超过 2/3，以防食油溢出，遇明火燃烧，造成火灾事故。

K．厨房内抽油烟罩上的油垢要定期清除。

L．厨房作业结束后，操作人员应及时关闭厨房的燃气阀门，切断气源，熄灭火焰和切断电源后方能离开。

M．油锅内因油温过高而起火时，油量较少的可沿锅边投入菜肴或食品，火即熄灭；如油量过多，应迅速盖上锅盖，隔绝空气，即停止燃烧，同时应熄灭炉灶内火焰；若有可能，可将油锅平稳地端离炉火，待其充分冷却后，再打开锅盖继续烹调，应特别注意的是，油锅起火时，千万不可向锅内浇水灭火。

N．设在楼上的厨房不应使用瓶装液化石油气，煤气、天然气管道应从室外单独引入，不得穿过餐厅，并应在厨房外明显处设置开关阀。

O．厨房内的电冰箱、绞肉机、切菜机等电气设备的金属外壳，应有可靠的接地保护，电气设备不得过载运行；防止电气设备和线路受潮；厨房等潮湿地方应采用防潮灯具。

P．厨房内除配置常用的灭火器材外，还应配置石棉毯，以便扑灭油锅的火。

（3）酒吧间。

A．酒吧间内的各种电气设备等均不应直接安装在可燃基材上，以防止因电气事故引起可燃物着火。

B．酒吧间内桌椅摆放要规则，留出一定间距，以供紧急情况下疏散之用。

C．酒吧间应视所容纳人数多少决定其安全出口的数量，一般应有两个以上安全出口。

D．酒吧间内应配备大量烟缸，以防止乱扔烟头引起火灾。

（4）健身房、娱乐室。

A．安全出口数量应根据人数多少具体决定，至少应有两个以上出口，人数较少时可设一个安全出口。

B．加强管理，经常检查，防止火灾发生。

C．各种照明灯具均不应直接固定在可燃基材上。

D．注意经常检查健身室、娱乐室的小仓库，防止由此引起的事故。

（5）锅炉房。

A．旅游饭店内的锅炉房宜单设，并与主要建筑保持较大的间距，如单设有困难时，亦可设在主要建筑内部，但应设在底层且靠墙处，并用耐火3小时以上的隔墙和2小时以上的楼板与其他部位分隔开，其上下、左右等部位均不应是餐厅、娱乐室、酒吧间等人员密集的场所。

B．锅炉房的出口门最好向建筑外部开启，如向内开启，则应采用防火门。

C．高层旅游饭店附设的锅炉房应配备泡沫等固定灭火设施。

（6）汽车库。

A．为了保证饭店的安全，停车数量超过百辆的1、2类车库宜单独建造，也可附设于饭店的底部或贴邻的建筑物内，并用耐火3小时以上的墙体和耐火2小时以上的楼板与其他部分分隔开，并且应避开人员密集部位，内部不应设修理车位。

B．如为地下车库，其内部不应设修理、喷漆、电瓶间以及加油部位。

C．车库中汽车及人员的安全出口应分开设置，并且出口数均不应少于两个。

D．车库内应设置自动报警、自动喷水灭火以及室内消火栓等设备，并应设有通风排烟、事故照明、疏散指示标志等设施。

（7）空调机房。

A．空调机房可设在饭店内（通常设在地下室），但此时需用耐火的墙和楼板及防火门与其他部位分隔开。

B．空调机房内应设火灾自动报警装置以及二氧化碳或卤代烷等灭火设施。

（8）配电室。

A．高低压配电室可单设在饭店内部，其耐火等级应为一、二级。

B．如配电设备储油量超过60千克时，应设防爆墙分隔，并应设贮油或挡油设施，以防止燃油四散漫流而造成火势扩大。

C．若高低压配电装置位于同一配电室内时，其装置之间的距离应大于 1 米。

D．在高低压配电室内应设置二氧化碳或卤代烷等固定灭火设施。

（9）氨制冷机房。

A．空调机房大多利用氟利昂或氨作为制冷剂。氨是一种具有强烈刺激性气味的气体，在高温下可分解出氮和可燃氢气，当比例合适时，遇明火可发生爆炸，并且在制冷设备运行中常有泄漏，故其火灾危险性较大。

B．总体布局时，宜单独建造氨制冷机房，并与主要建筑或人员密集的场所保持较大的间距。

C．如单独建筑有困难，可将氨制冷机房设在宾馆、饭店的附体边缘，但应用耐火 3 小时以上的隔墙及耐火 2 小时以上的楼板将其与其他部位分隔开，并避开餐厅、酒吧等人员密集场所。

D．氨制冷机房应设置必要的泄压面积，并设置自动报警和卤代烷固定灭火设施。

（10）发电机房。

A．发电机房最好单设，如受条件限制，也可设在饭店内。

B．若发电机房设在饭店内，应采用耐火极限 3 小时以上的隔墙及 2 小时以上的楼板与其他部位分隔开，疏散门应采用乙级防火门。

C．在机房内应考虑设置卤代烷或二氧化碳等固定灭火设施。

（11）油浸电力变压器室。

A．油浸电力变压器室宜考虑单独建造，若条件受限制时，亦可布置在饭店内部。

B．当油浸电力变压器室布置在饭店内部时，应用耐火 3 小时以上的墙体和 2 小时以上的楼板和其他部分分隔开，并且四周不应漏水。

C．一个变压器室内只能设一台油浸电力变压器，总容量不得超过 400 千伏安，变压器下方应设有能贮存全部油量的事故贮油坑。

D．变压器室的门应向室外开启，室内应通风良好。

E．变压器室内应设置二氧化碳或卤代烷等固定灭火设施。

（12）煤气调压站。

A．煤气调压站应单独设置，并且与饭店主体建筑保持足够的间距。

B．煤气调压站室内应有良好的通风排气设施，使可燃气体难以积聚，避免形成爆炸性混合气体。

C．煤气调压站内应设置可燃气体报警器，以及卤代烷等固定灭火设施。

D．煤气调压站应首先设置必要的泄压面积，宜先采用轻质屋盖泄压，其次才考虑墙体泄压，作为泄压的墙体、门窗不应朝向饭店及其他人员密集的场所。

（13）维修施工。

A．维修施工使用的酒精、汽油、油漆和黏合剂等易燃危险物品使用量应以一天为限，当日用的易燃危险品应放在封闭的容器内，随用随开，未用完应送回指定仓库。

B．电器维修的电气线路和设备要符合防火安全要求；电烙铁必须放置在不燃材料制作的托架上，用后及时切断电源。

C．焊接及切割作业时，必须实行动火作业制度及实施所有安全守则。

D．维修工作进行时应妥善协调，避免有安全冲突的工序在同一时间进行。

（14）计算机房。

A．严格按照有关规范安装配电设施、电气线路及UPS电源。

B．电脑不得超负荷运行。

C．要定期进行检修，检修时，应在单独的修理室内进行，不得在计算机房内进行焊接、切割操作。

D．杜绝在计算机房内使用电炉、电热器等大功率电器。

E．严禁在计算机房内存放腐蚀性物品和易燃易爆物品。

F．配备合适的灭火器材。

G．应始终有人值班，否则人离开时应关闭电源。

H．除打印纸外，不允许存放其他任何可燃物，而且打印纸应该存放在别的房间内，用多少拿多少。

资料来源：豆丁文库。

课堂实作

湖南电力有限公司A电厂风险评估报告

一、企业概况

（1）企业名称：湖南电力有限公司A电厂。

（2）企业所在地情况：该电厂位于Z市的B镇南部，厂区北面与京广铁路支线Z铁路的B车站联为一体，南面紧靠L水域，东至东江公路大桥，西面与构件厂、冶炼厂隔铁路相邻。该企业距C市约30千米，连接Z市和C市的有CZG高等级公路，交通非常方便，并且被湖南省和C市体改委确定为经济开发区。

（3）企业简介：湖南电力有限公司A电厂系原湖南省B电厂经过四期扩建而成，有2×30万千瓦的机组，并配套建设与华南电网相连的220kV变电站。2000年10月，第一台机组发电，2003年1月整个扩建工程完工并交付使用，2003年10月开始商业运营。

该企业属政府出资的国家级大中型企业，在保险市场上购买企业财产综合保险并附加机器设备损坏险。对不可投保的不可抗力风险，如政策变化或政府行为因素造成的风险，由政府承担，非政策变化或政府行为造成的不可保险的不可抗力风险由该企业和政府共同承担。

（4）厂区平面图：（略）

（5）资产情况：固定资产原值×××亿元，其中，机器设备×××亿元，建成筑物×××亿元，土地×××亿元，交通工具×××万元。

主要机器设备原值如下：

发电机：×××亿元

汽轮机和相关设备：×××亿元

锅炉和辅助设备：×××亿元

电气设备：×××亿元

电厂辅助系统：×××万元

控制设备：×××万元

总值：×××亿元

（6）厂区及附近的自然条件情况。

1）地形地貌。厂区位于 L 水域北岸宽阔平坦的堆积平地，厂区共占地约 48 万平方米，其中，东部为生活区，占地约 12 万平方米；中部、西部为生产区，占地约 36 万平方米。场地经多次建设期平整，地势平坦，由生活区至厂区呈西高东低之势，标高为 133.0～136.3 米（1956 年黄海高程，下同），除了铁路作业站标高高出厂房约 1 米，其他场地内的高程一般为 133.50～135.50 米。

2）区域地质及场地稳定条件概况。厂区位于大岭东西向复杂构造带的北缘，在大地构造上为华南褶皱带的 X 东燕山喜山块断带中，属于 X 东南新华夏构造系，是骑田岭 C 县和 D 县新华夏构造带的组成部分。主要的构造线走向为北东向，构造类型表现为区域性褶皱或断裂的组合。区域内主要断裂为三都断裂，该断裂控制了白垩系红层盆地的东部边界，延伸达 70 千米左右，主干断裂分布在厂区西北方向 1 千米以外。第四系以来，特别是晚更新世以来没有发现该断裂有明显的活动迹象，属非全新活动断裂，对厂区的构造稳定条件无影响。

根据《中国地震烈度区划图》（1990）的划分，本区地震基本烈度为小于 VI 度区。由于本区新构造运动的特点和基岩岩溶发育程度、溶蚀差异性及 L 水域侧向摆动等综合因素的影响，造成场地地貌单元较多，超高河漫滩相沉积物加积于 I 级阶地沉积物之上，形成上迭阶地；地层层次较多，岩土性质变化较大。在溶蚀凹地卵石层下多分布有圆砾层和含卵石中砾等软弱下卧层，并且在地基变形计算深度内基岩面起伏较大，形成不均匀地基，难以满足基础对地基变形的要求。因此，为避免产生地基不均匀沉降及其对基础桡曲和内力的影响，主厂房、锅炉、汽机、烟囱及翻车机室基础采用桩基础，桩端嵌入中等风化灰岩中一定深度。桩长一般为 13～20 米，溶蚀凹槽地段近 45 米。其他建（构）筑物，在 I 级阶地后缘地上采用第可塑粉质黏土和硬塑粉质黏土作为地基主要持力层，同一建（构）筑物在跨越软硬不均地基时考虑不均匀沉降。在超高河漫滩地段，轻型建（构）筑物采用可塑粉质黏土作地基主要持力层，荷载较重的建（构）筑物，采用预制桩，桩端持力层为卵石层。

通过以上分析，我们认为场地为中等复杂场地。

3）水源。厂区内地下水埋深为 1.1～30 米，主要受大气降水的补给，另外，水库和 L 水域也有一定的调节和补给作用。

L 水域从厂址南面 1 千米外流过，河床窄深而稳定，水量丰富。A 电厂用水量为立方/小时，主要为循环冷却水和工业、生活用水，采用直流供水方式。取排水河段属 L 水中游，取水口以上流域面积为 4 997 平方千米，厂区百年一遇洪水位为 131.11 米，千年一遇洪水位为 133.31 米，97% 枯水位 123.96 米。

4）气候。厂区地处低纬度，属亚热带季风气候区域，具有气温高、降水多、日照长、雨热同季、干湿季节分明的气候特征。冬季降水稀少，气候干暖；夏季高温多雨，天气炎热。

气象条件主要采用当地气象站累年气象统计成果。经统计，当地气象站累年平均最高气温 22.9℃，平均最低气温 14.0℃，多年平均雷暴日数 58d/a，最大积雪深度 16cm；最大冻土深度 5cm，全年主导风向为 N 风，夏季（6—8 月）主导风向为 SSW、SW 风，冬季（12 月至次年 2 月）主导风向为 N、NNW 风。

根据 C 市气象台 1971—1994 年历年自记 10 分钟平均最大风速资料，求得该站离地 10m 高、三十年一遇的 10 分钟平均最大风速为 19.1m/s。为安全起见，本阶段厂址基本风压采用 0.35kN/m^2。离地 10 米高、三十年一遇的 10 分钟平均最大风速采用 23.7m/s。

5）以往自然灾害情况。该厂前身湖南省 B 电厂建厂四十多年来，从未发生暴风、暴雨、洪水、泥石流、冰雹、霜冻、干旱、地崩、地陷、地震等自然灾害。

6）周围环境。厂址周围无文物古迹、风景名胜及动、植物保护区，厂区南面离 L 水域的最近点约 1.3 千米，在西面、北面有铁路，不远处零星分布着几个村庄和低矮的山丘，东面连接着平坦的农田。

二、自然灾害风险评估

（1）地震。从地震区划来看，本区为雪华峰—文南夷地震带，在周围 300 千米的范围以内，自 1449 年以来，历史地震次数 70 余次，历史上发生过的离该 A 电厂所在区域最近和最大的一次是 1640 年冬天 C 县发生的 4.75 级地震。从地震台网近期观测记录的地震资料来看，有 1982 年 11 月 6 日来文县时氏 3.5 级地震，1987 年 10 月 1 日易平县里氏 2.8 级地震，离厂区比较远且震级比较低，因此，本区属于低烈度低频度的少震区。D 水电站是我省一个大型水电工程，距厂区约 16 千米。自 1986 年 8 月关闸蓄水以来，曾发生过几次水库诱发地震，最大的一次为 1989 年 7 月 24 日发生的里氏 3.0 级地震。根据地震地质背景和对水库具体地质条件的分析，可以认为不可能发生更大的水库诱发地震，对该厂区的区域稳定没有影响。根据《中国地震烈度区划图》（1990）的划分，本区地震烈度为小于度 VI 度。综上所述，我们认为地震风险极小。

（2）洪水。该厂区设计标高为 136.3～133.0 米，（1956 年黄海高程，下同），厂区百年一遇洪水位为131.11米，千年一遇洪水位为133.31米，完全符合我国电力系统有关标准。尽管Z市近五年发生过两次大的洪涝灾害，但都未对该厂区产生直接影响，因此，我们认为洪水的风险也很小。

三、火灾意外事故风险评估

（1）危险的分布。通过对该厂的实地查验，我们定出了8个灾害危险单位，其中油库及制氢站存在的风险最大，最大的危险损失单位为主厂房。

（2）消防系统情况。该厂的消防设计，按中国1996年5月以前正式执行的《火力发电与变电所设计防火规范》（GB50229）要求设计施工。设置了独立的全厂火灾自动报警控制系统，拥有专业的消防队伍，水消防车3台，泡沫消防车1台，建成筑物之间距离在5～10米，无乱堆杂物现象，道路宽敞，每个重要建筑物20米内至少有3～5个消防栓，各建筑物的楼梯间、出口处都备有相应消防设备。电厂电缆的耐火试验完全符合消防部门提出的试验标准。

（3）风险评估。尽管火灾的危险因素很多，但该厂设置了先进的全厂火灾自动报警控制系统并有一套完整、详尽的消防方案，故引起大火的可能性不大。

四、机器设备运行状况及损失风险评估

（1）机组状况、电气状况。该厂为两台300MW燃煤机组。锅炉采用四角喷燃，烧劣质烟煤，亚临界参数，一次中间再热自然循环汽包锅炉。该锅炉为"∏"形锅炉，固态排渣，平衡通风，半露天布置，轻柴油点火。汽轮机采用单轴、双缸双排气、高中压合缸、低压双流程型式汽轮机。发电机采用水_氢_氢汽轮发电机，型号为QFSN—300—2静态励磁。电气主接线采用一回为500kV线路送入系统。

（2）热力系统及主要辅助设备。该厂所采用的热力系统除厂用蒸汽将两台机组连接互为备用外，其他系统均为单元制：主蒸汽系统、再热蒸汽系统、主给水系统、抽汽回热系统、凝结水系统、旁路系统、抽真空系统、厂用蒸汽系统。

（3）燃烧系统及其主要辅助设备。该厂锅炉及辅机选型据3500～4500大卡劣质煤设计。其燃烧制粉系统有较强的适应性，采用中储式钢球磨热风送粉系统。主要辅助设备燃料运输系统有卸煤系统、储煤系统、筛碎系统、皮带运输系统。

（4）热工控制系统。该厂控制方式采用机、炉、电集中控制方式，以三层计算机网络，MIS（全厂信息管理网）系统、SIS（实时监控网）系统、DCS（分散控制系统）及其他辅控系统，形成一个全厂范围内的多功能、多层次的管理、监视、控制管理网。采用DCS系统后，运行人员在控制室内以操作员站（CRT和键盘）为监视和控制中心，可完成机组的正常工况的监视操作及异常工况的报警和事故处理，从而实现单元机组的机、炉、电集中控制。

该厂所采用的设备均系上海、哈尔滨等地大厂生产，设备先进，技术成熟，并且监控系统严密，并且设备安装、调试早已结束，机器设备已经过一年多的磨合使用，暴露

的一些问题也已妥善解决，加之制度严密，管理到位，员工素质普遍较高，因而发生设备损失的概率较小。另根据我们多年承保其前身电厂财产险的经验，及其四次扩建工程都在我公司投保了建安工程一切险及附加险的情况来看，均未发生重大事故，虽在调试、试运行期有一些小的赔款，但与所收保险费相比不及保险费的1/10，况且如今已进入商业运营，因而保险风险的等级为低等级。

五、保险风险总体评估

综上所述，湖南电力有限公司A电厂要求承保的企业财产综合保险附加机器设备损坏险，风险面虽然广，但风险分布均匀，本保险的风险等级为中等偏下。

六、承保条件

鉴于该企业属政府出资的国家级大中型电力企业，其输出的电力主供广东省市场，从其行业来看属国家大力扶持的行业，从其产品来看，虽然广东省已有不少电力企业，但其电力需求远远大于供给，加上该企业产品成本低、竞争力强，资信等级较高，同时本保险的风险等级为中等偏下，因而其财产综合险可在二级工业2.0‰的费率基础上下浮10%，即按1.8‰计收保险费，附加机器设备损坏险是按全部机器设备投保，因而按6‰计收保险费。

再保险安排：

由于我公司承保的该企业风险较小，而所交保费较高，因而除有必要参加法定分保外，没有必要进行商业分保。

其他说明：

能承保该企业的企业财产综合保险及其附加机器设备损坏险，说明我公司做了一些工作，同时也是客户对我们的信任。其实，该企业还有很大的保险潜力和保险需求，如相关责任保险、人身意外保险，财产保险也可以进一步扩展为一切险。对于此类优质客户我公司需与其加强沟通，注意了解其相关需求及动向，增加保险的附加值，把各项服务做到最优，这样才能在稳住原有业务的基础上有所发展。

另外，需对该企业主管部门及其中层以上骨干进行家庭及爱好调查并录入到我司的相关客户信息中，以备查用。

重要概念

1．营业中断损失。营业中断损失是指企业财产遭受直接损失后不能继续正常的生产经营，在恢复正常经营之前所蒙受的收入损失。

2．连带营业中断损失。连带营业中断损失是指如果企业的生产经营过多依赖于一个或若干原料供应商或客户，那么，一旦这些原料供应商或客户发生某些意外，导致正常的生产经营受阻，将连带影响企业的生产或销售。

3．产品责任风险。产品责任风险是指制造商、批发商和零售商因产品缺陷使顾客受到人身伤害或财产损失而负的法律责任。

4．公众责任风险。公众责任风险是指致害人在公众活动场所的错误行为致使他人的人身或财产遭受损害，依法应由致害人承担的对受害人的经济赔偿责任。

能力拓展

1．某年3月的一天，风暴袭击了得克萨斯州商业区的沃思堡的一些主要建筑物。在被风暴损坏的建筑中，有一栋高层玻璃大楼，为一家大型银行所租，主要用于其600名员工行政办公，但其中在低层也有一些公共银行设施。由于风暴袭击的时间正是一个工作日结束之后，所以没有人员伤亡，但大楼及其内部财产损失是巨大的。由于楼不归银行所有，所以在事故发生之后，银行要通过大楼的所有者来使用财产。沃思堡的建筑物检查员称，大楼近期还很危险。在大楼被断言仍很危险后，银行的高级职员和雇员在一个多星期内无法进入大楼，在这一个多星期内，风暴进一步损坏大楼内的家具、设备和有价值的文件。

银行的风险管理经理已经事先在一个偏僻的地方安排了经营恢复期间的临时办公设施，使得银行在灾难发生后可以利用这些急救设施中的计算机、电话和传真机进行办公。这些设施只够银行 1/3 的人员使用。银行的风险管理经理还安排了穿梭往返于损失发生地和得克萨斯州达拉斯的暂时办公地之间的班车。在风暴袭击的两周之内，员工无法从损失发生地取回重要文件。其间，大楼的玻璃窗重新更换或用胶合板覆于其上。

公司已经计划更换所有被损坏的家具、地板和电器设备，而且要在占用被损害财产之前重新粉刷整个办公区。如果大楼不能继续使用，银行不得不寻找和租下其他地方供其员工办公。它还不得不继续提供从这里到达拉斯的昂贵的往返服务和为大多数员工提供通勤补贴。另外，银行在很多方面效率低下，如正常情况下在被损坏地区必须召开的会议现在无法召开。当大楼的所有者宣称由于修理费用过高而放弃修复，而且因此终止所有租约时，更大的困难可能出现。租一个新的办公区将耗费大量的资金。

根据以上案例中所提供信息，试分析：

（1）指出银行所遭受的所有直接损失。

（2）指出银行所遭受的所有间接损失。

（3）估计并指出风暴造成的最大可能损失事件会引起的额外损失。

（4）银行所用的风险管理方法有哪些？你认为银行应该如何进一步加强风险管理？

2．红日橡胶公司是地处新疆西部的一家规模较大的企业。该企业从三个国家进口橡胶。该公司产品一部分通过一家名为"天泰销售公司"的企业进行销售，主要是家庭及工业用橡胶；另一部分产品则供给其子机构。其子机构专业生产特殊用途的工业橡胶产品，其原材料由红日橡胶公司提供。

橡胶的加工过程很复杂，并且工艺也在不断更新。简而言之，输入原料天然橡胶，经过研磨、冲压成浆，然后加入不同的化学物质，在高温高压下，经过硫化后，橡胶变得弹性有力。工序结束后，产品送给母机构打模、切割或送到工厂按订单制作，然后提供给天泰销售公司或向订货顾客发货。

（1）请根据以上资料，列出这个企业中最为常见的风险，并指出这些风险属于哪个风险源。

（2）如果要识别这个企业的风险，你会选择哪种方法？简述该方法的使用过程。

项目 7

个人和家庭风险管理

教学目标

- 掌握个人和家庭风险的识别手段
- 熟悉个人和家庭的主要风险
- 熟悉个人和家庭的主要风险的管理措施
- 识别个人和家庭所面临的风险并评估风险的大小
- 设计风险管理和保险方案
- 编制风险管理计划书

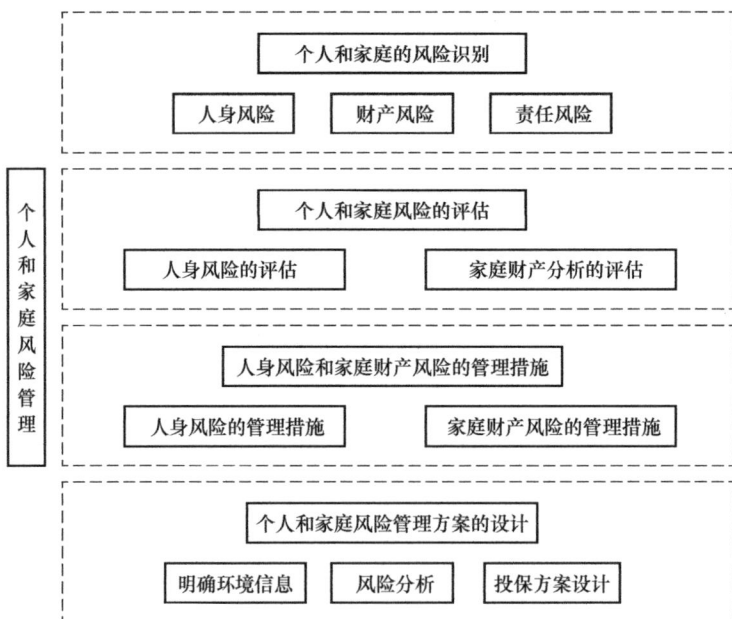

个人和家庭风险管理

个人和家庭的风险识别

| 人身风险 | 财产风险 | 责任风险 |

个人和家庭风险的评估

| 人身风险的评估 | 家庭财产分析的评估 |

人身风险和家庭财产风险的管理措施

| 人身风险的管理措施 | 家庭财产风险的管理措施 |

个人和家庭风险管理方案的设计

| 明确环境信息 | 风险分析 | 投保方案设计 |

长沙黄花机场发生车祸，被撞男子死亡

2017 年 3 月的某天 13 时 45 分，长沙黄花机场航站楼前发生一起车祸。一辆黑色小汽车正准备在路边停靠，结果与刚启动的红色小汽车交汇，谁知红色小汽车突然加速转向，往航站楼里冲去，将路边一名男子撞飞。红色小汽车当时撞上两人，其中一人身手矫健没被撞下桥，另一名男子却不幸摔下天桥，砸碎了楼梯玻璃，摔到了楼梯的平台上。虽经医院极力抢救，但该男子头部受伤严重，于当天 19 时 20 分不幸身亡。

资料来源：新浪新闻，文章有删改。

仔细阅读上述案例，回答下列问题：

1. 请对个人和家庭的意外事件进行评价？
2. 如何应对和防范这些风险？

家庭是社会的核心单位，也是社会生活中最常见的经济核算单位，合理管理家庭风险也能降低全社会的风险水平。家庭承载着家庭成员的生计以及家庭成员对美好生活的愿景，因而，家庭的风险管理是实现美好生活的重要方法。家庭的风险管理从明确家庭内外部环境开始，确定风险管理目标，而后识别风险、衡量风险，并在此基础上合理安排风险管理措施，力求用较少的花费获得美好的生活。

任务 7.1　个人和家庭的风险识别

个人和家庭的风险识别，是指发现个人和家庭所面临的风险，确定各种风险因素。可通过对个人和家庭各种客观资料的分析认清存在的各种风险因素，进而确定其所面临的主要风险及性质。一般而言，现代家庭面临的主要风险有人身风险、财产风险和责任风险。

7.1.1　人身风险

人身风险是指在日常生活及经济活动中，人的生命或身体遭受各种损害，或因此而产生的经济生产能力降低或灭失的风险，包括死亡风险、残疾风险、健康风险和老年风险等。

1. 死亡风险

死亡风险是指人所面临的因为自然灾害、意外事故、疾病等原因造成的死亡的风险。死亡对于个人而言意味着生命终止，对于家庭意味着失去了一个收入来源，增加了丧葬费

用等费用支出，这使一个家庭的生活质量急剧下降。

早亡风险是指死亡发生在自然的、预期的生命结束阶段之前的情形。虽然对个人而言，死亡最终一定会发生，但这一风险究竟何时发生是未知的。如果死亡这种风险过早地降临在家庭主要经济收入提供者身上，那么对家庭的影响可能是灾难性的。

2. 健康风险

人的幸福其实是由很多方面组成的，如学识、爱情、事业、金钱等，但这些方面的实现有一个很重要的前提——健康。没有一个人敢保证一辈子不得病，从某些方面来说，健康风险具有一定的必然性，只是不知道什么时候发生，会有多严重。在当今社会，健康风险越来越大。健康风险对家庭产生的经济影响主要表现在收入损失和医疗费用增加两个方面。

课堂实作

流感下的北京中年

本文逐日记录岳父从流感到肺炎、从门诊到 ICU，29 天阴阳两隔的经历。涉及就诊、用药、开销、求血、插管、人工肺（ECMO）等信息，希望大家用不上！

12 月 27 日（星期三）

下午，阳光灿烂，岳母打开主卧窗户通风。岳父突然有个念头，一定要同时打开厨房窗户，南北对流通风，并且坚持不穿上衣，吹了半个小时。其间岳母两次要他穿衣服，一次让他关窗，均被拒绝。

12 月 28 日（星期四）

岳父开始感冒。

12 月 29 日（星期五）

岳父开始发烧，愿意吃感冒药了。

12 月 30 日（星期六）

岳父挺不住了，去了通州民营医院甲。

1 月 2 日（星期二）

三天的输液已经结束，但岳父的精神状态明显没有 12 月 31 日好。

1 月 3 日（星期三）

岳父承认病情恶化。

1 月 4 日（星期四）19 时，乙医院

赶到离家最近的乙医院做 CT。医院大夫听诊后觉得情况严重，化验的结果让他更加不安，病人可能感染了未知的强病毒。

1 月 5 日（星期五）14 时 30 分

大夫："从你们的片子来看,肺部病毒扩散很快。如果病情急转直下,变成'大白肺',则需要有创呼吸机支持。"

大夫："你知道 SARS 吧,所有人都知道它是病毒性肺炎,但没有针对性药品,再怎么加大其他抗生素的剂量也无效。现在你岳父也被未知病毒感染了,扩散很快。除了甲流、乙流等常见病毒,大部分病毒都没有特效药。最终需要病人自己的免疫系统发挥功能,击败病毒。现在病毒凶猛,如果在病毒自限之前,肺部不能支持呼吸,就需要上呼吸机。"

1 月 8 日(星期一)下午,戊医院

一到戊医院,直接送进 ICU。ICU 的费用大概是每日 8 000～20 000 元,我们要努力挣钱。

1 月 11 日(星期四)下午

夫人急电:"今天拍片结果还是不好。医生决定插管。"(插管说明病已经很重了。)

1 月 11 日(星期四)晚上

插管结束,我们讨论了一直回避的问题:

(1)病情。

直到现在,都查不出被什么病毒感染了。肺部异常恶化,情况很不乐观。

(2)费用。

插管后 ICU 的费用直线上升。预计插管能顶 72 小时,如果还不行,就要上人工肺了。人工肺开机费 6 万元,随后每天 2 万元起。

1 月 12 日(星期五)11 时

预计能顶 72 小时的插管治疗方案,只坚持了不到 17 小时。昨晚受到重大冲击,根本没来得及看人工肺的信息。

1 月 12 日(星期五)下午

戴着口罩见完客户后,赶在探视时段最后几分钟进了 ICU。岳父从小病房移到了大病房,全身上下都是管子。

1 月 13 日(星期六)上午

人工肺,英文 Extra-Corporeal Membrane Oxygenation,缩写为 ECMO。顾名思义,就是将血液导出,用机器在体外代替肺的功能,将氧气交换到血液中,然后再输回人体。开始用于心脏手术,"非典"后我国也开始将其用于维持危重呼吸病人的生命。

接受 ECMO 治疗的患者,存活概率大约 30%。

1 月 17 日(星期三)中午

北京治不好感冒?这不是多喝水、多睡觉就能好的病吗?

1918 年大流感,是第一次全球范围的传染,死亡人数超过 2 000 万。该流感由美国堪萨斯州一个流感疫区的青年军人带到兵营,先是在美国各兵营传播,然后随着美军参加第一次世界大战，扩散到欧洲。在传染了西班牙国王后，该流感有了名字：西班牙流感（Spanish Flu）。

流感潜伏在各国伤员和轮换士兵身上，从欧洲扩散到大洋洲、亚洲、南美洲。当时，在我国，重庆是重病区，据说"半个重庆都病倒了"。那场流感的平均致死率约为 2.5%～5%，而一般流感只有 0.1%。

1 月 21 日（星期日）

按前期费用估算，能够再坚持 20 多天。如果人工肺肺膜老化，需要 6 万元换一套设备。

1 月 22 日（星期一）

夫人来电："今天做了 CT，结果出来了。大夫让家里能来的人都来。"

会诊认为医学上没有继续治疗的必要。肺部全部被细菌和病毒感染，呼吸衰竭，肾功能衰竭，肝功能衰竭，消化道出血，蛛网膜下腔出血，低蛋白，高钾血症，高钠血症。

1 月 24 日（星期三）

夫人："爸爸不行了，医生说这次真不行了。"

1 月 25 日（星期四）

上百位亲朋和我们一起，与岳父道别。

1 月 27 日（星期六）

过去一个月，就像在噩梦中奔跑，一刻也不能停。想从梦魇中醒来，却摆脱不了命运。

资料来源：凤凰网文章"流感下的北京中年"，文章有删减。

仔细阅读上述案例并组织学生进行分组讨论，讨论完毕后要求每组派出一名代表对本组讨论结果进行评述，时间不超过 5 分钟，各组评述后由教师进行总结点评。

3. 老年风险

人与人之间存在种种差距，如金钱、地位、知识等。然而，唯一平等的是每个人都要面对年老和死亡。绝大多数人年老了以后逐渐丧失了工作能力，收入水平急剧下降，医疗费用等支出逐年攀升，如何安度晚年是每个人、甚至整个社会都在关注的一个重要话题。老年风险主要是由于预期寿命的延长，可能出现工作期间积累的退休资金不足以满足退休后个人和家庭生活的需要，从而导致退休生活水平下降。

以上的这些人身风险都会给人们的生活带来严重的经济影响。尤其要注意的是个人和家庭所面对的这些人身风险并不是完全独立的，风险之间有着千丝万缕的联系。例如，一位老人因走路不慎摔伤导致骨折，产生了不菲的医疗费用，这意料之外的医疗费用会使老人本来已经很紧张的生活费用更加不够用。这样，一次意外事故不但导致了健康风险，还诱发了老年风险。

7.1.2　财产风险

家庭财产风险是指因发生自然灾害、意外事故而使个人或单位占有、控制或照看的财产遭受损失、灭失或贬值的风险。

例如，家庭贵重财物被盗窃的风险、家庭自用汽车碰撞的风险等。因此，只要是家庭拥有的财产都存在着财产风险，家庭拥有的财产越多，价值越大，潜在的风险就越大。财产损失的风险可以由自然灾害引起，如洪水、暴雨等，也可能由人为因素引起，如盗窃、人为破坏等。

7.1.3　责任风险

个人责任风险是指因个人的行为造成他人财产损失或人身伤害，依法律规定或合同约定应承担赔偿责任的风险。根据我国相关法律的规定，公民由于自己的过错行为而造成了他人财产损失或人身损害，有过错的一方必须承担法律上的损害赔偿责任，因此，只要是个人和家庭自己拥有财产，在占有或使用过程中因主观上有过错，而造成他人财产损失或人身损害，都要承担损害赔偿责任。所以，从这个角度来看，责任风险是由房屋、室内财务、各种车辆以及家人引发的。例如，自己家的狗在外面玩耍时，邻居家的小孩来逗它，结果被狗咬伤了手指，那么狗主人就应该承担赔偿责任。现代社会中，随着法律体系的逐步完善，个人的权利也会得到更加清晰的界定和保护，不可否认，在法律体系成为个人权利的保护屏障的同时，个人的侵权责任也会相应增加。

从以上的分析可以看出，危害个人、家庭生存和安全的风险多种多样，应该采取有效的万法和途径加以认识。有待识别的风险，不仅仅是那些比较明显的风险因素，还有一些潜在的风险因素。一般来说，认识后者比认识前者更加困难，但常常更为重要。一方面，风险可以通过个人和家庭的经验来判断。例如，季节更替的时候经常引发感冒，这个时候就应该及时添减衣物。另一方面，可以根据各种家庭材料和风险事故记录进行分析、归纳和整理，从而发现各种风险及其致损情况。以识别家庭的财产风险为例，首先，可以列出家庭财产的清单，内容包括财产所处的位置和可能的位置（如机动车辆）及家庭对财产的所有权的性质等。其次，分析清单上的财产发生损失的可能性。例如，家庭房屋的风险分析应包括的内容有：房屋所处的环境如何，是靠近工业区、商业区还是居民区；建筑材料、装潢材料的防火性能如何，是否有排风、排水设施和报警系统，一旦发生火灾，有无蔓延的可能，附近有无易燃、易爆的危险源；如果是高层住宅，物业管理是否完善，防盗设施和监控系统是否齐全；住宅建筑结构是否防震；附近救火水源情况如何；距离最近的消防队有多远；房屋周围的街道是否畅通，消防车能否开进等。

风险识别是一项具有连续性和系统性的工作。由于内外部环境不断发生变化，个人和家庭所面临的风险也会经常发生变化。这就要求人们持续不断地去识别、注意原有风险的变化，随时关注出现的新风险。

课堂讨论

请以自己家庭为例，识别家庭面临哪些风险？这些风险各有什么特征？

任务 7.2　个人和家庭风险的评估

7.2.1　人身风险的评估

从对人身风险进行分析可知，人身风险的发生会给家庭带来一定程度的经济损失，这种经济损失的影响程度取决于该成员所提供的家庭收入或服务，如果一个家庭的主要经济来源者发生人身风险可能给家庭带来致命的经济打击。这种经济打击是因为家庭的其他成员在风险发生后仍然存在一定的财务需求，甚至额外增加的财务需求。因此，个人和家庭人身风险导致的损失表现在两个方面：一是收入的终止或减少；二是额外费用的增加。

1．死亡风险的评估

家庭成员死亡对家庭产生的经济影响取决于该成员提供的家庭收入或服务，通常的损失衡量方法有生命价值法、家庭需求法。

（1）**生命价值法**。生命价值法以生命价值理论为基础计算人的生命价值，以生命价值作为死亡损失的估计值。生命价值法就是计算作为家庭主要经济来源的成员的未来收入扣除本人必要生活费用后的现值。

课堂案例

王某，35 岁，未婚，年收入 12 万元，个人消费支出为 5 万元。若预计王某 65 岁退休，在未来的工作期间年收入和个人消费支出按每年 5%递增。为简化计算，假设年贴现率为 5%，求王某 36 岁时的生命价值（或死亡损失）。

生命价值法的四个计算步骤如下：

第一步，假设王某还能工作 30 年。

第二步，由于在未来工作期间的年收入按每年 5%递增，所以，第 t 年（$t=1,2,\cdots,30$）年收入为 $12\times(1+5\%)$ 万元。

第三步，由于未来工作期间的个人消费支出也按每年 5%递增，所以，第 t 年（$t=1,2,\cdots,30$）家庭净收入为 $(12-5)\times(1+5\%)$ 万元。

第四步，假设贴现率为 5%，求出第 t 年净收入的现值：$(12-5)\times(1+5\%)\times(1+$

5%）=7（万元）。

因此，王某的生命价值为 210（7×30）万元，即如果王某在未来一年内死亡，其经济损失为 210 万元。显然，当贴现率高于净收入增长率时，生命价值或死亡损失将减少；当贴现率低于净收入增长率时，生命价值或死亡损失将增加。

（2）**家庭需求法**。从另一个角度来看，家庭的经济支柱死亡后，家庭为恢复和维持原有的经济生活水平会产生两项基本的财务需求：一是为了弥补死者生前为家庭提供的资源，二是为了弥补死者给家庭带来的额外费用支出。家庭需求法首先分析家庭的财务总需求，扣除可以用其他收入或资产满足的财务需求后，得到家庭的财务净需求。

一般家庭的基本经济来源是正常收入。家庭主要收入者死亡后，影响家庭财务需求的主要因素为主要收入者死亡后家庭所需的年度支出水平以及需要支出的期限。年度支出水平取决于受抚养人的个数及家庭的生活水平；需要支出的期限取决于受抚养人的年龄及配偶的预期寿命。

2．健康风险的评估

健康风险包括疾病和残疾风险，它们对个人和家庭产生的经济影响主要表现在收入损失和医疗费用风险两方面。收入损失是指疾病或残疾使个人失去收入能力，即丧失生命的经济价值。医疗费用风险是指个人遭遇疾病或身体伤害可能给家庭带来巨额医疗费用以及其他增加的附加费用，如看护费用。

疾病风险可参照死亡风险的评估方法进行评估，但对于医疗费用损失的评估来说难度很大。一方面，由于疾病的种类繁多，因个人体质的不同，同一疾病所造成的经济影响也不同，另一方面，由于近几年来医疗费用高速上涨，很难客观地把握疾病治疗所产生的具体费用。但健康风险一旦发生，尤其当患病者或者残疾者是家庭的主要收入来源的成员时，由此造成的家庭财务压力将远远高于死亡的情形。

残疾风险是指疾病、伤害事故等导致人机体损失、组织器官缺损或出现功能障碍等的可能性。残疾和疾病一样会使家庭遭受收入损失和医疗费用增加的双重威胁。通常，病人康复后的收入低于残疾前的收入，康复后的消费高于残疾前的消费；如果是永久性残疾，个人收入将完全丧失，残疾后的消费将居高不下，对家庭财务的影响比严重疾病更大。

3．退休风险评估

与死亡风险一样，退休也意味着个人收入能力的终止，但与死亡风险带来的经济影响不同的是，退休后的财务需求会有所下降。例如，子女经济独立后不需要父母提供教育费用、房屋贷款已经还清等。但退休以后仍可能发生严重财务风险，主要原因是死亡时间不确定，如果实际寿命远远高于预期寿命，则可能因工作期间积累的退休金不足而无法满足退休后个人和家庭的生活需要。

7.2.2　家庭财产风险的评估

根据财产性质，通常可以将家庭财产分为动产和不动产，动产如家具、衣物、家用电器，而不动产主要指房屋。家庭财产风险的评估也因财产性质的不同而不同。一般而言，家庭财产损失主要有四种表现形态：直接损失、收入损失、费用损失、责任损失。

直接损失是指当家庭财产遭到毁坏或毁损后，财产本身价值的减少或丧失。家庭的不动产和动产都可能遭受直接损失。动产损失的衡量可以用以下公式来估计：

$$动产损失=重置该财产的成本-实物折旧+可能的残余价值$$

对于不动产损失的评估，重置成本是重要的指标。

不动产遭受损失，还会给家庭带来一系列的间接损失，包括收入损失和费用损失。这是评估家庭财产风险不能忽视的一个重要方面。不动产的直接损失如房屋遭受火灾损失，要立即进行重建非常困难，家庭必然遭受一些常见的费用损失，主要是生活费用的增加，如食品和交通费用增加、住房的成本超额等。同时，还会因此耽误工作，使劳动收入减少，造成收入损失。相对于财产的直接损失而言，其间接损失更难估计。

责任损失相对于家庭财产损失而言，损失发生的频率相对较少，但它仍然是存在的，并且个人和家庭所面临的可能赔偿责任不断增大，所以家庭进行风险管理不应忽视个人和家庭责任风险的管理。一旦责任风险发生，根据我国的民法规定，民事责任风险至少会带来三类经济损失：损害赔偿金、惩罚性损害赔偿金和诉讼费用。损害赔偿金是责任人给予受害人补偿的金额，可以由双方当事人及代理人相互确定，也可以通过法院审理来确定损害赔偿金额。惩罚性损害赔偿金是指因为致害人对受害人实施了恶意的、具有欺骗性的不公正行为，而对致害人所处的赔偿金。一般情况下，判决责任人应当承担损害赔偿金的案件较少，但惩罚性损害赔偿金的数额往往高得惊人。此外，民事责任案件通常需要聘请律师，责任损失还包括起诉方和辩护方的律师费用及调查、记录、寻找证人等一系列正常诉讼活动所需费用。责任风险产生的损失金额可能是一个无底洞，法院可能因各种原因要求责任人承担各种责任。

任务 7.3　人身风险和家庭财产风险的管理措施

7.3.1　人身风险的管理措施

1. 控制型风险的管理措施

在管理人身风险时，家庭内部风险自留和亲戚朋友的帮助是非常传统的方式。除此之外，损失控制也是常用的风险管理手段。损失控制首先要保证家庭成员的安全与健康，所以，保养身体和了解安全保健知识非常重要。这类措施及其效果在不同的家庭会有很大的差异，一方面每个家庭成员的身体素质不一样，另一方面会受生活习惯、遗传等因素的影响。同样，完全依赖损失控制来处理家庭人身风险是不可能的。

2．财务型风险的管理措施

家庭人身风险自留是指预先安排财力和提前做好心理准备来应付有可能发生的收入损失和医疗费用的额外支出。例如，储蓄即典型的风险自留处理方式。风险自留不能处理所有的家庭人身风险，如长期的收入损失、巨额的医疗费用支出等。只能用来对付短期收入损失和较少的医疗费用支出以及为退休做长期准备。

3．风险的保险转移

人身保险在人身风险的处理中具有特殊的地位和作用，其已经成为最受关注的一种人身风险处理方式。人身保险是指以人的身体和寿命为保险标的，当被保险人在保险期内发生死亡、伤残、疾病或年老等事故或生存至规定时点时，保险人向有关利益人给付保险金的一种保险。人身保险主要面向的是个人，而不同的个人因年龄、工作性质、家庭经济情况以及享受社会福利的程度、在生活中遇到的困难程度不同，使得个人和家庭对人身保险保障的需求也不同。保险公司正是根据不同的个人和家庭需要，设计出为不同人所欢迎的丰富多样的险种。按照保险标的的不同，人身保险可以分为人寿保险、意外伤害保险和健康保险。

7.3.2　家庭财产风险的管理措施

1．控制型风险的管理措施

风险规避对于家庭风险来说是一种有效的风险管理方法，即通过放弃某些活动或者某些财产的所有权来规避风险。例如，为防止因花盆落下而带来的责任损失而不在阳台上放置花盆；为了完全避免房屋损害的财产损失风险，家庭可以不买房而是租别人的房屋居住；家庭为了避免投资失利，干脆放弃买股票等投资选择等。在采用风险规避手段时，应该注意比较放弃的收益和成本。风险规避虽然避免了财产损失，但也失去了盆景给人以感官和精神上的享受，租金的支出可能远远超过买房的支出，投资的收益可能很可观等。

除了风险规避，家庭还可以采用控制型风险管理措施进行风险管理，在风险事故发生前，强化风险意识，采取措施减小风险发生的可能性或者降低风险发生所造成的损失程度，而在风险事故发生时，家庭应该尽可能地采取抢救措施以降低正在发生的损失之严重程度。例如，为了减少火灾风险对家庭造成的影响，就要注意平时养成良好的生活习惯，理好家政，及时关闭管道煤气，备好消防设施，安装自动预警系统；而当火灾发生的时候，及时关闭管道煤气，注意隔离易燃、易爆物品，及时切断家用电器电源。为了防范人身风险，平时注意保持好的作息习惯，不沉迷游戏、锻炼身体、定期体检，在风险发生时，及时就医、遵医嘱等。

家庭还可以借助风险转移，即通过把某种财产或活动转移给他人来转移有关风险。虽然这种转移的动机在大多数情况下不一定是为了转移有关的风险，但这种风险处理方法有时的确有它的可取之处。以计算机租赁为例，租一台计算机用一段时间，只需付少许租金，而其他风险如计算机贬值等，则由其所有人承担。另外，可以通过出租家庭财产来转移风险。例如，租房可将有关房产的风险转移出去。但因为承租人在与房主交易时有可能要求房主对某些指定危险造成的财产损失负责，并规定在房屋不能租用时租金将停止支付，风险转移有可能失败。当然作为房主，可以拒绝这种转移方式。

2. 融资型风险的管理措施

积极风险自留或计划风险自留是处理许多财产风险的一种很有用的办法。有些风险或损失无法通过风险规避予以回避、防范、控制或转移，因此必须自留，如战争风险。此外，对于一些经常发生但潜在损失较小的风险并且家庭可以相对较容易用当前的收入或以前储蓄来处理它们时，风险自留不失为一种有效的对策。例如，碗筷破碎、笔丢失等风险的发生一般不会引起家庭更多的忧虑，即使有，也只是很小的忧虑而已，其影响甚至可以忽略掉。

但对于其他风险，比如火灾爆炸风险、重疾风险、责任风险等，不建议家庭继续采用风险自留的方法，因为这些风险事件一旦发生，其潜在的损失金额往往很大，甚至完全可能超过家庭所能承受的范围。例如，机动车驾驶导致第三者死亡，其赔偿金额往往很大；一旦罹患重疾，不仅需要高昂的治疗费用，即使治疗成功，还需要很长一段时间的康复期，这段时间需要大量的金钱做支撑，那么，很有必要通过保险等方式事前融资、事后得到赔偿，减轻家庭负担。

📺⚙️ 课堂实作

家庭保险计划书练习

晓云有一个幸福的家，她和先生今年 30 岁，从两年前开始一起经营一家小饭馆，家庭年收入 15 万元，两人都没有社会保险，他们比较勤俭节约，每年支出大约 6 万元，剩下的钱全部存在银行里，因为他们正在积攒买房子的首付费用，他们的女儿两岁了，她想给孩子购买一份少儿保险，请根据上述资料及以下提供的保险计划书样本为晓云编制一份保险计划书。

中国人寿英才少儿保险计划书

所有的父母都希望孩子接受良好的教育，成家立业，过上幸福舒适的生活。现如今，教育费用和生活成本越来越高，该如何为孩子铺就一条宽阔平坦的道路？

一、保险计划概要

被保险人姓名：　　　被保险人年龄：　岁　　被保险人性别：

基本保险金额：　　交费方式：　年付　　交费期限：　年

二、基本计划交费期限、保险期间、保险金额、每期保险费

英才少儿（份）　年　　至　周岁

三、保险利益

成才保险金

您的孩子在 18 周岁成人时即可获得等于保险金额的 30%（　　元）的成才保险金。

立业保险金

在其 22 周岁时可获得等于保险金额的 30%（　　元）的立业保险金。

安家保险金

在其 25 周岁时可获得等于保险金额的 40%（　　元）的安家保险金。

身故保险金

如果被保险人于 18 周岁的前不幸身故，可无息返还所交保险费的 1.5 倍（　　元）；于 18 周岁之后身故，将一次性付清其尚未领取的所有生存保险金。

保险费豁免

一旦投保人遭遇不幸，中国人寿将豁免所有未缴纳的保险费，合同仍然有效，被保险人可以继续得到保护和资助。

四、投保范围

只要您的孩子出生满 60 天至 14 周岁，身体健康，而您年满 20 周岁至 50 周岁，身体健康，就能为您的孩子购买中国人寿英才少儿保险。

五、保险期间

本合同的保险期间为本合同生效之日起至被保险人生存至 25 周岁的生效对应日止。

中国人寿保险股份有限公司代理人（工号：　　）祝您幸福美满！

英才少儿热线：××××××××××××

任务 7.4　个人和家庭风险管理方案的设计

个人和家庭的风险管理方案也遵循风险管理方案的程序，首先了解环境信息，即家庭情况，然后根据家庭情况进行风险识别和风险评估，接着选择合适的风险管理措施。

下面以某三口之家为例设计家庭的人身风险管理和投保方案。

丈夫李先生今年 45 岁，长沙市某私营企业职员，有 15 年工作经验，经常开车上下班，无不良嗜好，月薪 4 000 元，每年年终奖金约 10 000 元，由于工作繁忙时常加班，难以保证准时吃饭和睡眠充足。妻子陈女士今年 43 岁，是一名小学老师，月薪 3 000 元，无驾车习惯，生活较规律。女儿李小姐今年 20 岁，正在读大学，每年学费、住宿费和生活费共 20 000 元。目前，李先生家有一套 120 平方米的房子，无住房贷款，住房目前价值 80 万元，有一辆市场价值 100 000 元的家庭自用乘用车，生活无负债。陈女士有学校分配住房一套，60 平方米，现已出租，年租金 18 000 元，银行存款和现金 10 0000 元，家庭开支每月 1 000 元。目前，李先生单位有医疗保险、养老保险、失业保险和工伤保险，无任何商业保险；陈女士有医疗保险、养老保险、工伤保险，无任何商业保险；李小姐有大学生医保，购买了学生平安险。全家每年保险费支出约 1 000 元。

7.4.1 明确环境信息

在明确环境信息时，可根据家庭情况填写家庭成员基本情况表（见表 7-1）、家庭年度收支出表（见表 7-2）、家庭资产负债表（见表 7-3）、家庭保险保障表（见表 7-4）。

表 7-1 家庭成员基本情况表

家庭成员	性别	年龄（岁）	婚姻状况	职业	健康状况
李先生	男	45	已婚	私企职员	健康
陈女士	女	43	已婚	小学教师	健康
李小姐	女	20	未婚	学生	健康

表 7-2 家庭年度收支出表　　　　单位：万元

家庭收入	11.2	家庭支出	3.3
李先生收入	5.8	生活支出	1.2
陈女士收入	3.6	医疗支出	0
李小姐收入	0	教育支出	2
其他收入	1.8	保险支出	0.1
		其他支出	0

年度净收入：7.9

表 7-3 家庭资产负债表　　　　单位：万元

家庭资产总额	100	家庭负债总额	0
流动资产	10	流动负债	0
固定资产	80	长期负债	0
交通工具	10	其他	
金融资产	0		

净资产：100

表 7-4 家庭保险保障表

家庭成员	社会保险	商业保险
李先生	养老保险、医疗保险、工伤保险、失业保险	无
陈女士	养老保险、医疗保险、工伤保险	无
李小姐	大学生医保	学生平安险

由以上信息可知，李先生家属于典型的工薪阶层，收入状况不错，家庭净资产规模大，控制支出能力也很强，每年盈余也较多。但李先生家的资产配置方式过于单一及保守，除银行存款外，无任何投资方式，风险程度较低。建议该家庭可进行多元化的投资，在进行风险分散的同时还可获得一定的投资收益。李先生家除了购买基本的社会保险，再无任何风险防范措施，对人身意外等突发事件的风险抵抗力低。

7.4.2　风险分析

李先生家是一个典型的小康型的三口之家，收入水平中等，抗风险能力差。李先生作为家庭经济主要来源者，任职私营企业，工作压力大，虽有社会社会保险和养老保险，但健康风险突出，由于考虑年龄较大，可考虑购买一份人身寿险，因为若发生重大疾病也会给家庭带来沉重打击。李先生通常开车上下班，若不幸发生意外事故导致伤残或死亡，会给家庭带来沉重打击，所以，李先生还应购买一份意外伤害险，提高自己的保障程度。

陈女士是一名小学教师，工作环境优越，但要注意防范女性特定疾病，应投保一份重大疾病保险来提高保障程度。陈女士生活比较规律，无驾车习惯，意外风险较低。李小姐正在上大学，购买了学生平安险，基本的利益得到了保障，但由于是学生，易发生意外风险和健康危机，风险较大，应投保一份意外险和重疾险来提高自己的保障程度。

经上述分析，这个家庭的人身风险及排序情况如表 7-5 所示：

表 7-5　家庭风险评估

成　员	风险简述	风险评价
李先生	工作压力较大，作息不规律，其患重疾的概率要大于一般人，故重大疾病保险是主要的保险需求	较高
	自驾车上下班存在交通意外风险，上班是固定路线，风险相对较低，但下班时间不定，风险略高	中
	李先生的收入是家庭主要经济来源，因而其生病住院导致劳动收入减少会显著影响家庭财务平衡	高
陈女士	工作环境优越、无不良嗜好，有较高重大疾病风险	较高
	陈女士的收入是家庭次要经济来源，因而其住院导致劳动收入减少也会影响家庭财务平衡	较高
李小姐	第一次在外地读书，可能发生意外	中等
	虽然重大疾病在终身的发病率较高，但目前重大疾病风险较低	低

根据家庭风险评估可以得出相应保险需求。如表 7-6 所示。

表 7-6　家庭保险需求

成　员	险　种
李先生	意外伤害保险、重大疾病保险、住院医疗保险
陈女士	住院医疗保险、重大疾病保险
李小姐	意外伤害保险

7.4.3 投保方案设计

1.产品推荐

表 7-7 是中国人寿保险公司的推荐产品，由于李小姐已经购买了医疗保险，并且重大疾病保险在年龄较低时保险费也低，因而推荐李小姐购买重大疾病保险。如表 7-7所示。

表 7-7 推荐产品表

家庭成员	险种
李先生	国寿康宁重大疾病保险、附加长久呵护意外险、附加长久呵护住院费用保险
陈女士	国寿康宁重大疾病保险、附加长久呵护住院费用保险
李小姐	广佑人生终身重大疾病保险

2.保险金额需求

李先生的保险金额需求为：

重疾险保额=大病花费+本人年收入×平均恢复年限[①]−社保报销额度−已有商业保险额度

重疾险保额=400 000[②]+58 000×2−200 000[③]=316 000（元）

一般疾病的医疗险额度=当地一般疾病的平均花费−社保报销比例×（理想额度−社保医疗起付线）=15 000−50%×（15 000−600）=7 800（元）

意外险额度=本人年收入×期望保障年限×舒适指数−已有意外险赔付额度=58 000×20×2−0=232 000（元）

李先生的保障额度为重疾险 32 万元左右，一般疾病的医疗险 7 800 元，意外险 25万元左右。

陈女士的保险金额需求为：

重疾险保额=现阶段大病平均花费+本人年收入×平均恢复年限−社保报销额度=4 000 000+36 000×2−200 000=272 000（元）

一般疾病的医疗险额度=当地一般疾病的平均花费−社保报销比例×（理想额度−社保医疗起付线）=15 000−50%×（15 000−600）=7 800（元）

陈女士的保障额度为重疾险 27 万元左右，一般疾病的医疗险 7 800 元。

李小姐的保险金额需求为：

重疾险保额=现阶段大病平均花费+本人年收入×平均恢复年限−社保报销额度=400 000+0×2−200 000=200 000（元）

---

① 平均恢复年限是从失去劳动能力（患病）到可以继续参加工作的期限，这里定为 2 年。

② 根据保监会发布的重大疾病一览表，长沙市重疾一般花费为 30 万～50 万元，这里取其均值 40 万元。

③ 长沙市大病医保报销比例 80%，一个结算年度总额度不超过 20 万元。

李小姐的保障额度为 20 万元。

3．保险费测算

李先生投保国寿康宁终身重大疾病保险，交 20 年，每年交 448 元可得保额为 1 000 元，所以，每年保险费为 320 000×448/1 000=14 336（元）。

李先生投保附加长久呵护住院费用保险，每 1 000 元保额的保险费是 24 元，根据测算，李先生需求的保额为 7 800 元，可得年缴保险费 7 800×34/1 000=265.2（元）。

李先生投保附加长久呵护意外险，每 1 000 元保额的保险费是 4 元，保险费=4×(2 500 000/1 000)=10 000（元）。

李先生应缴保险费：14 336+265.2+10 000=24 592.2（元）

今年 43 岁的陈女士投保国寿康宁终身重大疾病保险，交 20 年，每 1 000 元保额年交保险费 386 元，根据陈女士重疾险的保障额 27 万元，可知每年保险费 386×270 000/1 000=10 422（元）。

陈女士投保附加长久呵护住院费用保险。陈女士今年 43 岁，每 1 000 元保额年交保险费 34 元，而陈女士所需的保额 7 800 元，可得年缴保险费 347 800/1 000=265.2（元）。

所以，陈女士应缴保险费：10 422+265.2=10 687.2（元）。

李小姐投保广佑人生重大疾病保险。李小姐今年 20 岁，交 20 年，每年交 187 元可得千元保额。李小姐每年的保险费=187×150 000/10 000=2 805（元）。

李先生一家每年需缴纳的保险费合计：24 593.2+10 687.2+2 805=38 084.2（元）

方案调整：

一般而言，家庭的合理保险费应为家庭年净收入的 10%～15%，李先生家庭年净收入 7.9 万元，按照标准的保险费的 10%～15%，李先生一家的保险费支出应在 0.79 万～1.185 万元，所以应该调整保险费，建议降低李小姐的保险费，减少李先生和程女士的保险产品数量。

延伸阅读

不同阶段家庭的风险

在人生的不同阶段，个人的家庭角色不同，承担的家庭责任不同，风险的发生所造成的影响也不同。因此，应根据不同阶段个人和家庭的特征和其具备的经济实力来选择。下面以家庭生命周期为标准进行风险管理和保险方案规划。根据个人的生活状态和家庭角色的不同，将人生分为单身时期、家庭形成时期、家庭成长期、家庭成熟期、家庭衰退期几个阶段。

1．单身时期保险规划

单身时期是指从参加工作至结婚为止的阶段，一般 5 年左右。对于刚刚步入社会参加工作的年轻人，正处于事业刚起步、财富逐渐累积、规划未来人生的阶段。此时，家庭压力较小，收入普遍不高，但租房、交际的花销较大。对于这些保险费预算不多的单身贵族，保险需求可以单纯一些，趁自己年轻，身体条件好，比较容易被保险公司承保，而且可以享受便宜保险费，这时应优先选择以低保险费获得高额保障的定期寿险和终身人寿保险作为主险。如果考虑到工作环境比较危险，并且在这个时期要逐渐肩负赡养老人的重任，可以选择附加意外伤害保险和意外伤害医疗保险。万一发生意外，可以得到充分的赔偿。

2. 家庭形成期的保险规划

家庭形成期是指从结婚到新生儿出生为止的阶段，一般5年左右。

对于一个刚刚建立、收入不高、经济基础不够稳定的小家庭来说，应根据家庭需求的先后顺序，配合保险费预算的考虑，以购买成本低、保障高的险种为先。终身寿险和定期寿险能以较低的保险费支出达到现在所需的保险金额，同时也能为将来预备一份终身的保障。对原本喜气洋洋的新婚夫妇来说突发的意外事故除了令人难以接受，更叫人措手不及。为此，投保意外险以规避配偶因意外身故或残疾的风险，除了减轻精神打击，还可避免经济困难的二度伤害。新婚夫妇在保险费预算有限的情况下，可借附加投保高额保障的意外险来搭配终身或者定期寿险。另外，为了节省保险费的支出，在已有主险的情况下，可选择附加投保医疗险等保障型的低保险费保险，以提供基本风险保障。当未来子女出生，也可以以此模式附加投保意外险和医疗险，即节省保险费支出，并可视个人的经济能力再选择增加投保重大疾病险等。

3. 家庭成长期的保险规划

家庭成长期是指从新生儿出生到孩子参加工作为止，一般20年左右。在这一时期，夫妻经过了一段时间的共同努力，收入渐趋稳定，在保险费的预算上比较宽裕。家庭中经济的主要来源者应考虑自己的保额是否足以应付目前的生活所需。这一时期由于家庭责任加重，其所需要的保险金额会比单身时期的需求高很多。此时，以购买保障型的终身寿险为主，再附加意外伤害保险，来应对意外事故的突然发生。除此之外，也应该附加家庭型的医疗保险，来确保家人的医疗照顾费用。相应地，保险费的支出也会高出很多。另外，由于此时期为事业的高峰期，夫妇双方也应开始为年老退休后的生活做规划，不妨考虑购买可以领取满期生存金的养老保险。子女是家庭最大的成就，也是最重的负担，望子成龙是每位父母对子女的期盼，为了让子女将来的表现能青出于蓝，筹备子女教育费用就成为此时期家庭理财的重心之一。通过为子女购买人寿保险不仅可以为其提供充足的保障，也可以为孩子提供教育基金。

4. 家庭成熟期的保险规划

家庭成熟期是指子女参加工作到家长退休为止的阶段，一股为15年。随着事业的蓬勃发展和子女的长大成人及债务的逐渐减轻，这一阶段家庭的收入和资产的累积均进入黄金期。此时，家庭的投资能力、投资意愿和风险承受能力最强。由于已经接近退休年龄，在此阶段应以退休养老为主要理财目标。虽然有些人参加了国家的基本养老保险，但我国社会保障体系提供的养老保障程度有限，只能保证退休后的基本生活水平，要想过有品质和有尊严的晚年生活，保证老有所养，就要早做准备，在工作期间运用商业保险来存储补充养老金。因此，这个阶段的保险安排可以降低身故保障的部分，而加强晚年生活费用的筹措，可考虑储蓄型的养老保险或年金保险。此外，在这一阶段，随着年龄的增长，身体健康状况开始下降，家庭对健康、重大疾病的资金需求会越来越大。可通过购买重大疾病保险和医疗保险来化解此类风险。

5．家庭衰退期的保险规划

家庭衰退期是夫妇双方退休后颐养天年的休闲生活状态，时间长度一般为 20 年。在家庭的衰退期，夫妇双方忙忙碌碌一辈子终于可以放松了，卸下生活与工作的重担，笑看夕阳，感悟人生，乐在其中。若退休之后有比较充足的养老金和财富，则晚年生活比较幸福。在家庭衰退期，子女多半已经成家立业，并离巢而去，因此家庭的教育费、生活费大幅减少，但休闲、保健费用的负担逐渐增加，这个阶段的保险规划重点就是夫妇双方的人身安全、健康和养老资金安全，通过保险保障使其老有所养，收入不会中断，不发生现金缺口，能健康而有尊严地活着。

📋 重要概念

1．生命价值法：生命价值法以生命价值理论为基础计算人的生命价值，以生命价值作为死亡损失的估计值。生命价值法就是计算作为家庭主要经济来源的成员的未来收入扣除本人必要生活费用后的现值。

2．平均恢复年限：平均恢复年限是从失去劳动能力（患病）到可以继续参加工作的期限，一般以年为单位。

👓 能力拓展

赵先生的家庭是一个典型的高收入家庭，夫妇二人有较高的学历和理想的职业，赵先生是一家外企高管，现年 36 岁，年收入约 35 万元，太太是公务员，36 岁，年收入约 10 万元，目前孩子 2 岁，身体健康，住房是自购商品房。单位给两人均投保了社会保险和人身意外伤害保险。目前，家里有金融资产 107 万元，其中定期存款 70 万元，家庭现金及活期存款 1 万元，债券 20 万元，债券基金 10 万元，股票及股票基金 6 万元，汽车价值 35 万元，家电价值 15 万元，房产市值 150 万元，剩余商业贷款 39 万元，贷款 3 年内能还清，家庭每个月的支出大约为 1 万元。请根据资料为赵先生的家庭编制风险管理计划书。

一、家庭基本情况分析（见表 7-8～表 7-10）

表 7-8　家庭成员基本情况表

家庭成员 （在家庭中的角色）	年　龄	工作 状况	年收入 状况（万元）	健康状况 （是否伤残、患重大 疾病等）	保障状况 （参加的各类社会或商业保 险保障计划）

表 7-9　家庭资产情况表

家庭主要财产	评估价值	保障状况
不动产		
动产		
金融资产		

表 7-10　家庭支出情况表

主要支出项目	评估金额	备　注

二、家庭风险识别（见表 7-11）

表 7-11　家庭风险识别和风险因素分析

编号	所在家庭当前面临的最主要的风险	对家庭面临的风险项目，分析其损失发生的 直接和间接原因，即进行风险因素分析
A1		
A2		

编号	所在家庭当前面临的最主要的风险	对家庭面临的风险项目，分析其损失发生的 直接和间接原因，即进行风险因素分析
A3		
A4		
A5		
A6		
A7		
A8		
A9		
A10		
A11		

三、家庭风险管理措施（见表 7-12）

表 7-12　家庭风险管理措施

编号	所在家庭当前面临的最主要的风险	逐一列出可行的风险管理措施
A1		
A2		
A3		
A4		
A5		
A6		
A7		
A8		
A9		
A10		

项目 8
危机管理

教学目标

- 了解危机的含义
- 了解危机的种类
- 掌握危机管理的含义
- 掌握危机管理的过程
- 掌握应急预案的概念
- 了解应急预案的种类
- 掌握应急预案编制的步骤并能够结合企业情况编制应急预案

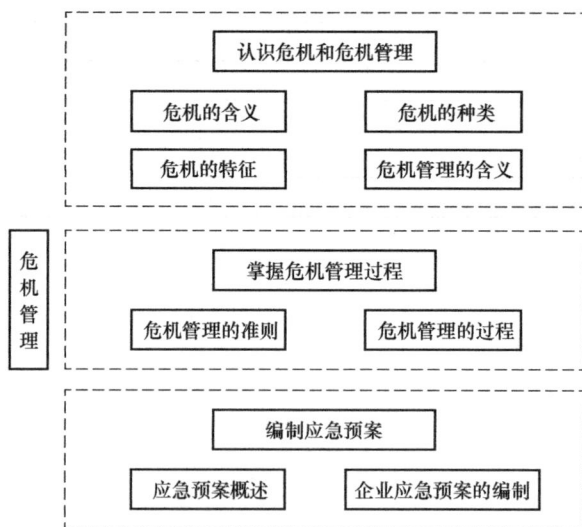

```
┌─────────────────────────────────────────────┐
│              认识危机和危机管理                │
│   ┌──────────────┐      ┌──────────────┐     │
│   │  危机的含义   │      │  危机的种类   │     │
│   └──────────────┘      └──────────────┘     │
│   ┌──────────────┐      ┌──────────────┐     │
│   │  危机的特征   │      │ 危机管理的含义 │     │
│   └──────────────┘      └──────────────┘     │
└─────────────────────────────────────────────┘
```

危机管理

```
┌─────────────────────────────────────────────┐
│               掌握危机管理过程                 │
│   ┌──────────────┐      ┌──────────────┐     │
│   │ 危机管理的准则 │      │ 危机管理的过程 │     │
│   └──────────────┘      └──────────────┘     │
└─────────────────────────────────────────────┘
```

```
┌─────────────────────────────────────────────┐
│                编制应急预案                    │
│   ┌──────────────┐      ┌──────────────────┐ │
│   │  应急预案概述  │      │ 企业应急预案的编制 │ │
│   └──────────────┘      └──────────────────┘ │
└─────────────────────────────────────────────┘
```

案例导入

3·15 公关劫，无印良品危机公关

2019 年 3·15 晚会被曝光的品牌中，无印良品是一个比较有看头的案例。无印良品和部分跨境电商企业，这次栽在了日本进口商品上——违规出售日本福岛核电站泄漏事件中禁售产地的商品。产品问题如图 8-1 所示。

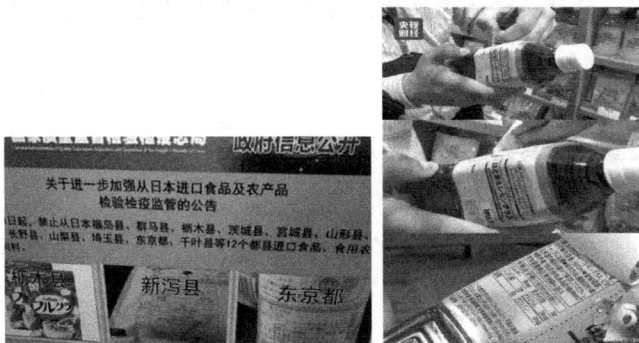

图 8-1 无印良品产品问题

图片来源：搜狐网。

3 月 16 日中午，无印良品针对被 3·15 点名一事发布了声明。这则声明，不得不说，还是延续了无印良品一贯的"冷淡"风格。声明函如图 8-2 所示。

声明函

针对2017年中央电视台3·15晚会中所曝光的"无印良品部分进口食品产自日本核污染区"事件,本公司对此声明如下:

1、此次引起误解的原因是本公司所销售的进口食品日文标识上所标示的"贩壳者 株式会社良品计划RD01东京都丰岛区东池袋4-26-3",而该信息为本公司母公司名称及其法定注册地址,并非本司所售进口食品的产地。

2、3·15晚会所曝光的两款进口食品的原产地如下:

无印良品无咖啡因香茅薏仁茶(谷物饮料) 原产地:日本福井县

无印良品鸡蛋圆松饼(热加工糕点) 原产地:日本大阪府

3、本公司向全国消费者声明,本公司进口及销售的来自于日本国的食品,均严格遵守2011年4月8日国家质量监督检验检疫总局(总局2011年第44号公告)《关于进一步加强从日本进口食品农产品检验检疫监管的公告》及2011年6月13日国家质量监督检验检疫总局颁布的国质检食函【2011】411号《关于调整日本输华食品农产品检验检疫措施的通知》的规定,未进口及销售任何中国政府明令禁止的日本核污染影响区域的食品。本公司进口及销售的进口食品均有【原产地证明书】,且证明书正本已提交上海出入境检验检疫局,并取得【中华人民共和国入境货物检验检疫证明】。每批次进口食品的报关报检单证齐全合规。

声明人:无印良品(上海)商业有限公司

2017年3月16日

附:

1.《对中国出口产品原产地证明书》—无印良品无咖啡因香茅薏仁茶(谷物饮料)

2.《对中国出口产品原产地证明书》—无印良品鸡蛋圆松饼(热加工糕点)

图 8-2 无印良品声明函

图片来源：搜狐网，截取原图，无修改。

无印良品指出，引起误解的原因是所销售的进口食品的日文标识上所标示的"贩壳者 株式会社良品计画 RD01 东京都丰岛区东池袋 4-26-3"信息为本公司的母公司名称及其法定注册地址，并非本司所售进口食品的产地。

也就是说，央视记者把公司注册地和食品产地搞混了。无印良品还在声明最后附上了每批次食品报关报验单等一系列证明复印件，可以说此次事件的处理有理有据，不卑不亢。

如此危机公关，却让舆论迅速反转，网友的情感值迅速回升，危机公关成功帮助品牌转危为安。

资料来源：搜狐网，文章有删改。

仔细阅读上述案例，总结无印良品危机处理的经验教训。

在日常生活和社会生活中，人们经常会遭遇危机：龙卷风、核电站事故、大洪水、地震、海啸、重大交通事故，我们必须掌握危机的含义及学会危机管理，才能提前为危机到来做好准备，才能最大限度地降低危机带来的损失。

任务 8.1 认识危机和危机管理

危机预防就是为了有效地避免危机的发生，而在思想、行为等各方面做好各种防范和准备。危机的预防比单纯的某一特定危机的解决更加重要。这是因为如果能在危机发生之前就及时将其根源消除，不仅能够有效保障均衡的社会秩序，还可以节约大量的人力、物力和财力。戴维·奥斯本和特德·盖布勒指出，危机管理的目的是"使用少量钱预防，而不是花大量钱治疗"。与危机发展的整个过程中的其他阶段相比，危机防范是一种既简便又经济的方法，在日常的危机管理中应予以足够的重视。

目前，危机已经呈现出了领域多元化、危害扩大化、传播迅速化等特点。这些都使得危机的预防更加迫切。另外，随着科学技术不断进步、危机领域的研究成果层出不穷，以及全社会对危机的重视程度不断提高，危机的有效预防已经成为可能。

8.1.1 危机的含义

人们一直试图全面而确切地对危机下个定义，但实际上，危机事件的发生有着千变万化的现实场景，很难一言以蔽之。

有人认为，只有中国的汉字能圆满地表达出危机的内涵，即"危险与机遇"，是组织命运"转机与恶化的分水岭"。《现代汉语词典》对"危机"有两种解释：一是"危险的祸根"，指危机四伏；二是"严重困难的关头"，指经济危机。汉语"危机"这个词中的

"危"和"机"就分别代表着"危险"和"机遇"两层意思。两者处于严重的对立之中，因此，危机的发展变化常常极富戏剧性。在对危机的研究中，通常是把危机分为天灾和人祸两大类。但危机学家们也往往根据危机发生的领域将危机分为政治危机、经济危机、民族危机、宗教危机、生态危机等。当几种危机互相激荡，同时并发时，就会出现严重的综合危机。

关于危机的定义有很多，这里列出四种。

（1）危机是当人们的重要生活目标遭遇阻碍时的一种状态。这里的阻碍，是指在一定时间内，使用常规的解决方法不能解决的问题。在危机发生期间可能有过多次失败的解决问题的尝试。

（2）危机之所以是危机，是因为个体知道自己无法面对某种境遇。

（3）危机是一些个人的困难和境遇，面对这些困难和境遇，人们无能为力，不能主宰自己的生活。

（4）危机是一种解体状态，在这种状态下，人们遭受重要生活目标的挫折，或其生活周期和应付刺激的方法受到严重的破坏，指的是个人因某种破坏所产生的害怕、震惊、悲伤的感觉，而不是破坏本身。

📺 延伸阅读

危机的不同解读

"危机"这个词因为在某些领域被不准确地使用或滥用，成了"事故""分裂""灾害""灾难"的代名词。但实际上，它们并不完全等同，"危机"有自己的内涵。

在英文中，与"危机"一词对应的是"crisis"。"危机"最初是一个医学用语，指人濒临死亡、生死难料的状态，有生的可能，又有死的威胁。后被演绎为描述人们不愿面对、不可预期、难以控制的局面。

许多学者从不同角度对危机进行阐释。

美国词典编纂家诺亚·韦伯斯特（Noah Webster，1961）将"危机"定义为"一个更好的或更坏的转折点，一个决定性的时刻，一段至关重要的时间，一个达到危急关头的情景"。

帕里（Parry，1990）认为，在人们的印象中，危机总与紧急事件、威胁和行动的需要联系在一起，真正含义在于：它意味着做决定的那一时点或那一刹那，即人们熟知的转折点或决定性时刻。

有人从静态的角度出发把危机界定为不稳定的时间或状态。如美国危机管理专家斯蒂温·芬克（Steven Fink，1986）认为，危机是指事件即将发生决定性变化的一段不稳定的时间或一种不稳定的状态。

巴顿（Barton，1993）把危机规定为以下这些特性的状态：一是惊奇；二是对重要价值的高度威胁；三是需要在短时间内做出决定。

更多的学者从动态的角度出发，把危机界定为事故、事件或活动。

弗恩·班可思（Ferm Banks，1996）把危机定义为"对一个组织、公司及其产品或名声等产生潜在的负面影响的事故"。

斯格（Seeger，1998）等认为危机是"能够带来高度不确定性和高度威胁，特殊的、不可预测的、非常规的事件或一系列事件"。

美国学者罗森塔尔（Rosenthal，1989）认为，危机是指"对一个社会系统的基本价值和行为准则架构产生严重威胁，并且在时间压力和不确定性极高的情况下必须对其做出关键决策的事件"。

赫尔曼（Hermann，1972）认为，危机是指一种情境状态，在这种状态中，其决策主体的根本目标受到威胁且做出决策的反应时间很有限，其发生也出乎决策主体的意料。

福斯特（Forster，1980）认为，危机具有四个显著特征：急需快速做出决策，严重缺乏必要的训练有素的员工，相关物资紧缺，处理时间有限。

格林（Green，1992）认为，危机管理的任务是尽可能控制事态，在危机事件中把损失控制在一定的范围内，在事态失控后，要争取重新控制住。

巴顿（Barton，1993）认为，危机是一个会引起潜在负面影响的具有不确定性的事件，这种事件及其后果可能对组织及其员工、产品、资产和声誉造成巨大的伤害。

班克思（Banks）认为，危机是对一个组织、公司及其产品或名声等产生潜在的负面影响的事故。

里宾杰（Lerbinger）认为，一个事件发展成危机，必须具有以下三个特征：其一，该事件对企业造成威胁，管理者确信该威胁会阻碍企业目标的实现；其二，如果企业没有采取行动，局面会恶化且无法挽回；其三，该事件具有突发性。

米托夫和皮尔逊（Mirtoff and Pearson，1993）认为，收集、分析和传播信息是危机管理者的直接任务。危机发生的最初几个小时（或危机持续的最初几天），管理者应同步采取一系列关键的措施——"甄别事实、深度分析、控制损失、加强沟通"。

中国著名危机公关专家游昌乔认为，危机是一种使企业遭受严重损失或面临严重损失威胁的突发事件。这种突发事件在很短时间内波及很广的社会层面，对企业或品牌会产生恶劣影响。而且，这种突发的紧急事件由于其不确定的前景造成高度的紧张和压力，为使企业在危机中生存，并将危机所造成的损害降至最低限度，决策者必须在有限的时间内，做出关键性决策。

高世屹（2003）认为，危机是一种非预期性的、不可预测的事件。

张拥军（2002）将危机的基本内涵界定为：各种紧急的、意外发生的，对人员、组织和其他资源有重大损害或潜在重大损害的突发事件。

任生德等（2003）认为，在现代企业管理中，"危机"只是一个中性的概念。危机就是指"潜在的能够给组织（政府或企业）的声誉或信用甚至经济造成负面影响的事件或活动"。

围薛澜等（2003）认为，危机就是"潜在的各种社会矛盾与社会问题积聚、激化后的表现形式，或者说，冲突的人群试图通过非常规或极端的方式，促使有关政府部门解决没有预见或长期无力解决的问题"。

丁素云（2006）认为，危机是对社会、组织或群体产生显性或隐性重大威胁且后果在短时间内难以消除的、同时蕴含着重大转机的、具有不确定性的突发事件。

以互联网、手机为代表的新媒体时代的到来，使得企业危机防不胜防，舆情的推波助澜，给企业传统的危机公关和媒体应对带来了前所未有的挑战。由于管理者对危机应对不及时、决策失当，致使企业出现品牌、生产、营销等全方位危机的事件已屡见不鲜。

危机公关成为企业管理的新常态，如何做好新媒体时代下的企业危机公关与媒体关系应对，是企业不得不面临的全新课题。防范危机，需要未雨绸缪；应对危机，才能绝处逢生；化解危机，方可峰回路转。只有正确做好危机公关和媒体舆情应对，企业才会拥有持续的生命力，并基业长青。管理者的危机思维、媒体素养将是企业安度危机的保证。

资料来源：泰启文，等. 突发事件的预防及应对[M]. 北京，新华出版社，2008.

8.1.2 危机的种类

企业面临的危机主要有八种：信誉危机、决策危机、经营管理危机、灾难危机、财务危机、法律危机、人才危机、媒介危机。

1. 信誉危机

信誉是企业在长期的生产经营过程中，公众对其产品和服务的整体印象和评价。企业由于没有履行合同及其对消费者的承诺，而产生一系列纠纷，甚至给合作伙伴及消费者造成重大损失或伤害，企业信誉下降，失去公众的信任和支持而造成的危机叫信誉危机。

2. 决策危机

决策危机是企业经营决策失误造成的危机。企业不能根据环境条件变化趋势正确制定经营战略，使得企业遇到困难无法经营，甚至走向绝路。如巨人集团涉足房地产项目——建造巨人大厦，并一再增加层数，这隐含着经营决策危机，决策失误没有能够及时调整而给企业带来了灭顶之灾。

3. 经营管理危机

经营管理危机是企业管理不善而导致的危机，包括产品质量危机、环境污染危机、关系纠纷危机。

第一，产品质量危机。由于企业在生产经营中忽略了产品质量问题，使不合格产品流入市场，损害了消费者利益，一些产品质量问题甚至造成了人身伤亡事故，由此引发消费者恐慌，消费者必然要求追究企业的责任而产生的危机指产品质量危机。

第二，环境污染危机。企业的"三废"处理不彻底，有害物质泄漏，发生爆炸等恶性事故造成环境危害，使周边居民不满和环保部门介入引起的危机指环境污染危机。

第三，关系纠纷危机。由于错误的经营思想、不正当的经营方式而造成关系纠纷产生的危机指关系纠纷危机。如运输业的恶性交通事故、餐饮业的食物中毒、银行业的不正当经营、酒店业的顾客财物丢失等行为。

4．灾难危机

灾难危机是指企业无法预测和人力不可抗拒的强制力量，如自然灾害、战争、重大工伤事故、经济危机、交通事故等造成巨大损失的危机。灾难危机会给企业带来巨额的财产损失，使企业经营难以开展。

5．财务危机

企业投资决策的失误、资金周转不灵、股票市场的波动、贷款利率和汇率的调整等因素使企业暂时资金出现断流，难以维持正常运转，严重的会造成企业瘫痪。

6．法律危机

企业高层领导法律意识淡薄，在企业的生产经营中涉嫌偷税漏税、以权谋私等，事件暴露后，企业陷入法律危机。

7．人才危机

人才危机指人才频繁流失所造成的危机。尤其是企业核心员工离职，其岗位没有合适的人选，给企业带来的危机是比较严重的危机。

8．媒介危机

真实性是新闻报道的基本原则，但由于客观事物和环境的复杂性和多变性，以及报道人员观察问题的立场角度有所不同，媒体的报道出现失误是常有的事。媒介危机的主要表现为媒介对企业的报道不全面或失实，曲解事实，报道失误。

8.1.3　危机的特征

1．破坏性

危机常常"出其不意，攻其不备"，不论什么性质和什么规模的危机，都会给企业造成不同程度的破坏，造成混乱和恐慌，而且由于决策的时间以及信息有限，往往导致决策失误，从而带来无可估量的、破坏性的损失。

2．意外性

危机爆发的具体时间、实际规模、具体形式、影响深度及广度，都是始料未及的。

3．聚焦性

在信息时代，危机的信息传播比危机本身的发展要快得多。

4．紧迫性

对企业来说，危机一旦爆发，其破坏性的能量就会被迅速释放，并呈快速蔓延之势，如果不能在最好的时机及时采取措施进行控制，危机会急剧恶化，使企业遭受更大损失。

8.1.4　危机管理的含义

西方国家通常把危机管理（Crisis Management）称为危机沟通管理（Crisis Communication Management），原因在于，加强信息的披露与公众的沟通，争取公众的谅解与支持是危机管理的基本对策。

危机管理是企业、政府部门或其他组织为应对各种危机情境所进行的规划决策、动态调整、化解处理及员工训练等活动过程，其目的在于消除或降低危机所带来的威胁和损失。通常可将危机管理分为两大部分：危机爆发前的预防管理和危机爆发后的应急善后管理。

危机管理是专门的管理科学，它是为了应对突发的危机事件，抗拒突发的灾难事故，尽量使损害降至最低限度而事先建立的防范、处理体系。对一个企业而言，企业的危机管理是指当企业面临与社会大众或顾客有密切关系且后果严重的重大事故时，为了应付危机的出现，在企业内预先建立防范和处理这些重大事故的体制和措施。

美国企业界认为，如果一位经营者不能很好地与员工沟通，不能向他的员工表明危机确实存在，那么，他很快会失去信誉，企业的效率和效益也会受影响。全世界已变成一个竞争的战场，全球电信业正在变革中发挥重要作用。因此，美国技术公司总裁威廉·伟思任命 2 名大胆改革的高级管理人员为副董事长，免去 5 名倾向于循序渐进改革的高级人员的职务，在公司广泛宣传某些企业由于忽视产品质量、成本上升导致失去用户的危机。他要全体员工知道，如果技术公司不把产品质量、生产成本及用户时刻放在突出位置，公司的末日就会来临。

在某种意义上，任何防止危机发生的措施、任何为了消除危机产生的风险所做的努力，都是危机管理。但我们更强调危机管理的组织性、学习性、适应性和连续性。

危机管理就是要在偶然性中发现必然性，在危机中发现有利因素，把握危机发生的规律性，掌握处理危机的方法与艺术，尽力避免危机所造成的危害和损失，并且能够缓解矛盾，变害为利，推动企业的健康发展。

任务 8.2　掌握危机管理过程

危机管理是指企业为应付各种危机情况所进行的规划决策、动态调整、化解处理及员工训练等活动过程。

8.2.1 危机管理的准则

课堂讨论

杜嘉班纳"最无力回天的公关危机"

意大利时装品牌杜嘉班纳（Dolce&Gabana，D&G）成了网友口诛笔伐的对象。事情的起因与经过如下：

杜嘉班纳原定于 2018 年 11 月 21 日晚间 9 时在中国上海举办杜嘉班纳"The Great Show"时装秀。为配合这次时装秀，杜嘉班纳拍了一个名为"起筷吃饭"的广告片，一位亚裔面孔的模特用筷子吃比萨，动作怪异夸张，旁白用别扭的中式发音和傲慢的口气"指导"女主角吃饭。

随后，杜嘉班纳创始人之一兼创意总监的 Gabana 与网友的对话曝光，对话中，Gabbana 有辱华言论。这在中国社交媒体引发巨大争议，网友纷纷指责这种不负责任的辱华行为，而原本要参加时装秀的中国明星纷纷退出，时装秀也被文旅部取消。

11 月 22 日凌晨，D&G 在社交媒体 ins 上发表最新声明，称对中国"怀有爱与热情"，但是通篇没有出现道歉的字眼。

11 月 23 日，两位创始人终于道歉，并称发自内心地请求原谅。然而，这次事件对 D&G 中国业务所造成的冲击，要来得更快、更剧烈。

迟来的道歉并没有得到大众的原谅，这次事件对 D&G 中国业务的影响几乎是致命的。

D&G 所触及的是早已在国际上形成公众认知的民族和种族问题，因此，D&G 事件被评为本年度"最无力回天的公关危机"。

资料来源：搜狐网，文章有删减。

认真阅读案例，讨论杜嘉班纳的公关存在哪些问题？违背了哪些危机管理原则？

1．24 小时原则

在网络时代，就企业响应危机的时间来说，24 小时是极限，因为坏消息会在极短时间内扩散到全球各个角落。所以，企业应在获悉危机发生后的 24 小时内启动危机管理机制，并做好准备工作。

2．核心立场原则

核心立场原则是指企业危机一旦爆发，企业应在最短的时间内针对事件的起因、可能趋向及影响（显性和隐性）做出评估，并参照企业一贯秉承的价值观，明确自己的"核心立场"。在整个危机事件的处理过程中，均不可偏离初期确定的这一立场。

3. 绝对领导原则

缺失权威必然引发混乱，所以，企业领导者应在危机乍现之时赋予危机事件管理者充分的权限，对危机实行集权管理。凡涉及危机事件管理的一切工作，危机事件管理者都拥有决策的权力。甚至有的时候，连企业最高领导者也应接受危机事件管理者的建议，为应对危机贡献心力。绝对领导原则强调的是"事急集权"。

4. 单一口径原则

应对危机必须"疏堵"结合。"疏"对外，"堵"对内。假若对同一件危机事件，企业内部传出不一样的声音，这将是危机管理的大忌，不仅会令原本简单的事态趋于复杂，更会暴露企业内部的"矛盾"，甚至可能由此引发新的危机。所以对内，必须杜绝那种未经授权便擅自发声的情况；对外则根据事前的部署，由危机事件管理者指定的发言人发布信息。同时，单一口径原则不仅包括了企业对外的言论发布，也涵盖了企业对内的解释说明。

5. 360度原则

360度原则即企业围绕危机事件所做的一切管理决策，都应以企业、受众、危机波及者为决策基准点，进行全方位的考量和筹谋，"平衡"企业利益（包括投资人、员工和企业自身的福祉）、客户利益、合作伙伴利益乃至舆论界（传播者与受众）利益。360度原则要求企业决策者、危机管理者具有战略能力、大局意识。企业也应承担起应有的社会责任。

6. 最高利益原则

企业在管理危机事件时具有"倾向性"，协调各方利益并不意味着"无原则的平衡"，有所侧重本就是合理的。最高利益是无论如何也不容侵犯、不计得失也必须捍卫的企业关键价值。如雀巢在"转基因诉讼"一事上所表现出的强硬态度，就充分体现了最高利益原则。

7. 信息对称原则

信息对称原则是指在危机处理过程中，应努力避免信息不对称的情况。理想状态是，在对内、对外两个层面上，保持信息管道的双向畅通。从操作的层面看，信息对称法则的操作要诀有四点：其一，牢记有信息比没信息好、充分的信息比片面的信息好；其二，无论如何也不可让内外受众在失控状态下胡乱猜测；其三，保证对内、对外发布的所有信息都是经过精心准备、严格审核的，不该信口开河、即兴发挥；其四，对外、对内都应保持信息的对称性。

8. 留白原则

留白原则即在危机处理中，不能盲目封闭自己的转圜空间，不能轻易放弃自己的回旋余地。留白原则要求企业在"危机处理资源准备"和"危机影响控制"两大层面留出一定的空间。一方面，企业不应只按照危机影响评估的"最低限额"进行资源（如人力、物力、财力、方案等）的准备；另一方面，企业也不可用自己所能承受的"最高限额"来尝试控制危机的影响（如信息管制、赔偿方案、客户关系等）。

9. 媒体友好原则

危机处理的核心内容是信息传播管理。媒体是危机传播的主要渠道，向公众传播危机信息也是传媒的责任和义务。企业应在平时与媒体，尤其与相关主流媒体建立战略性的合作关系，监控好舆论导向，并及时公布信息，有效引导舆论方向。当危机降临时，不仅能使危机的负面影响降至最低限度，还可扭转乾坤，借势提升企业的美誉度。

课堂实作

三鹿奶粉：自杀式危机应对

第一部分　三鹿集团简介

石家庄三鹿集团股份有限公司（简称三鹿集团）是一家位于中国河北省石家庄市的中外合资企业，主要业务为奶牛饲养、乳品加工生产，主要经营产品为奶粉，其控股方是持股 56% 的石家庄三鹿有限公司，合资方为新西兰恒天然集团，持股 43%。三鹿集团的前身是 1956 年 2 月 16 日成立的"幸福乳业生产合作社"，一度成为中国最大奶粉制造商之一，其奶粉产销量连续 15 年全中国第一。2008 年 8 月，其产品爆发三聚氰胺污染事件，企业声誉急剧下降。2008 年 12 月 24 日，三鹿集团被法庭颁令破产。2009 年 2 月 12 日，石家庄市中级人民法院正式宣布三鹿集团破产。

第二部分　三鹿集团危机处理过程分析

三鹿集团应对危机的过程回顾：

1. 自 2007 年 12 月以来，三鹿集团陆续接到消费者投诉。

2. 2008 年 5 月 17 日，三鹿集团客服部书面向领导报告情况。

3. 2008 年 5 月 20 日，三鹿集团成立任务小组。田文华为组长，王良玉负责技术攻关，杭志奇负责奶源管理，蔡树维和张振岭负责市场信息处理。

4. 2008 年 6 月初，技术攻关小组发现问题，但三鹿集团和 6 个质检部门（湖南省食品质量监督检测所、长沙市食品质量监督检查中心、徐州市产品质量监督检验所、国家乳品质量监督检测中心、国家环保产品质量监督检验中心和农业部乳品质量监督检测中心）都未发现问题的根源所在。

5. 2008 年 7 月下旬，三鹿集团终于找到了问题的根源所在。

6. 2008 年 8 月 1 日，王玉良向田文华报告情况，田文华分配应对危机的任务，但要求不得泄露有关三聚氰胺的消息。

从以上"三鹿事件"的进展情况可以将其分为两个阶段，第一阶段是 2007 年年底至 2008 年 5 月上旬，这一时段是危机爆发的预热阶段，第二阶段是 2008 年 5 月中旬到 2008 年 8 月，事件已经全部浮出水面，危机显现。

第一阶段：从市场上出现消费者投诉到客服部书面向领导层出示书面报告，时隔五个月之久，此段时间是危机出现的早期阶段，也是处理危机的最佳时机，在这段时间，无论是领导层还是下属部门都没有对消费者的投诉引起足够的重视，失去了应对危机的最好机会。从中可以看出，三鹿集团内部缺乏危机意识，而且不善于抓住最好时机来解决危机。很明显，三鹿集团整体缺乏危机意识，这是三鹿集团危机爆发的关键原因之一。如果在消费者投诉的早期阶段，三鹿集团能够给予足够的重视，采取必要的、合理的措施，危机的损害程度就不会如此之大。

第二阶段：三鹿集团危机显现阶段，在此阶段，三鹿集团的高层领导已经认识到内部存在问题，但是迟迟未找到问题的根源，直到 7 月才查出三聚氰胺，在查出三聚氰胺之后，三鹿集团总经理虽然紧急召开会议制定了应对方案，却要求不准泄露任何有关三聚氰胺的信息，消息是堵不住的，应该合理的引导、告知、疏通，其后的种种行为都注定了三鹿集团走向破产的不归路。2008 年 7 月，三鹿集团召开了多次会议讨论有关三聚氰胺的问题，会议虽然决定采取一些补救措施，但是其高层领导要求封锁媒体，安排蔡树维和张振岭分别应付消费者和媒体。消费者方面，运用退货、换货等方法来稳住消费者，防止他们将投诉三鹿集团的消息透露给媒体；而媒体方面通过支付广告费用的手段来控制媒体，阻止他们对消费者投诉三鹿集团的消息进行披露。从中可以看出，三鹿集团完全误解了危机本质，认为危机的关键是媒体，误将媒体公关当作解决危机的根本所在，以为掩盖事实就会转危为安，是"鸵鸟效应"的典范。三鹿集团查出有毒奶粉的来源是三聚氰胺之后，为了稳定市场、保证公司的利益而完全不考虑消费者的健康问题，将公司利益置于公众的生命安全之上，没有及时向消费者通告，也没有下架所售产品，而是继续隐瞒事实，只收回部分产品。可以看出，三鹿集团没有承担其应有的社会责任，忘记了企业经营之道在于以人为本。而危机的处理自然也要从消费者的角度出发，对消费者负责的态度才是应对危机的立足点。

资料来源：百度文库，文章有删改。

认真阅读案例，总结三鹿集团破产的原因，并给出应对此类危机的措施。

8.2.2　危机管理的过程

1. 危机监测

危机管理的首要一环是对危机进行监测。在企业顺利发展时期，企业就应该有强烈的危机意识和危机应变的心理准备，建立一套危机管理机制，对危机进行监测。企业越是风平浪静的时候，越应该重视危机监测，在平静的背后往往隐藏着杀机。

2．危机预警

许多危机在爆发之前都会出现某些征兆，危机管理关注的不仅是危机爆发后各种危害的处理，而且要建立危机警戒线。企业在危机到来之前，把一些可以避免的危机消灭在萌芽之中，对于另一些不可避免的危机通过预警系统能够及时得到解决。这样，企业才能从容不迫地应对危机带来的挑战，把企业的损失降低到最低限度。

3．危机预防

危机预防包括以下两个方面：

第一，培养危机防范意识。

危机的发生很多时候是由于缺乏防范意识或疏忽大意造成的。尤其在当今全球化、信息化时代，一切社会组织都处于变幻无常的环境中，稍有不慎，便会导致危机的爆发。同时，危机的突然性、严重性以及不可预料性容易引起公众的心理恐慌，甚至因此导致公众的不理性行为，致使危机的损失变大。因此，培养危机防范意识十分重要和迫切。培养危机防范意识的基本途径有两个：警示和宣传教育。

宣传教育方式可以采用案例分析和强化性宣教。案例分析有较强的趣味性，容易吸引受教育者的注意力，是一种较好的教育方式。强化性宣教有正面强化和负面强化两种形式。正面强化更多的是通过权威人物分析组织内外的形势、回忆过去所经历的危机，提醒公众不要忘记危机，告诉公众危机的威胁依然存在。负面强化是指通过向公众展示危机给受害者所带来的或可能带来的痛苦，使危机的潜在受影响者提高危机意识。强化性宣教不能偶尔进行或过于频繁，次数既不能太少，也不能太多，最好是间断地进行，当人们的危机防范意识有明显淡化的倾向时，就需要进行再次的强化性宣教。

第二，危机的心理干预机制。

在危机中，人们普遍会出现心理恐慌。恐慌本质上是个人对自己所处的环境丧失信任之后引起的危机的应激性反应。危险是随时存在的，但通常情况下，环境中的危险是相对稳定的。一旦发生危机，人与环境之前建立的信任关系就会被打破，致使通常的风险规避措施突然失去效用。例如，在2003年SARS疫情中，平时公众无比放心的很多事物，一下子成了SARS可能的传播途径：到图书馆借书可能因书本发生交叉感染，坐公共汽车可能因人与人之间距离太近而传染，病毒似乎无孔不入，危险似乎无处不在，人们感到惶惑、焦虑、无助与绝望。有时，这种心理受到一些偶然因素的激发，就会发展成恐慌，再经过相互暗示、模仿、感染，又会演变成更大规模的集体恐慌，SARS危机的演变过程就是个典型的例子。当广东、香港发生疫情时，北京市市民觉得SARS还很遥远。但随着一些小道消息的传播，公众心理开始紧张。到4月20日疫情完全公开后，这种紧张感猛然加剧，后来在"封城"等谣言的震动下，这种紧张心理终于迸发为持续两天的集中抢购风潮。

心理恐慌会对危机的处理产生较大的负面影响，心理干预先要通过宣传和教育，让公众对可能发生的或已经发生的危机形成一个正确、客观的认识。以往一些组织管理者由于担心负面消息会造成社会震荡，片面强调正面报道。殊不知，越是不报道负面新闻，公众对负面事件就越缺乏心理承受能力。一旦负面事件超出有关部门的掌控，就会造成更大的心理恐慌。正确的做法应该是及时主动地发布信息，并跟踪舆论，适时进行引导。不能消极地期待"公众的眼睛是雪亮的"，也不能消极地等待"流言止于智者"，而应加大宣传教育等干预力度，防止一旦出现危机就导致大规模的社会恐慌。心理干预的另一方面，是对公众进行心理疏导，缓解心理压力，增强必胜信心。

4. 危机决策

企业应在调查的基础上制定正确的危机决策。决策要根据危机产生的来龙去脉，对几种可行方案进行对比后，选出最优方案。方案定位要准、推行要迅速。

5. 危机处理

第一，企业确认危机。确认危机包括收集危机相关信息、危机归类、确认危机程度以及找出危机产生的原因，预估危机影响的范围和影响的程度及后果。第二，控制危机。控制危机是指在确认危机以后，紧急遏止危机的扩散使其不影响其他事物。第三，处理危机。在处理危机时，关键的是速度。若企业能够及时、有效地将危机决策运用到实际中，化解危机，就可以避免危机给企业造成损失。

延伸阅读

保险公司应对媒体危机

保险公司不论何时接到媒体危机的信息，都应将之作为头等大事。公司应制定严密的媒体宣传制度，并做到反应快速、执行有序、处理有效。公司在媒体危机管理中应时刻牢记：个人利益服从集体利益，公司利益服从社会利益，经济利益服从政治利益，公司的政治利益就是公司的社会责任、社会形象和社会声誉。其具体管理途径如下：

一是居安思危，使公司上下树立危机意识。"墨菲定律"强调，如果事情有变坏的可能性，哪怕只有很小的可能性，那么它向最终变坏的方向发展的可能性就会很大。因此，保险公司应在各种场合通过各种载体向员工宣导树立危机意识、忧患意识，高度重视各种潜在和现实的危机。抱有侥幸心理、认为公司不会发生危机本身就是公司最大的危机。

二是建立预警机制，使媒体危机消除在萌芽状态。"海恩法则"指出，在每一次危机发生前，必然有数十次轻微事故或若干征兆，如果能及早洞察，就有可能避免随之而来的危机。因此，保险公司应安排专人对相关媒体进行监测。监测内容包括公司所处的舆论生态环境变化等。

三是建立危机应急预案，使公司上下临"危"不乱。很多突发性危机是不可控的，危机随时可能降临，保险公司必须建立危机应急预案。一般来说，公司有与没有危机应急预案，其危机损失程度会相差 5~10 倍。

四是与相关各方进行全面沟通，使公司获得理解与支持。对于员工，应告知公司面临的形势，稳定员工的士气与信心，不能影响公司正常业务的开展；对于公众，应解释危机的来龙去脉，公司正在寻求解决问题的方式，公司即将采取的措施，并强调公司会及时反馈公众所关注的问题，感谢公众对公司的关心与支持；对于媒体，公司在迅速了解事件真相后，应第一时间提供情况说明，给外界营造一个认真对待、积极主动的形象；对于政府及行业监管部门，应主动阐明危机原因，定期汇报危机情况，恳请政府或监管部门支持。

五是树立品牌声誉，使公司构建危机防护层。保险公司应积极建立企业信誉，不断通过管理革新、产品更新或服务升级提高公众对公司的愉悦体验；建立公众信誉，通过举办公益活动、召开客户说明会等方式与公众进行沟通、互动，使公众对公司的运作有更为深刻的了解；建立社会信誉，通过捐赠、环保等活动方式，体现公司社会责任；建立媒体信誉，积极配合媒体记者的各种约稿、咨询和采访需求，始终用公司的正面新闻占领媒体记者的视线，为媒体提供足够的新闻线索，建立良好的合作关系。

任务 8.3　编制应急预案

课堂讨论

上海市教师公寓发生火灾

2010 年 11 月 15 日 14 时，上海市余姚路的一栋高层公寓起火。公寓内住着不少退休教师，起火点位于 10~12 层，整栋楼都被大火包围着，楼内还有不少居民没有撤离。截至 11 月 19 日 10 时 20 分，大火导致 58 人遇难，另有 70 余人接受治疗。事故是由无证电焊工违章操作引起的，四名犯罪嫌疑人已经被公安机关依法刑事拘留。同时，此事件还暴露了其他问题：装修工程违法违规、层层多次分包；施工作业现场管理混乱，存在明显抢工行为；事故现场违规使用大量尼龙网、聚氨酯泡沫等易燃材料；有关部门安全监管不力等。

资料来源：百度百科，文章有删改。

认真阅读案例，思考下列问题：

假设你是该施工单位的安全负责人员，在事故没有发生之前你会采取哪些预防措施？

随着社会经济的快速发展，生产过程的安全问题已成为企业面临的头等大事，为防止重特大安全事故的发生，国家制定了一系列法律法规来规范生产安全问题，同时，企业应采取相应措施防止事故发生和控制事故损失，其中，"制定事故应急预案"就是一项重要举措。

8.3.1　应急预案概述

1．应急预案的概念

应急预案又称应急计划，是指为了迅速、有序、有效地开展应急行动、降低损失，在风险分析与评估的基础上，针对可能发生的危机，预先制订的有关计划或方案。危机应急预案是应对危机的行动方案、行动指南、行动向导。美国一位从事突发公共事件研究的学者在深入研究的基础上，得出的结论是：如果发生某一特别重大的突发公共事件，各级政府有应急预案并立即启动，采取应对措施，要比没有预案、预案体系不健全，等待总统下达命令再采取应对措施的效率高出 320 倍。

应急预案是安全生产工作的重要保障。它一般建立在综合防灾规划之上，其几个重要子系统分别为：完善的应急组织管理指挥系统；强有力的应急工程救援保障体系；综合协调、应对自如的相互支持系统；充分备灾的保障供应体系；体现综合救援的应急队伍等。

2．应急预案的特征

（1）**全面性**。应急预案囊括事前预测预警、事发识别控制、事中应急处置和事后恢复重建，贯穿突发事件应急管理全过程。

（2）**系统性**。应急预案作为应急管理工作中的重要组成部分，是应对、处置突发事件的操作指南，包括了应对工作的各个环节。各个应急预案之间相互衔接，形成预案体系。

（3）**权威性**。应急预案一般由各级政府及其部门等行政机关颁布施行，是政府的施政措施，体现法律法规的要求。

（4）**实用性**。应急预案中所规定的预防、应对、处置突发事件的计划和方法，既有历史经验和理论概括，又有科学分析和成功做法，通用性、操作性强。

3．应急预案的种类

生产经营单位的应急预案体系主要由综合应急预案、专项应急预案和现场预案构成。生产经营单位应根据本单位组织管理体系、生产规模、危险源的性质以及可能发生的事故类型确定应急预案体系，并根据本单位的实际情况，确定是否编制专项应急预案。风险因素单一的小微型生产经营单位可只编制现场预案。

综合应急预案，也称总体应急预案，从总体上阐述了处理突发事件的应急方针、政策，应急组织结构及相关应急职责、应急行动、应急措施和保障等基本要求和程序，是应对突发事件的综合性文件。综合预案应全面考虑管理者和应急者的责任和义务，并说明紧急事件应急救援体系的预防、准备、应急和恢复等过程的联系。

专项应急预案是针对具体的事故类别（如煤矿瓦斯爆炸、危险化学品泄漏等事故）、危险源和应急保障而制订的计划或方案，是综合应急预案的组成部分，应按照综合预案的程序和要求组织制定，并作为综合应急预案的附件。专项预案应制定明确的救援程序和具体的救援措施。

现场预案也称现场处置方案，是针对具体的装置、场所或设施、岗位所制定的应急处置措施。它是在专项应急预案的基础上，根据实际需要编制的，并针对特定的具体场所，通常是该类型事故风险较大的场所或重要防护区域所制定的预案。现场预案是在详细分析的基础上，针对某一具体现场的该类特殊危险及周边环境情况，对应急救援中的各个方面做出的具体而细致的安排，具有更强的针对性和对现场救援活动的指导性。企业级预案大多是一种现场预案。

4．应急预案的分级

根据可能的事故后果和影响范围、发生的地点和应急方式，在我国建立应急预案时，可以分为以下五个级别。

1 级（企业级）。事故的有害影响局限在某个单位（如某个工厂、火车站、仓库、煤气或石油输送加压站等）的界区之内，并且可被现场的操作者遏制和控制在该区域内。这类事故可能需要投入整个单位的力量来控制，但其影响范围不会扩大到社区（公共区）。

2 级（县、市/社区级）。所涉及的事故及其影响范围可扩大到公共区（社区），但可为该县（市、区）或社会的力量，加上涉及的工厂或工业部门的力量所控制。

3 级（地区/市级）。事故影响范围大，后果严重，应急救援须动用地区的力量。

4 级（省级）。对可能发生的特大火灾、爆炸、毒物泄漏事故，特大危险品运输事故以及属省级特大事故隐患、省级重大危险源，应建立省级事故应急反应预案。它可能是一种规模极大的灾难事故，也可能是一种需要用事故发生的城市或地区所没有的特殊技术和设备进行处理的特殊事故。这类意外事故需用全省范围内的力量来控制。

5 级（国家级）。事故后果的严重程度超过以上四级，应制定国家级应急预案。

5．应急预案的功能和作用

（1）应急预案的功能。

第一，事件预防。通过危险辨识和对突发事件后果进行分析，采用技术和管理手段减小突发事件发生的可能性，并且将可能发生的突发事件控制在局部范围内，防止事故的蔓延。

第二，应急处理。如果发生突发事件，应急预案可以提供应急处理程序和办法，以快速处理事故，将事故消除在萌芽状态。

第三，抢险救援。采用预先制定的现场抢险和抢救方式、方法，控制或降低突发事件造成的损失。

（2）应急预案的作用。

第一，减少决策时间和缓解决策压力。

由于危机具有紧迫性、信息不充分性和资源有限性等特点，危机一旦发生，就要求危机管理者在有限的时间、有限的资源和有限的信息下进行决策，而且决策是否正确很快就能从危机的进展中得到验证。所以，危机的决策不但时间紧迫，而且面临巨大压力。

危机管理者在制定预案时必须对危机中可能出现的各种情况都有所考虑，对这些情况的深层次问题也要有所认识，并要能够把握各种情况的主要矛盾。这样，在面对实际危机时，管理者才能较快地把握其实质和主要矛盾，从而迅速、科学地做出决策。也就是说，预案使危机管理者通过危机的前瞻性研究，提高了在实际危机中把握信息和理解信息的能力，从而减少了危机中的决策时间，缓解了决策压力。

第二，减轻人们心理上的紧张感。

如果没有制定危机应急预案，危机发生时人们会感到突然。如果人们对危机的了解不深，对危机的熟悉程度较低，就会导致控制危机的能力低下，对自己的危机应对能力缺乏信心，从而产生心理上的紧张感和焦虑感。

在制定了事发事件预案的情况下，危机管理人员对危机本身和危机中可能出现的情境都有过充分的考虑，对危机中的各种情况也考虑过相应的处理措施。一旦危机发生并遇到应急预案中出现的各种情况或类似情况，管理者就不会感到惊讶，也不会觉得自己没有应对危机的能力。因此，危机中人们的紧张感会比没有制定应急预案时轻很多。

📺 课堂实作

为什么一场山火会难倒整个美国

2018 年的美国加利福尼亚州大火可谓轰动世界，巨大的财产损失和人身伤害让人们深陷于"震惊"之中。根据《美联社》的报道，截至当地时间 11 月 16 日，这场熊熊燃烧的大火，已经在美国造成了"74 人死亡，1 011 人失踪，1 万多栋房屋被毁，近 30 万人撤离"的惨剧，而大火至少还要持续燃烧十几日，情况相当不乐观。

为什么一场山火能难倒美国？原因在于救灾机制不够完善，没有落实好责任制。

早在 2017 年的哈维飓风事件中，美国等西方国家的"救灾机制"漏洞就凸显出来了。当时被曝出的状况是救援不及时，从上到下乱作一团，甚至出现了地方官员自己先跑的惊人事件。在这次的加利福尼亚州大火中，这样的情形依旧出现了：万千民众集体出逃，来得及的出逃成功，来不及的葬身火海，救火的事情全交给了消防员。然后火越烧越大，被迫逃亡的人越来越多，火势也越来越难控制。所以事件经过是这样的：最初火势不大的时候，第一批人跑了，后来火势中等的时候，第二批人跑了，最后一发不可收拾的时候，消防队终于赶来了。如图 8-3 所示。

姗姗来迟的消防队，姗姗来迟的撤离令，姗姗来迟的国家领导人，而这"姗姗来迟"的背后，是一个个本不该终结的鲜活生命。

图8-3　加利福尼亚州大火远景（图片来源于网络）

一年以前，亚平宁半岛北侧的一座小城市里刮起了超强的风暴，损失惨重。按理说，救援力量和后期清理灾区现场的工作应该迅速展开，然而事实不是这样。风暴发生时正是假期，地方官员度假去了，直到两天后才有人在倒塌的建筑物和树木周边拉起警戒线，地上的碎物始终没人处理，现场整整原封不动地保存了一个月。

问题的根源其实在于西方社会并没有建立起救灾应急机制，官员之间也没有严格的"责任制"。当灾难发生时，会出现"官员各自保命，不愿意趟这摊浑水"的情况，即便全体动员，也会出现救援资金谁来出、事故责任谁来负、救灾物资要不要给、补助资金要不要批的问题，等大家商量好了，时间早已来不及了。

在加利福尼亚州大火中，在这样生死攸关的状况下，美国领导层之间，也是互相指责，互相推诿。

资料来源：公众号"郎言志"所发布的文章，文章有删改。

认真阅读案例，谈一谈美国为什么会被一场山火难倒。

第三，有利于合理配置危机反应、恢复所需资源。

由于危机的紧迫性，危机反应和恢复所需的资源不但要充分而且要配置合理。危机中即使可用于反应和恢复的资源非常充足，但由于所需资源存放的地点较远或保管员不在等原因，使所需的资源无法立即投入使用，也会加大危机造成的损失。

危机预案通过对危机所需资源进行事先的合理配置，减小了危机对资源造成破坏的可能性，使资源在需要时能尽快投入使用。如企业用于应对财务危机的基金是处理企业危机的资源，如果企业将这些基金投资于房地产，那么企业发生财务危机时，为了筹集资金，企业会以很低的价格售卖房地产，使基金受到较大的损失；同时，房地产不容易变现，难以较快地卖掉，也就不能及时获得解决财务危机所急需的资金。

第四，促使危机反应和恢复行为更加科学合理。

危机打破了原有的社会状态，使社会陷入混乱状态。如果没有事先的危机应急预案，管理者在混乱状态下就会手忙脚乱，从而难以组织高效的危机反应和恢复行动。

相反，在有预案的情况下，危机的管理者就可以充分考虑危机发生时的各种情况，分清危机情境中的主要问题和次要问题。这是因为预案明确了危机中各个危机管理小组成员和组织各部门之间的分工，一旦发生了危机，每个部门和每个人就能尽快地根据预案的要求履行自己的职责。预案指出了危机所需资源的最佳配置，危机反应和恢复所需的资源可以以最佳的方式获得。应急预案规定了有效的沟通方式、媒体管理方案，这使管理者在应对危机时会收到事半功倍的效果。因此，当危机发生时，危机管理者对实际危机情境有一个全局性的认识，为有效的危机管理打下了基础。

第五，应急预案有利于提高风险防范意识。

应急预案的编制过程实际上是一个风险识别、风险评价和风险控制措施设计的过程，而且这个过程需要各方参与，因此，应急预案的编制、评审以及发布宣传，有利于各方了解可能存在的风险以及相应的应急措施，提高风险防范的意识和能力。

第六，应急预案有利于降低突发事件造成的损失。

制定应急预案，有利于做出及时的应急响应，降低突发事件造成的损失。应急行动对时间的要求十分严格，不允许有任何拖延。应急预案预先明确了应急各方的职责和响应程序，在应急力量和应急资源等方面做了大量准备，可以指导应急救援迅速、高效、有序地开展，将突发事件造成的人员伤亡、财产损失和环境破坏降低到最低限度。此外，如果提前制定了预案，对突发事件发生后必须迅速解决的一些应急恢复问题，也会解决得比较全面。

8.3.2　企业应急预案的编制

1．准备工作

编制应急预案应做好充分的准备工作，具体需要准备以下六个方面。

（1）全面分析本单位危险因素、可能发生的事故类型及事故的危害程度。比如分析单位的地理位置、交通便利程度、消防设施、排水设施、建筑物结构、建筑物规模、单位占用性质、以往损失情况、地形、地势等因素，若某单位地处泄洪、行洪区，就必须合理评估其遭遇洪水风险的可能性以及损失程度，制订洪水灾害应对方案。

（2）排查事故隐患的种类数量和分布情况，并在隐患治理的基础上，预测可能发生的事故类型及其危害程度。保险公司在承保企业前，会通过现场调查等方式，将企业划分为若干风险单位，识别并评估每一危险单位遭遇火灾等事故的最大可能损失，以确定是否承保及承保条件，并为企业提供合理防灾防损建议。

（3）确定事故危险源，进行风险评估。企业风险管理人员应依据企业风险情况完成风险评估报告。

（4）针对事故危险源和存在的问题，确定相应的防范措施。若企业存在极大的火灾风险，应制定保险、非保险两种风险管理措施，以控制风险对企业造成的影响。

（5）客观评价本单位应急能力。

（6）充分借鉴国内外同行业事故教训及应急工作经验。

2．编制步骤

第一，成立预案编制小组。

预案编制小组的水平高低直接决定着应急预案编制的质量，应急预案的编制需要有关职能部门和团体的积极参与，并达成一致意见，尤其要寻求与危机直接相关的各方进行合作，在组建预案编制小组时一定要慎之又慎。成立应急预案编制小组是将各有关职能部门、各类专业技术有效结合起来的最佳方式，可有效地保证应急预案的准确性、完整性和实用性，而且为应急各方提供了一个非常重要的协作与交流机会，有利于统一应急各方的不同观点和意见。

成立应急预案编制小组时要注意以下几点：

预案编制小组应由最高管理部门牵头，并负责各部门之间的协调；预案编制小组应该涵盖突发事件所涉及的各部门，要保证各部门利益的均衡，各部门分工要具体、明确；必须制订具体的预案编制计划。

第二，风险分析评估和应急能力评估。

风险评估是编制预案的基础，风险评估的结果不仅有助于确定必须重点考虑的威胁，提供划分预案编制的优先级别的依据，同时为危机预案编制、应急准备和应急响应提供资料。

为了准确确定应急预案的编制目标和内容，应开展危险分析和应急能力评估工作。为有效开展此项工作，预案编制小组首先应进行初步的资料收集，包括相关法律法规、应急预案、技术标准、国内外同行业事故案例、本单位技术资料、重大危险源等。

（1）**危险分析**。危险分析是应急预案编制的基础和关键过程，危险分析的主要内容包括：

1）分析生产经营单位存在的危险因素，确定事故危险源；

2）分析可能发生的事故类型及后果，并指出可能产生的次生、衍生事故；

3）评估事故的危害程度和影响范围，提出风险防控措施。

在对危险因素进行辨识分析、评价及对隐患实施排查、治理等工作的基础上，确定本区域或本单位可能发生事故的危险源、类型、影响范围和后果等，形成分析报告，分析结果作为应急预案的编制依据。

（2）**应急能力评估**。应急能力包括应急资源（应急人员、应急设施、装备和物资）及应急人员的技术、经验和接受的培训等，它将直接影响应急行动的速度及有效性。应急能力评估就是依据危险分析的结果，对应急资源准备的充分性和从事应急救援活动所具备的能力进行评估，以明确应急救援的需求和不足，为应急预案的编制奠定基础。

编制应急预案时应当在评估与潜在危险相适应的应急能力的基础上，选择最现实、最有效的应急策略。

第三，危机分类分级。

准确分析危机发生的概率及损失程度不太现实，为使应急预案有针对性，就必须对危机进行分类分级，要充分利用现有数据，在可利用的技术基础上进行合理的评估。

第四，编制应急预案。

针对可能发生的事故，结合危险分析和应急能力评估结果等信息，按照《国家突发公共事件总体应急预案》《省（区、市）人民政府突发公共事件总体应急预案框架指南》（国办函〔2004〕39号）、《生产经营单位安全生产事故应急预案编制导则》（AQ/T 9002—2006）等有关规定和要求编制应急预案。

在应急预案的编制过程中，应注重编制人员的参与和培训，充分发挥他们各自的专业优势，使他们均掌握危险分析和应急能力评估的结果，明确应急预案的框架、应急过程的行动重点以及应急预案衔接的要点等。同时，编制的应急预案应充分利用社会应急资源，考虑与政府应急预案、上级主管单位以及相关部门的应急预案相衔接。

🖥️ 课堂实作

应急预案的标准格式

1. 应急预案的框架与内容

（1）编制目的

（2）工作原则

（3）编制依据

（4）适用范围

2. 组织指挥体系与职责

（1）应急组织体系

（2）指挥机构与职责

（3）应急救援工作小组的工作任务与职责

3. 预防、监测与预警

（1）信息监测与报告

（2）预警预防行动

（3）预警级别与发布

4. 应急响应

（1）分级响应

（2）信息共享与处理

（3）通信

（4）指挥协调

（5）紧急处置

（6）应急人员的安全防护

（7）群众的安全防护

（8）社会力量动员参与

（9）危机调查、监测与后果预期

（10）应急结束

5．后期处置

（1）善后处置

（2）社会救助

（3）保险

（4）事件调查

（5）总结

6．保障措施

（1）通信与信息保障

（2）应急队伍保障

（3）应急装备物资保障

（4）经费保障

（5）其他保障

（6）培训演习

（7）奖惩安排

7．附则

（1）术语、定义

（2）预案备案

（3）管理与定期更新

（4）解释

（5）预案实施

8．附录

（1）工作流程图

（2）工作人员联系表

（3）规范化文本

（4）与危机相关的各种预案

延伸阅读

人员密集场所火灾事故专项应急预案

第1部分 事故类型和危害程度分析

1.1 事故类型

人员密集场所火灾事故包括学校所属的食堂、教学区等人员密集场所发生的火灾事故。

1.2 危害程度分析

人员密集场所是固定空间的人群聚集区域,一旦发生火灾事故,应急逃生措施不到位,势必造成群死群伤事故。

1.3 事故分级

1.3.1 特别重大安全事故

符合下列条件之一的,为特别重大安全事故:

(1)一次造成3人及以上死亡,或500万元及以上直接经济损失。

(2)需要紧急转移安置5 000人及以上。

(3)火势长时间(≥6小时)未能得到有效控制,可能引发重大次生灾害事故。

1.3.2 重大事故

符合下列条件之一的,为重大事故:

(1)一次造成1~2人死亡,或重伤3人及以上,或一次事故造成直接经济损失在100万元及以上、500万元以下。

(2)需要紧急转移安置500~4 999人。

(3)火势长时间(2~6小时)未能得到有效控制。

1.3.3 较大安全事故

符合下列条件之一的,为较大安全事故:

(1)事故造成1~3人死亡,或一次事故造成直接和间接经济损失在10万元及以上、100万元以下。

(2)需要紧急转移安置500人以下。

(3)火势短时间(≤2小时)实现控制。

1.3.4 一般安全事故

符合下列条件之一的,为一般事故:

(1)事故人员轻伤,或一次事故造成直接经济损失在2 000元及以上、10万元以下。

(2)发生火灾,但在第一时间扑灭,未造成较大影响。

第2部分 应急处置基本原则

应急救援坚持统一指挥、分级负责、区域为主、单位自救、社会救援的原则。在实施抢救过程中,应急救援人员按照预案所设定的分工任务实施扑救,使任何可能引起的紧急情况不扩大,并尽可能地排除事故,减小火灾事故对人、财产和环境所产生的不利影响。

第 3 部分　组织机构及职责

3.1　应急组织体系

人员密集场所火灾事故应急组织包括应急指挥中心、应急指挥中心办公室、安全技术小组、二级机构应急指挥中心、二级机构现场响应中心、应急行动协调工作组、应急抢救救援工作组、应急行动现场保卫警戒工作组、应急行动物资供应组等。

3.2　组织机构及职责

3.2.1　应急指挥中心

应急指挥中心主要由安全工作领导小组组成，应急中心总指挥为总经理，应急中心副总指挥由分管领导、业务发展部总经理和二级公司总经理担任，应急指挥中心成员为各二级机构总经理。应急指挥中心负责统一指挥、调度重大、特大人员密集场所火灾事故的救援工作；组织审定人员密集场所火灾事故应急预案；确定预警级别，当发生重大、特大人员密集场所火灾事故应及时向当地政府和上级主管部门报告；对重大、特大人员密集场所火灾事故做出救援决策；组织各二级机构做好善后和恢复工作，统一协调应急资源。

3.2.2　应急指挥中心办公室

应急指挥中心办公室设在业务发展部，办公室主任由业务发展部总经理担任。应急指挥中心办公室负责人员密集场所火灾事故应急预案的起草、修改与实施；贯彻落实安全生产应急救援决定；甄别安全事故，及时报告安全生产事故应急情况，提出应急处置方案；协调所属各单位做好人员密集场所火灾事故应急救援的演练、预防、应急准备、应急处置和善后等工作。

3.2.3　安全技术小组

安全技术小组由业务部负责组织、协调、管理，组员为二级机构安全、技术管理人员。安全技术小组为人员密集场所火灾事故应急管理提供决策建议，必要时参加事故的应急处置工作。

3.2.4　二级机构应急指挥中心

二级机构应急指挥中心执行总指挥为二级机构总经理，执行副总指挥为主管安全工作的副总经理，成员为二级机构有关管理人员。二级机构应急指挥中心负责制定二级机构人员密集场所火灾事故应急预案；负责人员、资源配置及应急队伍的调动；确定现场指挥人员；协调事故现场有关工作；批准二级应急预案的启动与终止；确定事故状态下各级人员的职责；做好人员密集场所火灾事故信息上报的工作；接受政府的指令和调动；组织应急预案的演练；负责保护事故现场及相关数据。

3.2.5　二级机构现场响应中心

二级机构现场响应中心是二级机构应急中心的现场指挥机构，现场指挥由二级机构应急指挥中心确定。当现场指挥人员丧失指挥职能时，二级机构应急指挥中心应立即指派相关人员或由现场最高领导接替。二级机构现场响应中心在二级机构应急指挥中心的领导下，负责响应中心的日常应急指挥工作；负责应急响应中心的应急值班；火灾事故发生时，组织、指导、协助和协调应急处理和应急救援工作；掌握火灾事故的发生情况，及时向二级机构应急指挥中心领导汇报；负责响应二级机构应急指挥中心指令，及时通知三级机构或应急救援工作小组。

3.2.6 应急救援工作小组

二级机构根据公司自身情况分别组建应急行动协调工作组、应急抢险救援工作组、应急行动现场保卫警戒工作组、应急行动物资供应组等，履行应急救援工作职责。

应急行动协调工作组负责应急协调行动，以及安全事故的疏散、医疗救护、善后处理。

应急抢险救援工作组负责组织应急救援，提出抢险技术方案等。

应急行动现场保卫警戒工作组负责事故现场警戒、治安工作；配合进行交通管制，严禁无关人员及车辆进入事故中心区域。

应急行动物资供应组负责协调和调集事故应急救援所需要的物资、设备等；负责受伤人员的生活必需品供给、应急生活安排等任务；负责事故所需资金的支持。

第4部分 预防与预警

4.1 危险源监控

各二级机构负责监控所辖区域的物业、酒店、会展、公共娱乐场所（如舞厅、卡拉OK厅、保龄球馆、台球室、棋牌室、游泳池、桑拿浴室、健身房等场所）等人员密集场所的消防安全设施和应急逃生自救设施的设立是否符合政府法律法规规定和行业规范，严格执行安全检查、维护保养制度。

4.2 预警行动

各二级机构要针对各种可能发生的人员密集场所等事故，完善预测预警机制，开展风险分析，做到早发现、早报告、早处置。

第5部分 应急报告

5.1 报告程序

发生重大、特大及以上等级人员密集场所火灾事故时应立即报告，报告应包括但不限于以下内容：事发机构名称、发生时间、地点和部位、火灾波及范围、人员伤亡情况、事故简要情况以及已采取的措施。

在处理过程中，基层单位应尽快了解事态进展情况，并随时向应急指挥中心报告，报告应包括但不限于表8-1中要求的内容。

表8-1 人员密集场所火灾事故报告内容一览表

1	事故描述	2	周边社会环境描述
1.1	事故类型	2.1	地理位置、周边设施叙述
1.2	起火物质的种类、数量	2.2	居民设施损毁情况
1.3	事故原因的初步分析	2.3	周边居民人口分布及疏散情况
1.4	火势大小及爆炸影响范围	2.4	周边道路分布及道路管制情况
1.5	起火区域毁损情况	2.5	周围消防设施分布情况
1.6	周边建筑毁损情况		
1.7	财产损失情况		

续表

1	事故描述		
1.8	伤亡人数信息列表		
1.9	救援、救治措施及防范措施情况		
1.10	应急物资储备情况		
1.11	应急人员及器材到位情况		
1.12	援助请求		

5.2 信息报告程序

5.2.1 信息报告与通知

特大、重大人员密集场所火灾事故发生后，各二级机构要按照《公司事故类别及分级标准》立即如实向上级报告，最迟不得超过1小时，不得迟报、谎报、瞒报和漏报。应急处置过程中，要及时持续报告有关情况。

一旦发生人员密集场所火灾事故，可通过内线电话与各有关应急救援人员联系。有关应急被救援人员的手机必须24小时开机，发生紧急情况时可通过手机传达有关应急命令。

安全生产事故应急救援指挥办公室要及时汇总上报的重要信息和情况，同时将安全生产事故应急指挥中心做出的处置人员密集场所火灾事故的决定或指示传达给有关单位，并跟踪反馈落实情况。

各二级机构要及时掌握人员密集场所的信息，对于一些事故本身比较敏感或发生在敏感地区、敏感时间或可能演化为特大、重大人员密集场所火灾事故的信息应及时报送。

5.2.2 信息上报

根据规定需报上级单位和政府部门的，按照有关要求办理。

对自然灾害、公共卫生和社会安全方面的突发事件可能引发人员密集场所火灾事故的信息，安全生产事故应急救援指挥机构应当及时分析处理，按照分级管理的程序逐级上报，紧急情况下，可越级上报。

第6部分 应急处置

6.1 响应分级

根据事故情况和控制事故的能力，在紧急情况下，应急行动分为三级：

（1）一级响应（全体应急）。一级响应包括人员密集场所火灾事故已经发生并升级向周边扩散，营业区须全部关闭，须立即采取行动保护和撤离现场人员，需要取得外部支援，应急预案全面启动。

（2）二级响应（现场应急）。二级响应包括人员密集场所火灾事故已经发生或有所升级，须立即采取行动以保护现场人员和阻止事态的进一步升级，现场人员应履行他们的职责，二级机构应急预案全面启动。

（3）三级响应（预警）。三级响应包括发生影响人员密集场所安全的所有火灾事故，预警意味着极小范围的火灾初期，现场人员要履行他们的职责，必要时启动应急处置方案。

6.2　响应程序

人员密集场所火灾事故发生后，事发单位要立即采取措施控制事态，组织开展应急救援工作，并及时向上一级单位报告。

如发生重大及以上等级人员密集场所火灾事故，事发二级机构、该类安全生产事故的主要领导、主管部门领导和分管领导要在接到报告后第一时间内赶到现场进行应急指挥；如发生特大人员密集场所火灾事故，总经理要在接到报告后第一时间内赶到现场指挥应急处理工作。

事发单位在报告特大、重大安全生产事故信息的同时，要根据职责和规定的权限启动相关应急预案，及时、有效地进行处置，防止事态升级。

6.3　处置措施

6.3.1　处置原则

只在以下情况下尝试灭火：火很小；火可以用手提灭火器扑灭；员工接受过使用灭火器的训练。

处理方法是切断火源、电源，撤离未着火物质。不能自行灭火时立即报火警。

6.3.2　人员密集场所发生火灾时

（1）按照已经制订好的疏散方案，采取隔离和疏散措施，清点已撤离人员，避免无关人员进入事故发生危险区域。

（2）迅速将受伤、中毒人员送往医院抢救，组织医疗专家，保障治疗药物的供应。

（3）若确定人还在楼内，要求消防员搜索。

（4）采取防扩散控制措施，防止火势蔓延。

（5）当疏散周边人群时，现场应急指挥部应协助当地政府专业机构做好相关工作。

第7部分　应急终止

经应急处置后，现场应急响应中心确认下列条件同时满足时，向二级机构应急指挥中心报告，二级机构应急指挥中心根据人员密集场所火灾事故级别上报，并下达应急终止指令：政府主管部门应急处置已经终止；伤亡人员得到妥善安置；损失降到最小限度；社会影响降到最小限度。

第五，应急预案的评审与发布。

（1）**应急预案的评审**。为确保应急预案的科学性、合理性以及与实际情况的符合性，应急预案编制单位或管理部门应依据我国有关应急的方针、政策、法律、法规、规章、标准和其他有关应急预案编制的指南性文件与评审检查表，组织开展应急预案评审工作，取得政府有关部门和应急机构的认可。

（2）**应急预案的发布**。重大事故应急预案经评审通过后，应由最高行政负责人签署发布，并报送有关部门和应急机构备案。

应急预案编制完成后，应该通过有效实施确保其有效性。应急预案实施主要包括：应急预案宣传、教育和培训，应急资源的定期检查落实，应急演习和训练，应急预案的实践，应急预案的电子化，事故回顾等。

第六，应急预案的演练。

应急预案需要逐步完善，预案的演练正是发现问题、修正预案的过程。通过应急预案的演练，可以及时发现应急预案、工作程序和应急资源准备中的缺陷与不足，明确相关机构和人员的职责，优化不同机构和人员之间的协调关系，检验应急人员对应急预案、程序的了解程度和操作水平，评估应急培训效果。

课堂讨论

台风"山竹"

台风"山竹"如图 8-4 所示。

图 8-4　台风"山竹"（图片来源于网络）

一、发展过程

2018 年 9 月 4 日，一个低压区在国际换日线以西海域形成。

2018 年 9 月 6 日凌晨，联合台风警报中心给予评级"低"，并于同日晚上给予评级"中"。

2018 年 9 月 7 日凌晨，联合台风警报中心将评级提升为"高"。

2018 年 9 月 7 日晚间 9 时 15 分，日本气象厅将其升格为热带风暴，给予国际编号 1822，并命名为山竹。

2018 年 9 月 8 日凌晨 5 时和晚上 8 时，联合台风警报中心和中国国家气象中心分别将其升格为热带风暴。

2018 年 9 月 9 日凌晨 2 时，国家气象中心率先将其升格为强热带风暴，同日上午 8 时，国家气象中心将其升格为台风。此时，山竹继续吸收海水中的能量，发展出"云卷风眼"，低层风眼亦显示在微波图像上。

2018 年 9 月 10 日，山竹继续向西偏南移动，国家气象中心和香港天文台在晚上 8 时将其升格为强台风。

2018 年 9 月 11 日，中国国家气象中心和韩国气象厅率先将其升格为超强台风，而中国台湾地区气象部门也在不久后将其升格为强烈台风。

2018 年 9 月 15 日凌晨 1 时 40 分，台风"山竹"从菲律宾北部登陆，接近中午时已经离开陆地，以每小时 25 千米速度吹向南海。

2018 年 9 月 15 日 9 时 30 分，台风"山竹"移入南海东北部，16 时，"山竹"中心位于距离广东省阳江市东偏南方向约 850 千米的南海东北部海面上，并向西偏北方向移动，继续向广东沿海靠近。

2018 年 9 月 15 日 7 时，受第 22 号台风"山竹"（超强台风级）影响，南海东北部出现了 5～8 米（14 日 19 时为 4～6 米）的巨浪，台大 2 号浮标 5 时观测到 7.3 米的狂浪，MF14001 浮标 7 时观测到 4.0 米的巨浪。

2018 年 9 月 17 日 14 时，台风"山竹"逐渐减弱威力。

2018 年 9 月 18 日 8 时，日本气象厅认定其完全消散。

二、预报预警

2018 年 9 月 11 日 10 时，中央气象台发布台风蓝色预警。

2018 年 9 月 15 日 18 时，中央气象台发布台风红色预警。

2018 年 9 月 16 日 6 时，中央气象台继续发布台风红色预警。

三、防御工作

2018 年 9 月 14 日报道，广东省各部门正在准备迎战强台风"山竹"，包括关闭受影响地区的海滨海岛旅游景点，组织居住在低洼地区的群众转移到安全地带，关闭沿海地带的道路、地下停车场等设施，以及加固广告牌等。台风登陆后，还会适时启动停工、停课、停市等一系列措施。

截至 2018 年 9 月 15 日 17 时，湛江全市 10 242 艘渔船全部回港或就近避风，32 195 名海上作业人员已全部上岸避险。琼州海峡已于当日 9 时全线停航。

2018 年 9 月 15 日 18 时，阳江市宣布全市实行"八停"，包括所有建筑工地停工，所有人员密集场所停止活动，所有旅游景点停止开放等。

2018 年 9 月 15 日 18 时，广东省防总决定将防风 II 级应急响应提升至 I 级。17 日前广东省所有学校停课，深圳、广州、中山、江门、阳江等沿海多市采取"停工、停业、停产、停运"等措施严密防御，广东省多个机场的航班大面积取消。

2018 年 9 月 15 日 20 时，广东省民政厅启动省 IV 级救灾应急响应。各级民政部门将立即把灾害应急救助工作作为当前首要任务，按照救灾工作"属地管理，分级负责"的要求，落实、落细、落小各项准备工作。

2018 年 9 月 15 日晚，广东省政府发出紧急动员令，全省进入防风 I 级应急响应状态。17 日前广东全省所有学校停课，深圳、广州、中山、江门、阳江等沿海多市采取"停工、停业、停产、停运"等措施严密防御，广东省多个机场的航班大面积取消。

2018 年 9 月 16 日 17 时，广东省民政厅启动省 II 级救灾应急响应，要求各地务必全力以赴，切实做到有序避险、转移安置。

四、列车停运

2018年9月15日，从广州铁路部门获悉，受2018年22号强台风"山竹"影响，9月16日，广东省内高铁将全部停运，普铁线路广州地区9时至20时、深圳地区凌晨4时至20时停运。9月16日16时后海南环岛高铁停运；16—17日进出海南岛的跨海列车、江湛铁路、广茂及信宜城际普速铁路停运，此期间去往上述线路方向的列车运行路径同步进行调整。

2018年9月17日8时，针对台风"山竹"给广东省造成的严重影响，国家减灾委、应急管理部紧急启动国家Ⅳ级救灾应急响应。

五、轮渡停航

2018年9月15日，从广东湛江海事局获悉，为应对超强台风"山竹"，湛江海事15日1时启动海上船舶防台Ⅰ级响应，琼州海峡15日9时起全线停航。

六、航班取消

截至2018年9月15日20时，受台风"山竹"影响，福州、珠海、深圳、广州、南宁等市的机场共取消航班1811班，预计改航381班，其中深圳、珠海机场16日航班全部取消。

七、转移安置

2018年9月16日下午，记者从应急管理部获悉，为应对台风"山竹"，截至16日17时，广东、广西、海南三省（区）紧急转移安置69.5万人。广东省、海南省、广西壮族自治区、贵州省、云南省消防总队的2.4万名官兵已携带特种救援装备，抵达台风可能影响的地区和重点部位，做好了应急救援各项准备。

广东省消防总队总队长已带队到达阳江市抗台前线，加强应急救援指挥。同时，浙江省、安徽省、江西省、福建省、湖北省、湖南省6个消防总队的3000名消防官兵已集结完毕，做好增援准备，一旦灾情需要，12小时之内即可到达灾区开展救援。

截至16日15时，广东省消防总队共接到报警165起，出动消防车、冲锋舟艇243辆次，出动消防官兵1368人次，营救被困群众92人、疏散群众147人。

2018年9月16日报道，为应对台风"山竹"带来的不利影响，广西转移危险区群众3.5万人，高速公路部分路段实施紧急交通管制。

资料来源：搜狐百科，文章有删减。

认真阅读案例，思考应急预案演练的必要性。

第七，应急预案的更新。

应急预案的制定一定是长期的、持续的过程，不能一蹴而就，必须根据社会环境、国家政策、企业实际经营情况不断调整、更新应急预案的内容。

重要概念

1. 危机是一种解体状态，在这种状态下，人们遭受重要生活目标的挫折，或其生活周期和应付刺激的方法受到严重的破坏，指的是个人因某种破坏所产生的害怕、震惊、悲伤的感觉，而不是破坏本身。

2. 危机管理是指企业为应付各种危机情况所进行的规划决策、动态调整、化解处理及员工训练等活动过程。

3. 应急预案又称应急计划，是指为了迅速、有序而有效地开展应急行动、降低损失，在风险分析与评估的基础上，针对可能发生的危机，预先制订的有关计划或方案。

4. 综合应急预案，也称总体应急预案，从总体上阐述了处理突发事件的应急方针、政策，应急组织结构及相关应急职责、应急行动、应急措施和保障等基本要求和程序，是应对突发事件的综合性文件。

5. 专项应急预案是针对具体的事故类别、危险源和应急保障而制订的计划或方案，是综合应急预案的组成部分，应按照综合预案的程序和要求组织制定，并作为综合应急预案的附件。

能力拓展

1. 列举自己日常生活中可能遭遇的危机，并说明造成这些危机事件的原因。

2. 假设现在你是一家寿险保险公司参与危机管理工作的管理人员，请尝试分析寿险保险公司有可能面临的危机，并编制一份寿险保险公司应急预案。

3. 假设现在你是一家财产保险公司农业保险业务的管理人员，参与危机管理工作，为应对洪水等巨灾，编制一份应急预案。

项目 9

金融风险管理

教学目标

- 掌握金融风险的含义、特点及对经济的影响
- 掌握商业银行五种风险管理策略的基本原理和主要作用
- 掌握商业银行面临的八种主要风险的基本内容
- 了解风险管理对商业银行经营的重要意义和作用
- 了解商业银行风险管理发展的四个阶段
- 掌握商业银行资本的基本内容
- 了解监管资本的基本内容
- 了解最低资本充足率要求
- 了解杠杆率与资本充足率的内容

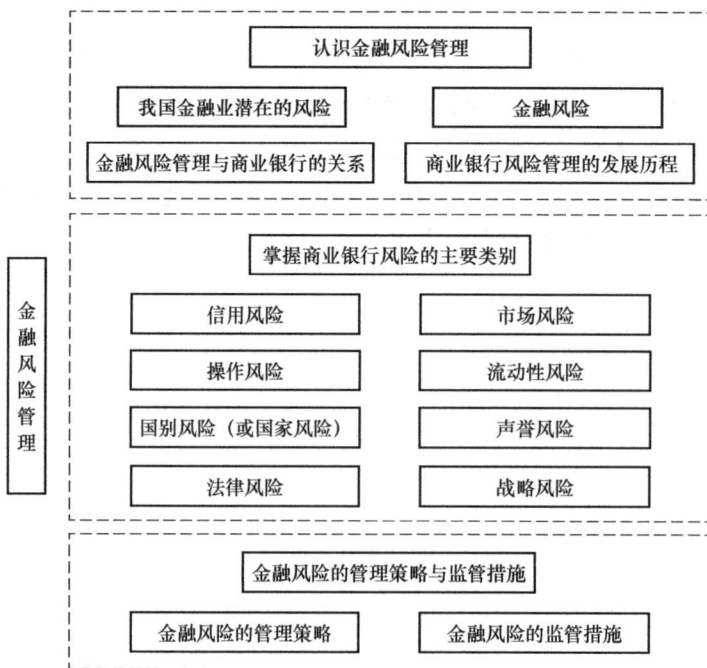

认识金融风险管理

我国金融业潜在的风险	金融风险
金融风险管理与商业银行的关系	商业银行风险管理的发展历程

掌握商业银行风险的主要类别

信用风险	市场风险
操作风险	流动性风险
国别风险（或国家风险）	声誉风险
法律风险	战略风险

金融风险管理

金融风险的管理策略与监管措施

金融风险的管理策略	金融风险的监管措施

案例导入

历史上出现的金融危机

1．1907年"美国银行危机"

策划者：罗斯切尔德家族、摩根集团、纽约第一国家银行、国家城市银行（现为花旗银行）、标准石油城市银行、石油大亨洛克菲勒、铁路大王杰姆斯。

目的：建立美联储，为策动世界级别的战争扫清障碍。

结果：1913年美联储法案通过，国际银行势力控制了美元的发行和主宰国家银行的准备金。美国政府自此丧失对美元的发行权。银行家们等待已久的爆发世界级战争的条件已经成熟。

2．1921年"美国农业衰退"

策划者：华尔街精心设计的定向爆破。

目的：旨在掠夺农民的财富和摧毁农业地区拒绝服从美联储的中小银行。

结果：突如其来的信用和货币紧缩迫使原本富裕的农民大批破产。

3．1929年"美国经济大萧条"

策划者：摩根和雷波库恩公司控制下的美联储纽约银行董事长本杰明、英格兰银行董事长诺曼。

目的：废除金本位，实行廉价货币政策，为"二战"铺平金融道路。

结果：世界经济大衰退，启动超级通胀掠夺德国人民财富，动荡英国经济，迫使英镑与金本位脱钩，并"收割"美国这只"肥羊"的"羊毛"。

4．1938年"美国金融危机"

策划者：国际银行势力。

目的：为"二战"扫除金融障碍，超级赤字财政，迫使美国参战。

结果：美国国债从1930年的160亿美元狂涨到1946年的2 690亿美元。

5．1981年"墨西哥金融危机"

策划者：国际银行势力。

目的：实现拉丁美洲和非洲发展中国家经济的"有控制地解体"。

结果：比索汇率狂跌、股票价格暴泻。

6．1985年起"日本经济大衰退"。

策划者：国际银行势力。起因是"广场协议"。

金融工具："股票股指期货"。

目的：做空日经股票指数。

结果：迫使日元升值，3年后日本陷入长达十几年的衰退，日经指数暴跌70%，房价连续 14 年下跌，财富损失相当于"二战"战败。

7．1997 年"亚洲金融危机"

策划者：以乔治·索罗斯为首的国际投机商。

目的：搅乱东南亚金融市场。

结果：银价跌到历史最低点，巴菲特在此年买进了世界上 1/3 存量的白银。

8．2008 年 9 月"美国次贷风暴"（全球金融危机）

结果：雷曼兄弟破产、美林银行贱卖、摩根士丹利寻求合并，美国次贷风暴掀起的浪潮一波比一波高，美国金融体系摇摇欲坠，世界经济面临巨大压力。

资料来源：百度知道文章"历史上一共有多少次金融危机"，内容有删改。

仔细阅读上述案例，回答下列问题：

1．分析 1997 年亚洲金融危机发生的原因及对中国经济金融的影响。（可借助网络）

2．分析 2008 年全球金融危机发生的原因及对全球经济金融的影响。中国政府是如何应对 2008 年金融危机的？（可借助网络）

3．金融危机对经济造成哪些影响？各国政府尤其是金融机构应如何应对？

随着国际金融市场一体化和经济全球化的发展，金融风险日趋复杂化和多样化，金融风险管理的重要性愈加突出。金融风险管理包括对金融风险的识别、度量和控制。由于金融风险对经济、金融乃至国家安全的消极影响，在国际上，许多大型企业、金融机构和组织、各国政府及金融监管部门都在积极寻求金融风险管理的技术和方法，以对金融风险进行有效识别、精确度量和严格控制。目前，我国金融风险主要表现为金融机构呆坏账水平偏高、信贷投放过快、流动性偏低、房地产带来的金融泡沫、信用体制不健全以及金融风险意识淡薄等。

任务 9.1　认识金融风险管理

9.1.1　我国金融业潜在的风险

我国金融业潜在的风险主要表现在以下几个方面：

一、呆坏账水平偏高

近年来，中国金融机构不良贷款额和不良贷款比率不断下降，尽管如此，过多地强调这些指标只会促使金融机构通过扩大信贷投放稀释不良贷款或收回有利的贷款，事实上，不良贷款蕴含的金融风险依然存在。

二、信贷投放过快

当前，金融机构信贷投放的积极性依旧高涨。从贷款的结构来看，投资的大部分都流向许多大型工程和基本建设，中长期贷款比重仍比较大。由于长期债券市场的不完备，潜在的金融风险集中于银行系统，而银行系统通过发放大量新贷款来稀释不良贷款率的盲目扩张行为也隐藏着巨大的危机。在经济结构不够合理、社会信用环境不够完善、公司治理结构不够规范、商业银行自身的内控机制欠缺和风险管理能力不足的情况下，过快的信贷投放可能潜伏着巨大的金融风险。

三、流动性偏低

当前长期的流动性问题，是中国金融系统面临的一个问题。中国银行的资金来源主要是城乡居民的短期存款，资金投放却主要是一些大型基本建设项目、政府债券、住房贷款等。这是一种不太合理的金融现象，从长远来看，不利于中国金融系统的良性发展。

四、房地产带来的金融泡沫

近年来，国内银行业面临着外资银行的竞争以及商业化经营的压力，各大银行都在争抢高回报、低风险的客户，而房地产信贷一向被看作优质客户，信贷风险较少，这就导致银行近年对房地产的贷款额大幅上升。

五、信用体制不健全

虽然我国信息披露水平和行业透明度有了一定的提高，但由于中国商业银行计划经济体制以来遗留了一些特性，使中国国有银行业与西方发达国家的商业银行相比存在较大的差距，金融市场上交易双方信息（如公司内部经营、个人收入状况等方面的信息）不对称的现状在短期内无法得到改善。

六、金融风险意识淡薄

从中国的金融发展史可以看出，中国金融业特别是银行业到目前为止还没有破产倒闭的先例，巴林银行的倒闭、日本兴业银行的破产、东南亚金融危机、2008 年由美国引起的全球金融危机对我国的冲击力都不强，这也使得各行业对金融风险的危机意识很淡薄，如为追求高息收入，高息集资、高息吸储的现象不断出现，甚至还存在抵押房产、贷款炒股、盲目出资的现象，这些都为金融风险的积存和滋生提供了养分。

9.1.2　金融风险

1．金融风险的含义

（1）**金融风险的概念**：金融风险是指金融机构在经营过程中，由于决策失误、客观情况变化或其他原因使资金、财产、信誉有了遭受损失的可能性。

（2）**金融风险的危害性**：一家金融机构发生风险所带来的后果，往往超过对其自身的影响。金融机构在具体的金融交易活动中出现的风险，有可能对该金融机构的生存构成威胁；具体的一家金融机构因经营不善而出现危机，有可能对整个金融体系的稳健运行构成威胁；一旦发生系统风险，金融体系运转失灵，必然会导致全社会经济秩序的混乱，甚至引发严重的政治危机。

（3）**金融风险的主要表现**：①风险可能来自借款人不履行约定的还款承诺。②风险可能来自金融机构支付能力的不足。③风险可能来自市场利率的变动。④风险可能来自汇率的变化。⑤风险可能来自国家宏观经济金融决策的不适时宜或失误。⑥风险可能来自金融机构重要人员的违规经营。⑦风险可能来自其他国家或地区的政治经济形势变化。⑧风险可能来自金融衍生产品的过度使用。⑨风险可能来自金融机构的过快发展。

2．金融风险的特点

（1）**金融风险的不确定性**：难以事前完全把握影响金融风险的因素。

（2）**金融风险的客观性**：金融风险由客观事物自身产生，不以人的好恶而独立存在。

（3）**金融风险的主观性**：主观性风险是指主要由于人们主观认识能力存在局限性而导致的风险。

（4）**金融风险的叠加性和累积性**：风险叠加性是指同一时点上的风险因素会交织在一起，相互作用，相互影响，从而产生协同作用，将风险放大。风险累积性是指随着时间的推移，风险会因正反馈作用而不断积累变大，当积累到爆发的临界点时，风险将发生质的变化，并有可能导致严重损失。

（5）**金融风险中的消极性与积极性并存**：虽然金融风险有危害性，但金融风险也是金融市场创新和充满活力的源泉。

3．金融风险对经济的影响

（1）金融风险可能给微观经济主体带来直接或潜在的经济损失。

（2）金融风险影响着投资者的预期收益。

（3）金融风险增大了交易和经营管理成本。

（4）金融风险可能降低部门生产率和资金利用率。

（5）金融风险可能引起一国经济增长、消费水平和投资水平的下降。

（6）金融风险影响着一国的国际收支。

（7）金融风险可能造成产业结构不合理，社会生产水平下降，甚至引起金融市场秩序混乱，对经济产生严重破坏。

（8）金融风险对宏观经济政策的制定和实施也产生重大影响。

9.1.3　金融风险管理与商业银行的关系

1．金融风险管理概述

金融风险管理的产生与发展主要得益于以下三个方面的原因：首先，在过去四十多年的时间里，世界经济与金融市场的环境和规则都发生了巨大的变化。金融市场大幅波动，催生了对金融风险管理理论和工具的需求。其次，经济学特别是金融学理论的发展为金融风险管理奠定了坚实的理论基础。最后，计算机软、硬件技术的迅猛发展为风险管理提供了强大的技术支持与保障。世界经济环境主要发生了以下两个方面的变化：首先，第二次世界大战以后，世界经济一体化的浪潮席卷全球。世界各国的经济开放程度逐渐提高，任何国家的经济发展、经济政策的制定都受到外部经济环境的制约；其次，20 世纪 70 年代初，布雷顿森林体系的崩溃，宣告了世界范围内的固定汇率制度的衰落。从此以后，公司以及个人就必须面对诸如汇率风险等各种各样的金融风险了。特别是在过去短短的十多年内，爆发了几次震惊世界的大规模金融危机，如 1987 年美国的"黑色星期一"大股灾、1997 年的亚洲金融风暴、2008 年的全球金融危机等。这些事件的发生给世界经济和金融市场的健康发展造成了巨大的破坏，同时也使人们意识到了金融风险管理的必要性和紧迫性。

随着国际金融市场一体化和经济全球化的发展，金融风险日趋复杂化和多样化，金融风险管理的重要性愈加突出。金融风险管理包括对金融风险的识别、度量和控制。由于金融风险对经济、金融乃至国家安全有消极影响，在国际上，许多大型企业、金融机构和组织、各国政府及金融监管部门都在积极寻求金融风险管理的技术和方法，以对金融风险进行有效识别、精确度量和严格控制。

对于正处在经济高速发展、金融市场逐步与世界接轨中的中国而言，如何加强金融风险的防范与控制，已成为影响未来中国能否从大国走向强国的关键。因此，强化风险防范意识，掌握风险管理的技巧和方法，促使中国能够顺利融入经济和金融的全球化进程，在当今社会具有极为重要的现实意义。

2．风险管理与商业银行经营的关系

商业银行从本质上来说就是经营风险的金融机构，以经营风险为其盈利的根本手段。商业银行是否愿意承担风险、能否有效管理和控制风险，直接决定商业银行的经营成败。不论是 20 世纪 90 年代的一系列金融灾难事件，还是 2008 年的美国"次贷危机"，以及近年来欧债危机带来的欧元区国家的经济动荡，均在不断警告世人，作为一个国家乃至全球经济和金融体系的核心支柱，商业银行的稳健经营、可持续发展对于促进全球以及各国经济的繁荣与发展，具有至关重要的现实意义和战略意义。

《中华人民共和国商业银行法》第四条明确规定："商业银行以安全性、流动性、效益性为经营原则，实行自主经营，自担风险，自负盈亏，自我约束。"

随着我国市场经济竞争日益加剧，商业银行面临的风险也呈现出复杂多变的特征，对这些风险进行正确的识别、计量、监测并采取有效的控制手段和方法，是商业银行保持稳健经营，遵循"安全性、流动性、效益性"经营原则的根本所在。因此，风险管理已经成为商业银行经营管理的核心内容之一。

风险管理与商业银行经营的关系主要体现在以下几个方面：

第一，承担和管理风险是商业银行的基本职能，也是商业银行业务不断创新发展的原动力。

商业银行通过吸收和承担客户不愿意承担的风险，成为整个经济社会参与者用来转嫁风险的主要平台。商业银行吸收和承担客户风险的能力主要来自其相较转嫁风险的客户更加专业化的风险管理技能，利用分散或对冲等方法对从客户方承担过来的风险进行管理。例如，服务高端客户的私人银行业务已经成为商业银行的一项重要业务，该业务不仅增加了利润，也是商业银行主动承担和管理风险的表现。在外汇交易和衍生产品交易过程中，大多数商业银行都是以做市商的方式向客户提供风险管理服务的。积极、主动地承担和管理风险有助于商业银行改善资本结构，更加有效地配置资本，以及大力推动金融产品的开发。例如，可以利用资产证券化、信用衍生产品等创新工具，将商业银行面临的流动性风险、信用风险等进行有效的转移。

第二，风险管理从根本上改变了商业银行的经营模式。

商业银行从片面追求扩大规模、增加利润的粗放经营模式，向风险与收益相匹配的精细化管理模式转变；从以定性分析为主的传统管理方式，向以定量分析为主的风险管理模式转变；从侧重于对不同风险分散管理的模式，向集中进行全面风险管理的模式转变。通过风险管理，商业银行可以了解和认识其所面临的外部环境、内部状况和业务开展的不确定性，对影响商业银行营利性的风险因素进行分析和预测。在此基础上，商业银行可以根据对未来的客观预期，从宏观层次和微观层次主动、动态地管理潜在风险，为提高收益制定相关策略，将各种风险控制在"可接受的水平"，最终实现风险—收益的合理平衡。如果没有风险管理，商业银行的战略实施只能停留在业务指导层面，难以从宏观战略层面和微观技术方面分析、判断风险与收益的合理性，难以适应商业银行现代化发展的要求。

第三，风险管理能够为商业银行风险定价提供依据，并有效管理金融资产和业务组合。

商业银行在经营管理过程中，能否对金融产品和服务进行科学、合理的定价，直接决定了商业银行的竞争能力和盈利能力。通过现代风险管理技术可以准确识别和计量所提供的金融产品和服务的风险成本和风险水平，并据此制定具有竞争力的价格。此外，商业银行可以广泛采用风险管理技术进行动态管理，调整资产、负债组合，发现并拓展新型业务。例如，借助风险管理技术和信息系统，国际先进金融机构能够针对客户的特定需求，提供迅捷且多样化的私人银行财富管理服务。

第四，健全的风险管理体系能够为商业银行创造价值。

健全的风险管理体系具有自觉管理、微观管理、系统管理、动态管理等功能。高水平的风险管理能够减小商业银行破产的可能性和降低商业银行的财务成本，保护商业银行所有者的利益，实现股东价值最大化。例如，商业银行的负债一般由浮动利率负债（如短期储蓄）和固定利率负债（如大额储蓄存单）组成，资产包括浮动利率资产（如浮动利率贷款、短期债券）和固定利率资产（如固定利率贷款、长期债券），利率风险显然是商业银行资产负债管理中至关重要的风险。利用风险管理技术，合理匹配资产负债的期限结构，或利用利率衍生工具对冲风险，有助于降低利率风险敞口，减小现金流的波动性，稳定商业银行收入水平，降低税收负担和经营成本。

此外，良好的风险管理体系也能有效地降低各类风险水平，减少附加的监管要求，降低成本。因此，建立和完善全面风险管理体系被当作商业银行创造价值的重要手段。

第五，风险管理水平体现了商业银行的核心竞争力，不仅是商业银行生存发展的需要，也是现代金融监管的迫切要求。

从市场经济本质来看，商业银行的核心竞争力主要反映在市场竞争中一家商业银行相对于其他商业银行对良好投资机会的把握能力。市场经济是风险经济，任何投资都是风险和收益的结合，只有那些有能力承担高风险的商业银行，才能获得高收益的投资机会。在商业银行的经营管理过程中，有两个至关重要的因素决定其风险承担能力。一是资本金规模。因为资本金可以吸收商业银行业务所造成的风险损失，资本充足率较高的商业银行有能力接受高风险、高收益的项目，比资本充足率低的商业银行具有更强的竞争力。二是商业银行的风险管理水平。资本充足率仅仅决定了商业银行承担风险的潜力，而其所承担的风险究竟能否带来实际收益，最终取决于商业银行的风险管理水平。只有通过积极、恰当的风险管理，才有可能将所承担的风险转化为现实的盈利。此外，有效的风险管理还有助于降低经营成本，从而使商业银行在竞争中更加具有风险承担上的优势。

9.1.4 商业银行风险管理的发展历程

随着金融体系变革和金融产品不断创新，风险管理理论和技术的迅速发展，以及相关监管标准的进一步完善，1988 年的第一版巴塞尔协议（巴塞尔协议Ⅰ）和 2006 年的第二版巴塞尔资本协议（巴塞尔协议Ⅱ）提出了一系列风险计量的规范标准，2010 年 12 月巴塞尔委员会正式发布的第三版巴塞尔协议（巴塞尔协议Ⅲ），确立了银行资本监管新标杆和新高度，商业银行风险管理的模式发生了本质变化。纵观国际金融体系的变迁和金融实践的发展过程，商业银行的风险管理模式大体经历了以下四个发展阶段。

1. 资产风险管理模式阶段

20 世纪 60 年代以前，商业银行的风险管理主要偏重于资产业务的风险管理，强调保持商业银行资产的流动性。这主要与当时商业银行以资产业务（如贷款等）为主有关，经营中最直接、最经常性的风险来自资产业务。一笔大额信贷资产的违约，常常导致一家商业银行出现流动性困难，甚至停业倒闭。因此，商业银行对资产业务的风险管理极为重视，通过加强资产分散化、抵押、资信评估、项目调查、严格审批制度、减少信用放款等各种措施和手段来防范、减少资产业务损失的发生，确立稳健经营的基本原则，以增强商业银行的安全性。

2. 负债风险管理模式阶段

进入 20 世纪 60 年代，西方各国经济开始了高速增长，社会对商业银行的资金需求极为旺盛，商业银行面临着资金相对不足的巨大压力。为了扩大资金来源，满足商业银行的流动性需求，同时避开金融监管的限制，西方商业银行变被动负债为主动负债，对许多金融工具进行了创新，如回购协议、同业拆借等，利用发达的金融市场，扩大商业银行的资金来源，提高资金使用效率，极大地刺激了经济发展。虽然商业银行由被动负债转变为主动负债导致了银行业的一场革命，但同时，负债规模的迅速扩张大大提高了商业银行的杠杆率，加大了商业银行的经营压力和不确定性。在此背景下，商业银行风险管理的重点转向负债风险管理。同期，现代金融理论的发展也为风险管理提供了有力的支持。例如，诺贝尔经济学奖得主哈瑞·马柯维茨（Harry Markowitz）于 20 世纪 50年代提出的不确定条件下的投资组合理论，即如何在风险与收益之间寻求最佳平衡点，已经成为现代风险管理的重要基石；而威廉·夏普（William Sharpe）在 1964 年提出的资本资产定价模型（CAPM），揭示了在一定条件下资产的风险溢价、系统性风险和非系统性风险的定量关系，为现代风险管理提供了重要的理论基础。这一阶段的金融理论被称为华尔街的第一次数学革命。

3. 资产负债风险管理模式阶段

20 世纪 70 年代，随着布雷顿森林体系的瓦解，固定汇率制度向浮动汇率制度的转变导致汇率变动不断加大。始于 1973 年的石油危机导致西方国家通货膨胀加剧，利率的波动也开始变得更为剧烈，利率和汇率的双重影响使得商业银行的资产和负债价值的波动更为显著。此时，单一的资产风险管理模式显得稳健有余而进取不足，单一的负债风险管理模式进取有余而稳健不足，两者均不能保证商业银行安全性、流动性和效益性的均衡。正是在这种情况下，资产负债风险管理理论应运而生，重点强调对资产业务和负债业务的协调管理，通过匹配资产负债期限结构、经营目标互相代替和资产分散，实现总量平衡和风险控制。同期，利率、汇率、商品期货/期权等金融衍生工具大量涌现，为金融机构提供了更多的资产负债风险管理工具。1973 年，费雪·布莱克（Fisher Black）、麦隆·舒尔斯（Myron Scholes）、罗伯特·默顿（Robert Merton）提出的欧式期权定价模型，为当时的金融衍生产品定价及广泛应用铺平了道路，开辟了风险管理的全新领域。

4．全面风险管理模式阶段

到了 20 世纪 80 年代，随着银行业的竞争加剧，存贷利差变窄，商业银行开始意识到可以利用金融衍生工具或从事其他中间业务来谋取更高的收益，非利息收入所占的比重因此迅速增加。在捕捉更多业务机会的同时，金融自由化、全球化浪潮和金融创新的迅猛发展，使商业银行面临的风险日益呈现多样化、复杂化、全球化的趋势，原有的风险管理模式已无法适应新的形势需要。特别是 20 世纪 90 年代中后期的亚洲金融危机、巴林银行倒闭等一系列事件进一步昭示，商业银行不再受单一风险影响，而受信用风险、市场风险、操作风险等多种风险因素的共同影响。在此情况下，金融学、数学、概率论、数理统计等一系列知识逐渐应用于商业银行的风险管理中，进一步加深了人们对金融风险的认识，风险管理理念和技术也因此得到了迅速发展，由以前的信贷风险管理模式，转向信用风险、市场风险、操作风险管理并举，信贷资产与非信贷资产管理并举，组织流程再造与定量分析技术并举的全面风险管理模式。

全面风险管理模式体现了风险管理的以下理念和方法。

（1）**全球的风险管理体系**。随着商业银行的结构性重组以及合并收购，有实力的商业银行已经开始实施全球化的经营战略，这要求商业银行的风险管理体系同样要全球化。例如，根据业务中心和利润中心建立相适应的区域风险管理中心，与国内的风险管理体系相互衔接和配合，有效识别各国、各地区的风险，对风险在国别、地域之间的转化和转移进行评估和风险预警。

（2）**全面的风险管理范围**。所谓全面风险管理是指对商业银行所有层次的业务单位、全部种类的风险进行集中统筹管理。例如，将信用风险、市场风险和操作风险等不同风险类型，公司/机构、个人等不同客户种类，资产业务、负债业务和中间业务等不同性质的业务，以及承担风险的各个业务单位等，纳入统一的风险管理体系当中，对各类风险依据统一的标准进行计量并加总，最后对风险进行集中控制和管理。

（3）**全程的风险管理过程**。商业银行的业务特点决定了每个业务环节都有潜在的风险，缺少任何一个环节风险管理都有可能造成损失，甚至导致整个业务活动的失败。因此，风险管理应当贯穿业务发展的每个阶段，在此过程中，保持风险管理理念、目标和标准的统一，实现风险管理的全程化和系统化。

（4）**全新的风险管理方法**。现代商业银行风险管理的重点已经从原有的信用风险管理，扩大到信用风险、市场风险、操作风险、流动性风险等多种风险的一体化综合管理。为了避免各类风险在地区、产品、行业和客户群中过度集中，商业银行可以采取统一授信管理、资产组合管理、资产证券化以及信用衍生产品等一系列全新的技术和方法来减少各类风险。同时，商业银行风险管理越来越重视定量分析，通过内部模型来识别、计量、监测和控制风险，增强风险管理的客观性和科学性。

（5）**全员的风险管理文化**。风险存在于商业银行业务的每个环节，这种内在的风险特性决定了风险管理必须体现在每个员工的习惯行为中，所有人员都应该具有风险管理的意识和自觉性。风险管理绝不仅仅是风险管理部门的职责，无论是董事会、高级管理层，还是业务部门，乃至运营部门，每个人在从事其岗位工作时，都必须深刻认识到潜在的风险因素，并主动地加以预防。

全面风险管理代表了国际先进银行风险管理的最佳实践，符合《巴塞尔新资本协议》和各国监管机构的监管要求，已经成为现代商业银行谋求发展和保持竞争优势的重要基石。

💻 课堂实作

【例 1·单选题】商业银行的风险管理模式大体经历了四个阶段，依次是（　　　）。

A．负债风险管理模式阶段、资产负债风险管理模式阶段、资产风险管理模式阶段、全面风险管理模式阶段

B．被动负债风险管理模式阶段、主动负债风险管理模式阶段、资产负债风险管理模式阶段、全面风险管理模式阶段

C．资产负债风险管理模式阶段、资产风险管理模式阶段、负债风险管理模式阶段、全面风险管理模式阶段

D．资产风险管理模式阶段、负债风险管理模式阶段、资产负债风险管理模式阶段、全面风险管理模式阶段

【例 2·单选题】20 世纪 80 年代以后，商业银行的风险管理进入（　　　）。

A．全面风险管理模式阶段

B．资产风险管理模式阶段

C．负债风险管理模式阶段

D．资产负债风险管理模式阶段

任务 9.2　掌握商业银行风险的主要类别

商业银行作为经营风险的特殊机构，为了有效识别、计量、监测和控制风险，有必要对其面临的各类风险进行适当分类。

根据商业银行的业务特征及诱发风险的原因，巴塞尔委员会将商业银行面临的风险划分为信用风险、市场风险、操作风险、流动性风险、国别风险（或国家风险）、声誉风险、法律风险以及战略风险八个主要类别。

9.2.1　信用风险

信用风险是指由于债务人或交易对手未能履行合同所规定的义务或信用质量发生变

化，影响金融产品价值，从而给债权人或金融产品持有人造成经济损失的风险。

传统上，信用风险是由于债务人未能如期偿还债务而给经济主体造成损失的风险，因此又称为违约风险。但随着金融市场的发展以及对信用风险的深入认识，当债务人或交易对手的履约能力不足即信用质量下降时，市场上相关资产的价格也会随之降低，由此导致信用风险损失。例如，投资组合不仅会因为交易对手（包括借款人、债券发行者和其他合约的交易对手）的直接违约造成损失，而且，交易对手信用评级的下降也可能给投资组合带来损失，2008 年国际金融危机就充分说明了这一点。

对大多数商业银行来说，贷款是最大、最明显的信用风险来源。但事实上，信用风险既存在于传统的贷款、债券投资等表内业务中，又存在于信用担保、贷款承诺及衍生产品交易等表外业务中。信用风险对基础金融产品和衍生产品的影响不同，对基础金融产品（如债券、贷款）而言，信用风险造成的损失最多是其债务的全部账面价值；而对衍生产品而言，交易对手违约造成的损失虽然会小于衍生产品的名义价值，但由于衍生产品的名义价值通常十分巨大，因此，潜在的风险损失不容忽视。

作为一种特殊的信用风险，结算风险是指交易双方在结算过程中，一方支付了合同资金但另一方发生违约的风险。例如，1974 年德国赫斯塔特银行宣布破产时，虽然已经收到许多合约方支付的款项，但还是无法完成与交易对方的正常结算，这甚至影响了全球金融系统的稳定运行。正是因为该银行的破产，促成了国际性金融监管机构——巴塞尔委员会的诞生。

信用风险虽然是商业银行面临的最重要的风险种类，但其在很大程度上由个别因素决定。与市场风险相比，信用风险观察数据少且不易获取，因此具有明显的非系统性风险特征。

9.2.2　市场风险

市场风险是指由于金融资产价格和商品价格发生波动，而给商业银行表内头寸、表外头寸造成损失的风险。市场风险包括利率风险、汇率风险、股票风险和商品风险四种，其中利率风险尤为重要。由于商业银行的资产主要是金融资产，利率波动会直接导致其资产价值的变化，从而影响银行的安全性、流动性和效益性。因此，随着我国利率市场化逐步深入，利率风险管理已经成为我国商业银行市场风险管理的重要内容。

相对于信用风险而言，市场风险具有数据充分和易于计量的特点，更适于采用量化技术加以控制。由于市场风险主要来自所属经济体系，因此具有明显的系统性风险特征，难以通过分散化投资完全消除。国际金融机构通常采取分散投资于多国金融市场的方式来降低系统性风险。

9.2.3　操作风险

操作风险是指由于内部程序、员工、信息科技系统不完善或有问题以及受外部事件影响而造成损失的风险。根据监管机构的规定，操作风险包括法律风险，但不包括声誉风险和战略风险。

操作风险可分为人员因素、内部流程、系统缺陷和外部事件四大类别，并由此分为内部欺诈，外部欺诈，就业制度和工作场所安全事件，客户、产品和业务活动事件，实物资产损坏，信息科技系统事件，执行、交割和流程管理事件七种可能造成实质性损失的事件类型。在此基础上，商业银行还可进一步细化具体业务活动和操作，使管理者能够从引起操作风险的诱因着手，采取有效的风险管理措施。

与市场风险主要存在于交易账户和信用风险主要存在于银行账户不同，操作风险广泛存在于商业银行业务和管理的各个领域，具有普遍性和非营利性，不能给商业银行带来盈利。商业银行之所以承担操作风险是因为其不可避免，对其进行有效管理通常需要较大规模的投入，应当控制好合理的成本收益率。

9.2.4 流动性风险

流动性风险是指商业银行无法及时获得或者无法以合理成本获得充足资金，以偿付到期债务或其他支付义务、满足资产增长或其他业务发展需要的风险。简单来说，当商业银行流动性不足时，可能无法以合理的成本融资或资产变现获取足够的资金，从而导致商业银行资不抵债，影响其正常运营。商业银行作为存款人和借款人的中介，日常持有的、用于支付需要的流动资产只占负债总额的很小一部分，如果商业银行的大量债权人在某一时刻同时要求兑现债权（银行挤兑），商业银行就可能面临流动性危机。

流动性风险与信用风险、市场风险和操作风险相比，形成的原因更加复杂，涉及的范围更广，通常被视为一种多维风险。流动性风险的产生原因除了商业银行的流动性计划不完善，信用风险、市场风险、操作风险等风险领域的管理缺陷同样会导致商业银行的流动性不足，甚至引发风险扩散，造成整个金融系统出现流动性困难。因此，流动性风险管理除了应当做好流动性安排，还应当重视和加强跨风险种类的风险管理。从这个角度来说，流动性风险管理水平体现了商业银行的整体经营管理水平。

9.2.5 国别风险（或国家风险）

国别风险（也称国家风险）是指由于某一国家或地区的经济、政治、社会变化及突发事件，导致该国家或地区借款人或债务人没有能力或者拒绝偿付商业银行债务，使商业银行在该国家或地区遭受其他损失的风险。这种损失包括商业存在和其他任何可能的损失。

国别风险存在于授信、国际资本市场业务、设立境外机构、代理行往来和由境外服务提供商提供的外包服务等经营活动中。

国别风险可能由一国或地区经济状况恶化、政治和社会动荡、资产被国有化或被征用、政府拒付对外债务、外汇管制或货币贬值等情况引发。

国别风险的主要类型转移风险、主权风险、传染风险、货币风险、宏观经济风险、政治风险、间接国别风险七类，其中，转移风险是国别风险的主要类型。

9.2.6　声誉风险

声誉是商业银行所有的利益相关者基于持久努力、长期信任建立起来的无形资产。声誉风险是指由于商业银行经营、管理及其他行为或外部事件等方面出现问题，导致利益相关方对商业银行产生负面评价的风险。商业银行通常将声誉风险看作对其经济价值最大的威胁，因为商业银行的业务性质要求其能够维持存款人、贷款人和整个市场的信心。这种信心一旦失去，商业银行的业务及其所能创造的经济价值都将不复存在。

商业银行所面临的风险和不确定因素，不论是正面的还是负面的，都必须通过系统化的方法来管理，因为几乎所有的风险都可能影响商业银行的声誉，因此声誉风险也被视为一种多维风险。管理声誉风险的最好办法是：强化全面风险管理意识，改善公司治理效率和内部控制环境，并预先做好应对声誉危机的准备；确保其他主要风险被正确识别和优先排序，进而得到有效管理。

9.2.7　法律风险

法律风险是指由于商业银行违法违规或对决策、经营、操作的合法合规性评估失误而可能造成损失的风险，以及因对上述失误的法律后果认识不足、处理失当而可能增加损失的风险。根据巴塞尔协议 II，法律风险是一种特殊类型的操作风险，它包括但不限于因监管措施和解决民商事争议而支付的罚款、罚金或者惩罚性赔偿所导致的风险敞口。

从狭义上讲，法律风险主要关注商业银行所签署的各类合同、承诺等法律文件的有效性和可执行力。从广义上讲，与法律风险密切相关的还有违规风险和监管风险。

（1）违规风险是指商业银行由于违反监管规定和原则，而招致法律诉讼或遭到监管机构处罚，进而产生的不利于商业银行实现商业目的的风险。

（2）监管风险是指由于法律或监管规定的变化，可能影响商业银行正常运营，或削弱其竞争能力、生存能力的风险。例如，监管机构要求我国商业银行 2013 年起执行《商业银行资本管理办法（试行）》，在显著改变商业银行的经营管理方式的同时，短期内也可能导致其盈利能力面临新的挑战和困难。

在风险管理实践中，商业银行通常将法律风险管理归属于操作风险管理范畴。

9.2.8　战略风险

战略风险是指商业银行在追求短期商业目的和长期发展目标的过程中，因不适当的发展规划和战略决策给商业银行造成损失或不利影响的风险。美国货币监理署认为，战略风险是指由于经营决策错误，或决策执行不当，或对行业变化束手无策，而对商业银行的收益或资本形成的现实和长远的不利影响。

战略风险主要体现在四个方面：一是商业银行战略目标缺乏整体兼容性；二是为实现这些目标而制定的经营战略存在缺陷；三是实现目标所需要的资源匮乏；四是整个战略实施过程的质量难以保证。

同声誉风险相似，战略风险也与其他主要风险密切联系且相互作用，因此同样是一种多维风险。如果缺乏结构化和系统化的风险识别和分析方法，深入理解并有效控制战略风险是相当困难的。

巴塞尔资本协议在不断发展和完善过程中，又提出了交易对手信用风险、集中度风险、银行账户利率风险等其他风险类别。在商业银行风险管理实践中，这些风险通常交错产生且相互作用。例如，商业银行在发放外币贷款时，不仅要面临借款人违约的信用风险，同时还面临汇率波动所造成的市场风险，而且汇率风险增大可能导致交易对手信用风险的增加。商业银行应当在有效管理单一风险的基础上，重视和加强对跨风险种类的风险管理，以真正实现全面风险管理。

任务 9.3　金融风险的管理策略与监管措施

9.3.1　金融风险的管理策略

1. 风险分散

风险分散是指通过多样化的投资来分散和降低风险的策略性选择。"不要将所有的鸡蛋放在一个篮子里"形象地说明了这一方法。马柯维茨的投资组合理论认为，只要两种资产收益率的相关系数不为 1（不完全正相关），分散投资于两种资产就具有降低风险的作用。而对于由相互独立的多种资产组成的投资组合，只要组合中的资产个数足够多，该投资组合的非系统性风险就可以通过这种分散策略完全消除。

风险分散对商业银行信用风险管理具有重要意义。根据多样化投资分散风险的原理，商业银行的信贷业务应是全面的，而不应集中于同一业务、同一性质甚至同一个借款人。商业银行可以通过资产组合或与其他商业银行组成银团贷款的方式，使自己的授信对象多样化，从而分散和降低风险。一般而言，实现多样化授信后，借款人的违约风险可以被视为是相互独立的（除了共同的宏观经济因素影响，如经济危机引发的系统性风险），这大大降低了商业银行面临的整体风险。

多样化投资分散风险的风险管理策略经过长期的实践证明是行之有效的，但其前提条件是要有足够多的相互独立的投资形式。同时需要认识到，风险分散策略是有成本的，主要是分散投资过程中增加的各项交易费用。但与集中承担风险可能造成的损失相比，风险分散策略的成本支出应当是值得考虑的。

2．风险对冲

风险对冲是指通过投资或购买与标的资产收益波动负相关的某种资产或衍生产品，来冲销标的资产潜在损失的一种策略性选择。风险对冲对管理市场风险（利率风险、汇率风险、股票风险和商品风险）非常有效，可以分为自我对冲和市场对冲两种情况。

（1）自我对冲是指商业银行利用资产负债表或某些具有收益负相关性质的业务组合本身所具有的对冲特性进行风险对冲。

（2）市场对冲是指对于无法通过资产负债表和相关业务调整进行自我对冲的风险，需要通过衍生产品市场进行对冲。

近年来，由于信用衍生产品不断创新和发展，风险对冲策略也被广泛运用于信用风险管理领域。

3．风险转移

风险转移是指通过购买某种金融产品或采取其他合法的经济措施将风险转移给其他经济主体的一种策略性选择。风险转移可分为保险转移和非保险转移。

（1）保险转移。保险转移是指商业银行购买保险，以缴纳保险费为代价，将风险转移给承保人。当商业银行发生风险损失时，承保人按照保险合同的约定责任给予商业银行一定的经济补偿。

（2）非保险转移。担保、备用信用证等能够将信用风险转移给第三方。例如，商业银行在发放贷款时，通常会要求借款人提供第三方信用担保作为还款保证，若借款人到期不能如约偿还贷款本息，则由担保人代为清偿。

此外，在金融市场中，某些衍生产品（如期权合约）可看作特殊形式的保单，为投资者提供了转移利率、汇率、股票和商品价格风险的工具。

4．风险规避

风险规避是指商业银行拒绝或退出某一业务或市场，以避免承担该业务或市场风险的策略性选择。简单来说就是：不做业务，不承担风险。

在现代商业银行风险管理实践中，风险规避可以通过限制某些业务的经济资本配置来实现。例如，商业银行首先将所有业务面临的风险进行量化，然后依据董事会所确定的风险战略和风险偏好进行经济资本分配，最终表现为授信额度和交易限额等各种限制条件。对于不擅长且不愿承担风险的业务，商业银行对其配置非常有限的经济资本，并设立非常有限的风险容忍度，迫使该业务部门降低业务的风险暴露，甚至完全退出该业务领域。

没有风险就没有收益。风险规避策略在规避风险的同时自然也失去了在这一业务领域获得收益的机会。风险规避策略的局限性在于其是一种消极的风险管理策略，不宜成为商业银行风险管理的主导策略。

5．风险补偿

风险补偿是指商业银行在损失发生之前，对所承担的风险进行价格补偿的策略性选择。对于那些无法通过风险分散、风险对冲、风险转移或风险规避进行有效管理的风险，商业银行可以采取在交易价格上附加更高的风险溢价，即通过提高风险回报的方式，获得价格补偿。商业银行可以预先在金融资产定价中充分考虑各种风险因素，通过价格调整来获得合理的风险回报。例如，商业银行在贷款定价中，对于那些信用等级较高，而且与商业银行保持长期合作关系的优质客户，可以给予适当的优惠利率；而对于信用等级较低的客户，商业银行可以在基准利率的基础上调高利率。

对商业银行而言，风险管理的一个重要内容就是对所承担的风险进行合理定价。如果定价过低，将使自身所承担的风险难以获得合理的补偿；定价过高又会使自身的业务失去竞争力，陷入业务萎缩的困境。

9.3.2　金融风险的监管措施

1．商业银行资本、监管资本及资本充足率要求

（1）**商业银行资本概述**。商业银行资本是银行从事经营活动必须注入的资金，可以用来吸收银行的经营亏损，缓冲意外损失，保护银行的正常经营，为银行的注册、组织营业以及存款进入前的经营提供启动资金等。

从保护存款人利益和增强银行体系安全性的角度出发，银行资本的核心功能是吸收损失，一是在银行清算条件下吸收损失，其功能是为高级债权人和存款人提供保护；二是在持续经营条件下吸收损失，体现为随时弥补银行经营过程中发生的损失。

商业银行以负债经营为特色，其资本所占比重较低，融资杠杆率很高，因此承担着巨大的风险。正是因为商业银行时刻面临着风险的挑战，其资本所肩负的责任和发挥的作用比一般企业更为重要，主要体现在以下几个方面：

第一，资本为商业银行提供融资。与其他企业一样，资本是商业银行发放贷款（尤其是长期贷款）和进行其他投资的资金来源之一，它和商业银行负债一样肩负着提供融资的使命。

第二，吸收和消化损失。资本的本质特征是可以自由支配，是承担风险和吸收损失的第一资金来源。因此，资本金又被称为保护债权人免遭风险损失的缓冲器。

第三，限制业务过度扩张和过度承担风险，增强银行系统的稳定性。商业银行在高风险高收益、做大做强的目标驱动下，难以真正实现自我约束。监管当局通过要求银行所持有的资本不得低于最低资本充足率要求，来降低银行倒闭的风险。

第四，维持市场信心。市场信心是影响商业银行安全性和流动性的直接因素，市场信心的丧失，将直接导致商业银行流动性危机甚至市场崩溃。商业银行资本金作为保护

存款人利益的缓冲器，在维持市场信心方面发挥着至关重要的作用，同时也是监管机构实施严格资本监管的重要理由和目标。

第五，为风险管理提供最根本的驱动力。资本是风险的第一承担者，因而也是风险管理最根本的动力来源。在商业银行的经营管理活动中，风险管理始终都是由代表资本利益的董事会来推动并承担最终风险责任的。根据不同的管理需要和本质特性，商业银行资本有账面资本、经济资本和监管资本三个概念。其中，账面资本是商业银行持股人的永久性资本投入，即资产负债表上的所有者权益，主要包括普通股股本/实收资本、资本公积、盈余公积、未分配利润、投资重估储备、一般风险准备等，即资产负债表上银行总资产减去总负债后的剩余部分。账面资本是银行资本金的静态反映，反映了银行实际拥有的资本水平。

此外，银行资本还可以划分为持续经营资本和破产清算资本。虽然监管部门并未就这两种资本进行明确定义，但从资本在不同时期吸收损失的能力来看，持续经营资本和破产清算资本在发挥作用的时期、实现机制和处理方式等方面存在着明显差异。

（2）**监管资本与资本充足率要求。**监管资本是监管部门规定的商业银行必须持有的与其业务总体风险水平相匹配的资本，一般是指商业银行自身拥有的或者能长期支配使用的资金，以备非预期损失出现时随时可用，故其强调的是抵御风险、保障银行持续稳健经营的能力，并不要求其所有权归属。以监管资本为基础计算的资本充足率，是监管部门限制银行过度承担风险、保证金融市场稳定运行的重要工具。

资本充足率是指商业银行持有的、符合规定的资本与风险加权资产的比率，这里的资本就是监管资本，是在商业银行实收资本的基础上再加上其他资本工具计算而来的。以监管资本为基础计算的资本充足率，是监管部门限制商业银行过度风险承担行为、保障市场稳定运行的重要工具。

延伸阅读

巴塞尔协议：监管资本与资本充足率要求

为使国际活跃商业银行有一个公平竞争的基础，十国集团（G10）于 20 世纪 70 年代初成立了巴塞尔委员会，专门研究对国际活跃商业银行的监管问题。1988 年，巴塞尔委员会发布了旨在统一对国际活跃银行进行监管的标准——《统一资本计量与资本标准的国际协议》，即《巴塞尔资本协议》（巴塞尔协议Ⅰ），首次提出了资本充足率监管的国际标准，并且提出了合格的监管资本的范围。虽然当时资本充足率的计算只包括信用风险资产，而且计算方法也比较粗糙，但是用比例控制商业银行风险的方法为巴塞尔委员会随后完善风险监管体系留出了发展空间。

1999 年 6 月，巴塞尔委员会提出了以最低资本充足率要求、监管部门监督检查和市场约束三大支柱为特色的新资本协议框架草案，并广泛征求意见。2004 年，巴塞尔委员会发布了《统一资本计量和资本标准的国际协议（修订框架）》。2006 年发布的《巴塞尔新资本协议》（完全版）（巴塞尔协议Ⅱ）增加了交易账户和双重违约处理的内容。

针对 2008 年国际金融危机暴露出的银行资本监管机制的问题，巴塞尔委员会自 2009 年起着手研究新一轮资本监管改革方案。2010 年 11 月，二十国集团首尔峰会批准了巴塞尔委员会提交的资本监管和流动性监管改革方案，2010 年 12 月巴塞尔委员会正式发布了第三版巴塞尔协议（巴塞尔协议Ⅲ），巴塞尔协议Ⅲ确立了银行资本监管的新标杆和新高度。

在巴塞尔协议Ⅲ中，监管资本包括一级资本和二级资本。其中，一级资本又包括核心一级资本和其他一级资本。

（1）核心一级资本是指在银行持续经营条件下无条件用来吸收损失的资本工具，具有永久性、清偿顺序排在所有其他融资工具之后的特征。核心一级资本包括：实收资本或普通股、资本公积可计入部分、盈余公积、一般风险准备、未分配利润、少数股东资本可计入部分。

（2）其他一级资本是非累积性的、永久性的、不设定利率跳升及其他赎回条款的、本金和收益都应在银行持续经营条件下参与吸收损失的资本工具。其他一级资本包括：其他一级资本工具及其溢价（如优先股及其溢价）、少数股东资本可计入部分。

（3）二级资本是指在破产清算条件下可以用于吸收损失的资本工具，二级资本的受偿顺序列在普通股之前、一般债权人之后，不带赎回机制，不允许设定利率跳升条款，收益不具有信用敏感性特征，必须含有减计或转股条款。二级资本包括二级资本工具及其溢价、超额贷款损失准备可计入部分、少数股东资本可计入部分。

相比巴塞尔协议Ⅱ，巴塞尔协议Ⅲ突出表现在：

（1）重新界定监管资本的构成，恢复普通股在监管资本中的核心地位，从严确定资本扣除项目，强化监管资本工具的损失吸收能力。

（2）改进风险权重计量方法，大幅度增加高风险业务的资本要求。

（3）建立逆周期资本监管机制，提升银行体系应对信贷周期转换的能力，弱化银行体系与实体经济之间的正反馈循环。

（4）显著提高资本充足率监管标准。通常情况下，普通商业银行的普通股充足率应达到 7%，总资本充足率不得低于 10.5%，同时进一步要求全球系统重要性银行须计提 1%～3.5%的附加资本要求。

需要正确认识的是，已经推出的各版本巴塞尔协议从根本上来说只是银行的外部监管要求，并不能代表各国商业银行风险管理的最佳实践操作。

中国银监会 2012 年颁布的《商业银行资本管理办法（试行）》明确提出了以下四个层次的监管资本要求：

（1）最低资本要求，核心一级资本充足率、一级资本充足率和资本充足率分别为 5%、6%和 8%。

（2）储备资本要求和逆周期资本要求，包括 2.5%的储备资本要求和 0～2.5%的逆周期资本要求。

（3）系统重要性银行附加资本要求为 1%。

（4）针对特殊资产组合的特别资本要求和针对单家银行的特定资本要求，即第二支柱资本要求。

2013 年 1 月 1 日《商业银行资本管理办法（试行）》正式施行后，通常情况下，我国系统重要性银行和非系统重要性银行的资本充足率分别不得低于 11.5% 和 10.5%。多层次的监管资本要求增强了资本监管的审慎性和灵活性，确保资本充分覆盖国内银行面临的系统性风险和特定风险。

资料来源：贵州学习网，有删减。

延伸阅读

杠杆率与资本充足率

杠杆率与资本充足率在反映银行风险状况方面是互补的。资本充足率仅反映银行的资产风险状况，并不反映银行资产规模及杠杆程度，而且风险加权资产基于复杂的风险模型，难以准确把握。杠杆率则不基于复杂的风险模型，用来衡量总资产规模可能带来的风险。

中国银监会根据巴塞尔协议Ⅲ的相关内容，制定了针对我国商业银行的杠杆率监管要求：

杠杆率=（一级资本−级资本扣减项）/调整后的表内外资产余额，不低于4%。

其中，一级资本与一级资本扣减项的统计口径与银监会有关计算资本充足率所采用的一级资本及其扣减项保持一致。

建立在一级资本这一高质量资本基础上的计算方法，其目的在于控制银行业金融机构以及积累银行体系的杠杆率，防止银行过度承担风险，并确保银行出现损失时，有足够的、随时可动用的资本来吸收损失。

资本充足率监管的缺陷主要体现在两方面：一是顺周期性的问题，二是可能存在监管套利现象。与资本充足率监管相比，杠杆率监管具有一定的优点，可简要总结为以下四个方面：

（1）杠杆率监管可以作为逆周期的宏观审慎监管工具，防止金融体系在金融繁荣时期过度扩张资产负债。

（2）杠杆率监管作为微观审慎监管的工具，为银行提供最低资本缓冲保护。

（3）杠杆率监管计算简单，不需要复杂的风险计量模型，仅需要利用规定的一级资本和风险限额，对银行和监管者的专业要求低，降低了实施成本。

（4）杠杆率可以减少银行的监管套利。杠杆率监管覆盖了表外资产，解决了巴塞尔协议Ⅱ资本监管下表外资产风险计提不足的问题，减小了银行向表外转移资产进行监管套利的可能性。

资料来源：新浪博客文章"资本充足率 VS 杠杆率"，有删改。

（3）经济资本及其应用。 经济资本又称风险资本，是指在一定的置信度和期限下，为了覆盖和抵御银行超出预期的经济损失（非预期损失）所需要持有的资本数额，它是银行抵补风险所要求拥有的资本，并不必然等同于银行所持有的账面资本，可能大于账面资本，也可能小于账面资本。经济资本的重要意义在于强调资本的有偿占用，即通过占用资本来防范风险是需要付出成本的。

经济资本是一种取决于商业银行实际风险水平的资本，商业银行的整体风险水平越高，要求的经济资本越多，反之要求的经济资本越少。商业银行根据不同部门、业务单位和产品/项目的风险收益特性，将有限的经济资本在机构整体范围内进行合理配置，有助于商业银行从风险的被动接受者转变为主动管理者。

经济资本配置对商业银行的积极作用体现在以下两个方面：

一是有助于商业银行提高风险管理水平。商业银行根据事前计量的风险敞口，可以了解不同部门、业务单位和产品/项目在多大程度上影响了整体风险，从而结合各自特点制定更有针对性的风险管理策略和实施方案。

二是有助于商业银行制定科学的业绩评估体系。长期以来，股本收益率和资产收益率这两项指标被广泛用于衡量商业银行的盈利能力。但由于这两项指标无法全面、深入地揭示商业银行在盈利的同时所承担的风险水平，因此，用来衡量商业银行这样经营风险的特殊企业具有明显的局限性。如果一家商业银行因为大规模投资短期能源市场而获得超额当期收益，则其所创造的高股本收益率和资产收益率也必然具有短期性，不足以真实反映其长期稳定性和健康状况。因此，采用经风险调整的业绩评估方法来综合考量商业银行的盈利能力和风险水平，已经成为国际先进银行的通行做法。

在经风险调整的业绩评估方法中，目前被广泛接受和普遍使用的是经风险调整的资本收益率，其计算公式为：

经风险调整的资本收益率 ＝（税后净利润–预期损失）/非预期损失或经济资本

在经风险调整的资本收益率计算公式的分子项中，风险所造成的预期损失被量化为当期成本，直接对当期收益进行扣减，以此衡量经风险调整后的收益；在分母项中，则以经济资本或非预期损失代替传统股本收益率指标中的所有者权益，即商业银行应为不可预期的风险准备相应的资本。这个公式衡量的是经济资本的使用效益，正常情况下其结果应当大于商业银行的资本成本。

目前，国际先进银行已经广泛采用经风险调整的资本收益率，这一指标在商业银行各个层面的经营管理活动中发挥着重要作用：

（1）在单笔业务层面上，经风险调整的资本收益率可用于衡量一笔业务的风险与收益是否匹配，为商业银行决定是否开展该笔业务以及如何进行定价提供了依据。

（2）在资产组合层面上，商业银行在考虑单笔业务的风险和资产组合效应之后，可依据经风险调整的资本收益率衡量资产组合的风险与收益是否匹配，及时对经风险调整的资本收益率指标出现明显不利变化趋势的资产组合进行处理，为效益更好的业务配置更多资源。

（3）在商业银行总体层面上，经风险调整的资本收益率指标可用于目标设定、业务决策、资本配置和绩效考核等。董事会和高级管理层确定了自身所能承担的总体风险水平（或风险偏好）之后，首先要计算所需的总体经济资本，以此评价自身的资本充足状况；然后将经济资本在各类风险、各业务部门和各类业务之间进行分配（资本配置），以有效控制商业银行的总体风险水平，并通过分配经济资本优化资源配置；最后将股东回报要求转化为各业务部门和各个业务条线的经营目标，并直接应用于绩效考核，促使商业银行实现在可承受风险水平之内的收益最大化及股东价值最大化。使用经风险调整的业绩评估方法，有利于在银行内部建立正确的激励机制，从根本上改变银行忽视风险、盲目追求利润的经营方式，激励银行充分了解所承担的风险并自觉地识别、计量、监测和控制这些风险，从而在审慎经营的前提下拓展业务、提高收益。

以经济资本配置为基础的经风险调整的业绩评估方法，克服了传统绩效考核中盈利目标未充分反映风险成本的缺陷，促使商业银行将收益与风险直接挂钩，体现了业务发展与风险管理的内在平衡，实现了经营目标与绩效考核的协调一致。

延伸阅读

经济资本与监管资本

经济资本与监管资本应当都能够反映商业银行的真实风险水平，两者之间既有区别又有联系。

经济资本是商业银行为满足内部风险管理的需要，基于历史数据并采用统计分析方法（一定的置信水平和持有期）计算出来的，是一种虚拟的资本，在经济资本配置过程中并不发生实质性的资本分配；监管资本是外部监管当局要求商业银行根据自身业务及风险特征，按照统一的风险资本计量方法计算得出的，是商业银行必须在账面上实际持有的最低资本。

虽然经济资本和监管资本在计算方法和管理目的上存在差异，但出于银行业不断重视和加强风险管理的需要，监管资本呈现出逐渐向经济资本靠拢的趋势。监管当局希望能够提高监管资本对商业银行风险的敏感度，重视发挥商业银行在风险计量过程中的作用，把监管资本的计算建立在商业银行实际风险水平之上。商业银行账面（或会计）资本的数量应当不小于经济资本的数量。账面（或会计）资本是商业银行可以利用的资本，虽然不与风险直接挂钩，但是风险造成的任何损失都会反映在账面上。商业银行应当确保一旦发生非预期损失或灾难性损失时，所持有的账面资本能够保障其安全渡过难关。

2. 市场约束与信息披露

（1）**市场约束机制**。市场约束机制就是通过建立银行业金融机构信息披露要求，提高其经营管理透明度，使市场参与者得到及时、可靠的信息，以对银行业务及内在风险进行评估；通过奖励有效管理风险、经营效益良好的银行，惩戒风险管理不善或效率低下的银行等方式，发挥外部监督作用。市场约束机制可以推动银行业金融机构持续改进经营管理，提高经营效益，降低经营风险。

市场约束机制需要一系列的配套制度，包括完善的信息披露制度、健全的中介机构管理约束、良好的市场环境和有效的市场退出政策，以及监管机构对银行业金融机构所披露的信息进行评估等。

市场约束的具体表现为：在有效信息披露的前提下，依靠包括存款人、债权人、银行股东等利益相关者的利益驱动，使这些利益相关者根据自身掌握的信息，在必要时采取影响金融机构经营活动的合理行动，如卖出股票、转移存款等，以达到促进银行稳健经营的目的。

（2）**市场约束参与方及其作用**。

① 监管部门。监管部门是市场约束的核心，其作用在于：一是制定信息披露标准和指南，提高信息的可靠性和可比性；二是实施惩戒，即建立有效的监督检查确保政策执行和有效信息披露；三是引导其他市场参与者改进做法，强化监督；四是建立风险处置和退出机制，促进市场约束机制最终发挥作用。

② 公众存款人。存款是银行主要的负债来源之一，公众存款人对银行的约束作用表现在存款人可以通过提取存款或者把存款转入其他银行，增加银行的竞争压力。银行为了吸收更多的存款必然要照顾存款人的利益，提高银行经营管理水平，有效控制风险。

③ 股东。银行的股东拥有银行经营的决策权、投票权、转让股份等权利。股东通过行使权利给银行经营者施加经营压力，有利于银行改善治理水平，实现股东对银行的市场约束。

④ 其他债权人。债券持有人对于银行风险的关注程度实际上介于存款人和股东之间。债券持有人的市场约束作用主要是通过债券的购买和赎回来对银行资金调度施加压力，督促银行改善经营、控制风险。

⑤ 外部中介机构。评级机构作为独立的第三方，能够对银行进行客观公正的评级，为投资者和债权人提供与资金安全相关的风险信息，引导公众选择资金安全性高的金融机构，并起到市场监督的作用。此外，评级机构还能为监管部门提供协助，有利于监管部门对监管对象进行分级、分类管理，为市场参与者提供关于金融机构目前状况的信息。审计机构通过专业审计及与董事会、高级管理层、监管机构的沟通，实现对银行机构经营活动的约束。

⑥ 其他参与方。银行业协会通过制定自律性行业原则，在稳健做法方面达成一致，促使银行机构规范地开展经营活动。银行员工通过举报违法或违反职业道德的做法，或反映其他公司治理方面的缺陷，来实现对银行业机构的市场约束。

（3）**信息披露要求**。监管要求的信息披露与会计信息披露不完全等同，但也不矛盾。会计准则要求信息披露的范围更加宽泛，其宗旨是从中立的立场出发，向信息使用者提供企业价值的信息；而监管要求的信息披露则是从审慎的立场出发，向信息使用者提供企业的风险信息，其中，银行资本充足率相关信息是银行信息披露的主要内容。

银行业机构必须建立一套披露制度和政策，并经董事会批准，要明确信息披露的内容和方法，尤其要建立信息披露的内部控制，保证信息披露各环节的正常运行。同时，要定期对信息披露政策及结果进行评估，及时纠正不合理的做法。银行业必须提高信息披露的相关性，必须保持信息披露的合理频度。

信息披露的基本要求包括两方面，一是内容的要求，二是质量的要求。各国的金融体系差异较大，因而信息披露的内容要求也存在较大差异，但信息披露质量方面的要求一般应遵循以下六条标准：

① 银行应对各项业务和应并表机构的信息进行汇总和并表披露；

② 披露的信息对使用者决策有用；

③ 要使使用者尽早获得有关数据；

④ 披露的信息要能如实反映实际情况，并遵循实质重于形式的基本原则；

⑤ 要保证银行自身历史数据的可比性，以及与其他机构数据的可比性，并符合会计准则和有关政策要求；

⑥ 披露的重要信息或重大事项要充分、完整。

我国商业银行业信息披露的内容如表 9-1 所示。

表 9-1　我国商业银行信息披露的内容

财务会计报告	资产负债表、利润表（损益表）、所有者权益变动表及其他附表
风险管理状况	信用风险状况、流动性风险状况、市场风险状况、操作风险状况，以及其他风险状况
公司治理信息	年度内召开股东大会情况、董事会的构成及其工作情况、监事会的构成及其工作情况、高级管理层成员构成及其基本情况、银行部门与分支机构设置情况
年度重大事项	十名最大股东的名称及报告期内变动情况、增加或减少注册资本、分立合并事项，以及其他有必要让公众了解的重要信息

对于已上市银行，应当履行以下信息披露的基本义务：及时披露所有对上市银行股票价格可能产生重大影响的信息；上市银行董事会全体成员必须保证信息披露内容真实、准确、完整，没有虚假、严重误导性陈述或重大遗漏，并保证承担连带赔偿责任。

3．监管机构的监督检查

（1）**银行监管的目标**。银行监管是由政府主导、实施的监督管理行为，监管部门通过制定法律、制度和规则，实施监督检查，促进金融体系的安全和稳定，有效保护存款人利益。

（2）**银行监管的原则**。监管原则是对监管行为的总体规范。《银行业监督管理法》明确规定，银行业监督管理机构对银行业实施监督管理，应当遵循依法、公开、公正和效率四项基本原则。

（3）**银行监管的标准**。良好的监管标准是规范和检验银行监管工作的标杆。中国银监会总结国内外银行监管工作经验，明确提出良好银行监管的六条标准：①促进金融稳定和金融创新共同发展；②努力提升我国银行业在国际金融服务中的竞争力；③对各类监管设限做到科学合理，有所为有所不为，减少一切不必要的限制；④鼓励公平竞争，反对无序竞争；⑤对监管者和被监管者都要实施严格、明确的问责制；⑥高效、节约地使用一切监管资源。

（4）**风险监管的作用**。

① 通过对机构信息的收集、对业务和各类风险及风险管理程序的评估，能更好地了解机构的风险状况和管理素质及早识别出即将形成的风险。

② 通过事前对风险的有效识别，可根据每个机构的风险特点设计检查和监管方案。

③ 明确监管的风险导向，提高银行管理层对风险管理的关注程度。

④ 根据风险评估判断出高风险领域，有针对性地进行检查，并更多地借鉴内部管理和审计的结果。

⑤ 把监管重心转移到银行风险管理和内部控制质量的评估上。

⑥ 明确了非现场监管和现场检查的职责，使二者分工更清晰、结合更紧密。

（5）**风险监管的步骤**。风险监管框架涵盖了六个相互衔接的、循环往复的监管步骤：①了解机构；②风险评估；③规划监管行动；④准备以风险为本的现场检查；⑤实施以风险为本的现场检查并确定评级；⑥监管措施、效果评价和持续的非现场监测。

（6）**风险监管指标体系**。依据中国银监会颁布的《商业银行风险监管核心指标（试行）》，风险监管核心指标分为三个主要类别：风险水平类指标、风险迁徙类指标、风险抵补类指标。

（7）**银行监管的方法**。银行监管的方法有市场准入、监督检查、资本监管三种方式。

第一，市场准入。银行机构的市场准入包括三个方面：一是机构准入，二是业务准入，三是高级管理人员准入。

市场准入应当遵循公开、公平、公正、效率的原则，其主要目标是：①保证注册银行具有良好的品质，预防不稳定机构进入银行体系。②维护银行市场秩序。③保护存款者的利益。

第二，监督检查。监管部门通过非现场监管和现场检查等监督检查手段，实现对风险的及时预警、识别和评估，并针对不同风险程度的银行机构，建立风险纠正和处置安排，确保风险得以有效控制、处置。非现场监管和现场检查两种方式相互补充、互为依据，在监管活动中发挥着不同的作用：

① 通过非现场监管系统收集到全面、可靠和及时的信息，大大减少现场检查的工作量。

② 非现场监管对现场检查的指导作用。

③ 现场检查结果将提高非现场监管的质量。

④ 通过现场检查修正非现场监管结果。

⑤ 非现场监管工作还要对现场检查发现的问题和风险进行持续跟踪监测，督促被监管机构的整改进度和情况，从而加强现场检查的有效性。

非现场监管人员通过以风险为本的非现场系统监测被监管机构各类风险水平的变化，并及时跟进预警信号，跟进被监管机构的内控缺陷，纠正其违规行为，改善其公司治理水平。

现场检查是指监管当局及其分支机构派出监管人员到被监管的金融机构进行实地检查，通过查阅金融机构的账表、文件等各种资料和座谈询问等方法，对金融机构经营管理情况进行分析、检查、评价和处理，督促金融机构合法、稳健经营，提高经营管理水平，维护金融机构及金融体系安全的一种检查方式。

现场检查对银行风险管理的重要作用体现在四个方面：①发现和识别风险。②保护和促进作用。③反馈和建议作用。④评价和指导作用。

中国银监会现场检查的重点内容包括业务经营的合法合规性、风险状况和资本充足性、资产质量、流动性、盈利能力、管理水平和内部控制、市场风险敏感度几个方面。

第三，资本监管。《巴塞尔新资本协议》对于统一银行业的资本及其计量标准做出了卓有成效的努力，在信用风险和市场风险的基础上，新增了对操作风险的资本要求；在最低资本要求的基础上，提出了监管部门监督检查和市场约束的新规定，形成了资本监管的"三大支柱"。

① 第一大支柱：最低资本要求。最低资本充足率要求仍然是新资本协议的重点。该部分涉及与信用风险、市场风险以及操作风险有关的最低总资本要求的计算问题。最低资本要求由三个基本要素构成：受规章限制的资本的定义、风险加权资产以及资本对风险加权资产的最小比率。其中，有关资本的定义和8%的最低资本比率，没有发生变化。但对风险加权资产的计算问题，新协议在原来只考虑信用风险的基础上，进一步考虑了市场风险和操作风险。总的风险加权资产等于由信用风险计算出来的风险加权资产，再加上根据市场风险和操作风险计算出来的风险加权资产。

《巴塞尔新资本协议》仍然将资本充足率作为保证银行稳健经营、安全运行的核心指标，仍将银行资本分为核心资本和附属资本两类，但进行了两项重大创新：一是在资本充足率的计算公式中全面反映了信用风险、市场风险、操作风险的资本要求；二是引入了计量信用风险的内部评级法。银行既可以采用外部评级公司的评级结果确定风险权重，也可以用各种内部风险计量模型计算资本要求。

资本充足率的计算公式为：

资本充足率=（资本−扣除项）/（风险加权资产+12.5倍的市场风险资本+12.5倍的操作风险资本）

② 第二大支柱：外部监管。监管部门的监督检查，是为了确保各银行建立起合理有效的内部评估程序，用于判断其面临的风险状况，并以此为基础对其资本是否充足做出

评估。监管当局要对银行的风险管理和化解状况、不同风险间相互关系的处理情况、所处市场的性质、收益的有效性和可靠性等因素进行监督检查，以全面判断该银行的资本是否充足。在实施监管的过程中，应当遵循以下四项原则：其一，银行应当具备与其风险相适应的评估总量资本的一整套程序，以及维持资本水平的战略。其二，监管当局应当检查和评价银行内部资本充足率的评估情况及其战略，以及银行监测和确保满足监管资本比率的能力；若对最终结果不满意，监管当局应采取适当的监管措施。其三，监管当局应希望银行的资本高于最低资本监管标准比率，并应有能力要求银行持有高于最低标准的资本。其四，监管当局应争取及早干预，从而避免银行的资本低于抵御风险所需的最低水平；如果得不到保护或恢复则须迅速采取补救措施。

《巴塞尔新资本协议》要求各国监管当局通过银行内部的评估进行监督检查，确保银行有科学可靠的内部评估方法和程序，使银行能够准确地评估、判断所面临的风险敞口，进而及时准确地评估资本充足情况。为保证最低资本要求的实现，《巴塞尔新资本协议》要求监管当局可以采用现场和非现场检查等方法审核银行的资本充足情况。在资本水平较低时，监管当局要及时采取措施予以纠正。

③ 第三大支柱：市场约束。市场约束旨在通过市场力量来约束银行，其运作机制主要依靠利益相关者（包括银行股东、存款人、债权人等）的利益驱动，利益相关者出于对自身利益的关注，会在不同程度上和不同方面关心其利益所在银行的经营状况，特别是风险状况，为了维护自身利益免受损失，在必要时采取措施来约束银行。由于利益相关者关注银行的主要途径是银行所披露的信息，因此，《巴塞尔新资本协议》特别强调提高银行的信息披露水平，即要求银行及时、全面地提供准确信息，提高透明度，便于利益相关者做出判断，采取措施。《巴塞尔新资本协议》要求银行披露信息的范围包括资本充足率、资本构成、风险敞口及风险管理策略、盈利能力、管理水平及过程等。市场约束是对第一支柱、第二支柱的补充。

🖥 课堂实作

单选题

1．根据《商业银行资本管理办法（试行）》的规定，商业银行在资本规划中，应优先考虑补充（　　）。

A．核心一级资本　　B．储备资本　　C．二级资本　　D．其他一级资本

2．某商业银行当期的一笔贷款利息收入为 500 万元，其相关费用合计为 60 万元，该笔贷款的预期损失为 40 万元，为该贷款配置的经济资本为 8 000 万元，则该笔贷款的经风险调整的收益率为（　　）。

A．0.002 5　　B．5.05　　C．0.057 5　　D．0.05

3．按照《巴赛尔资本协议 II》的要求，商业银行的核心资本充足率指标不得低于

（　　），资本充足率不得低于（　　），附属资本最高不能超过核心资本的（　　）。

　　A．4%，8%，10%　　B．4%，6%，90%　　C．4%，6%，70%　　D．4%，8%，100%

📝 重要概念

1．金融风险是指金融机构在经营过程中，由于决策失误，客观情况变化或其他原因使资金、财产、信誉有遭受损失的可能性。

2．信用风险是指债务人或交易对手未能履行合同所规定的义务或信用质量发生变化，影响金融产品价值，从而给债权人或金融产品持有人造成经济损失的风险。

3．市场风险是指金融资产价格和商品价格的波动给商业银行表内头寸、表外头寸造成损失的风险。市场风险包括利率风险、汇率风险、股票风险和商品风险四种，其中利率风险尤为重要。

4．操作风险是指由不完善或有问题的内部程序、员工、信息科技系统以及外部事件所造成损失的风险。

5．流动性风险是指商业银行无法及时获得或者无法以合理成本获得充足资金，以偿付到期债务或其他支付义务、满足资产增长或其他业务发展需要的风险。

6．国别风险（也称国家风险）是指由于某一国家或地区经济、政治、社会变化及事件，导致该国家或地区借款人或债务人没有能力或者拒绝偿付商业银行债务，或使商业银行在该国家或地区的商业存在遭受损失，或使商业银行遭受其他损失的风险。

7．声誉风险是指由于商业银行经营、管理及其他行为或外部事件等方面出现问题，导致利益相关方对商业银行产生负面评价的风险。

8．法律风险是指商业银行因日常经营和业务活动无法正常进行或违反法律规定，导致不能履行合同、发生争议/诉讼或其他法律纠纷而造成经济损失的风险。

9．战略风险是指商业银行在追求短期商业目的和长期发展目标的过程中，因不适当的发展规划和战略决策给商业银行造成损失或不利影响的风险。

📋 能力拓展

中国人民银行副行长潘功胜：互联网金融应接受更严格的监管

"短短几年时间，怎么会让人感觉一提到'互联网金融'，就好像骗子，或者有很多的骗子混入其中，这个过程有哪些经验需要总结，行业未来的出路在哪里，如何规范、健康地发展？"中国人民银行副行长、国家外汇管理局局长潘功胜昨日在第二届中国互联网金融论坛上抛出的这个问题发人深思。

潘功胜指出，无论是金融机构还是互联网企业，无论自称是数字金融、金融科技、

Fintech 还是 Techfin，概念的游动不应影响对金融活动本质的判定。

"互联网金融和金融科技并未改变金融的风险属性，其与网络、科技相伴而生的技术、数据、信息安全等方面的风险反而更为突出。因此，互联网金融或金融科技应接受更为严格的监管。"

在谈到互联网金融的监管时，潘功胜强调，金融活动必须接受严格的市场监管。任何金融活动都不能脱离监管体系，要严格遵守法律法规，不能以技术之名掩盖金融活动的本质。他表示，设立金融机构，从事金融活动，必须依法接受准入管理，准入管理的主体、日常监管的主体和从业机构展业空间范围应该保持一致。要有责任明确的监管主体和清晰的日常监管规则，并坚持监管规则的公平性，防止监管套利，无论是对金融机构、互联网企业还是对金融科技企业，都应按照实质重于形式的原则，落实穿透式监管。对于相同的业务，监管的政策取向、业务规则和标准应该大体一致，不应对不同市场主体的监管标准宽严不一，引起监管套利。

要依法严厉打击非法金融活动。近年来，金融监管部门与相关的执法部门密切合作，相互支持，对非法金融机构和非法金融活动采取零容忍，持续保持高压态势，依法严厉打击，为金融与科技的融合发展营造良好健康的环境，为整个经济和社会的稳定运行提供保障。

潘功胜还表示，要充分应用信息科技手段，提高互联网金融监管的技术支撑能力。推进常态化互联网金融风险监测机制，加快监管技术平台的建设，完善互联网金融风险监测预警机制，支持国家计算机网络安全中心加快建设互联网金融风险技术分析平台，支持中国互联网金融协会建设国家互联网金融监测平台。

资料来源：北京青年报文章"央行副行长潘功胜：互联网金融应接受更严格的监管"，文章有删减。

仔细阅读上述资料，根据商业银行监管要求，结合文章分析应如何对互联网金融进行监管。

参考文献

[1] 顾孟迪，雷鹏. 风险管理[M]. 北京：清华大学出版社，2009.

[2] 郭延安，张旭升. 风险管理[M]. 北京：清华大学出版社，2010.

[3] 王健康. 风险管理原理与实务操作[M]. 北京：电子工业出版社，2011.

[4] 许谨良. 风险管理[M]. 北京:中国金融出版社，2012.

[5] 马丽华，周灿. 风险管理原理与实务操作[M]. 长沙：中南大学出版社，2014.

[6] 银行业专业人员职业资格考试办公室. 风险管理（初级）[M]. 北京：中国金融出版社，2016.

[7] 泰启文，等. 突发事件的预防及应对[M]. 北京：新华出版社，2008.

[8] 李晓林. 风险管理[M]. 北京：中国财政经济出版社，2009.

[9] 国务院国资委考核分配局. 企业绩效评价标准值 2018[M]. 北京：经济科学出版社，2018.

[10] 高立法，等. 企业经营风险管理实务[M]. 北京：经济管理出版社，2014.